W0286963

L'HEURE DE S'ENIVRER

Du même auteur

OUVRAGES

Évolution stellaire et Nucléosynthèse
Gordon and Breach / Dunod, 1968

Nuclear Reactions in Stellar Surfaces
Gordon and Breach, 1972

Soleil, en collaboration avec J. Véry,
E. Dauphin-Lemierre et les enfants d'un CES
La Noria, 1977

Patience dans l'azur
Seuil, coll. « Science ouverte », 1981

Poussières d'étoiles
Seuil, coll. « Science ouverte », 1984

CASSETTES

La Formation du système solaire et de la Terre
Série « Connaissance de l'univers », France-Culture

Conflits et Tensions du point de vue d'un physicien
La Place de l'homme dans l'univers
Groupe d'études, C.G. Jung, 1979

Images d'astrophysique
3 cassettes, France-Culture, 1980

FILMS

Les étoiles naissent aussi, 1979
Centre national de la documentation pédagogique

Le Soleil, notre étoile, 1980
Centre national de la documentation pédagogique

La Vie dans l'univers
Série de 12 émissions de 15 minutes (FR3 1982)
Centre national de la documentation pédagogique

Un soir, une étoile
Série de 66 émissions de deux minutes (TF1 1984)
Éditions "Fox-Trot", S. Goldman, Paris

HUBERT REEVES

L'HEURE DE S'ENIVRER

L'UNIVERS A-T-IL UN SENS ?

ÉDITIONS DU SEUIL
*27, rue Jacob, Paris VIe*

ISBN 2-02-009345-6

Je dédie ce livre à tous les « cœurs tendres qui haïssent le néant vaste et noir ».

Table

Les sections marquées d'un astérisque sont relativement difficiles. Le lecteur peu habitué au langage scientifique pourra les sauter et lire les résumés présentés au début des chapitres correspondants.
Pour une lecture encore plus rapide, on lira d'abord les deux premiers chapitres puis on passera au douzième chapitre. La plupart des thèmes présentés auparavant y sont repris succinctement. On pourra ainsi aborder les réflexions de la dernière partie du livre.

PREMIÈRE PARTIE

Pulsion de mort

DEUXIÈME PARTIE

Pulsion de vie

TROISIÈME PARTIE

Péché originel

QUATRIÈME PARTIE

Une note d'espoir

Appendices

PREMIÈRE PARTIE

PULSION DE MORT

L'humanité prépare fébrilement son propre suicide

Prologue : des phoques et des soldats

J'adore les émissions télévisées sur la vie des animaux. Le manège des vivants me fascine. Me reviennent en mémoire les images d'un combat. Deux phoques mâles se battent pour une femelle. Les coups sont durs mais la voix « off » est rassurante. « Ici, on ne tue pas. Dès que le sang coule, la lutte cesse. Le gagnant ne harcèle pas le perdant qui abdique. »

« Ainsi se sélectionnent, ajoute la voix maintenant enthousiaste du biologiste, des géniteurs vigoureux, de qui naîtront de jeunes phoques sains et fringants. » L'écran nous les montre. Ils s'égaient sur les falaises ensoleillées blanchies d'embruns.

« Grâce au progrès des connaissances scientifiques, poursuit le commentateur, nous savons maintenant interpréter ces luttes apparemment si cruelles. Il faut y voir des manifestations de la sélection naturelle, le mécanisme de l'évolution des espèces, de la bactérie à l'être humain. »

Sur l'autre chaîne de télévision, l'ambiance est différente. C'est une rétrospective historique de la guerre 14-18. Un paysage de boue, de fils de fer barbelés, parsemé de cadavres. Ici, on tue. En longues files, des brancards sont ramenés vers les tranchées. Le commentateur parle du désespoir de ces hommes qu'on a forcés, l'arme au poing, à sortir sous le feu des mitrailleuses ennemies. Et, sur tout cela, comme une chape de plomb, l'absurdité de cette guerre inutile, interminable, qui n'a pas plus de raison de finir qu'elle n'en a eu de commencer.

Question naïve : ces beaux soldats qui marchent à la boucherie ne sont-ils pas, comme les jeunes phoques, les enfants des mécanismes admirables de la sélection naturelle ? Est-ce là le résultat de l'évolution biologique ? De l'océan primitif aux tranchées du Chemin des Dames... Cruelle absence du commentaire rassurant de l'autre chaîne. Peut-on, comme pour les phoques, interpréter derrière les apparences ? Ou bien quelque chose, en route, s'est-il cassé ?

Enfants du hasard ?

« Faux problème », aurait répondu une école de pensée du début de notre siècle. La réalité est fondamentalement absurde et dénuée de sens. Toute apparence du contraire est à mettre au compte d'une illusion anthropomorphique. L'être humain est le fruit du pur hasard.

Ce point de vue paraît aujourd'hui un peu simpliste. Les acquis des sciences contemporaines, en particulier de l'astronomie, nous invitent à repenser le problème. La notion d'*évolution,* introduite au départ par la biologie, envahit maintenant tout le discours scientifique. Depuis quinze milliards d'années, la matière *évolue* vers des états d'organisation, de complexité, de performance de plus en plus élevés. A partir du chaos primordial, elle a engendré successivement : les nucléons, les atomes, les molécules, les cellules et les organismes vivants.

L'absurde au second degré

Tout se passe comme si, pour employer une expression imagée, l'univers était animé d'une *pulsion de vie.* De quoi s'agit-il exactement ? Dans les chapitres de cet ouvrage, j'essaierai de présenter, d'une façon simplifiée, ce que la science nous donne à comprendre de cette fièvre d'organisation matérielle.

Le hasard, bien sûr, n'en est pas absent. Il y joue un rôle fondamental. Si le *hasard* pur est stérile, il devient fécond lorsqu'il est encadré par la *nécessité.* Mais de quelle nature est cette nécessité ?

Je serai amené à présenter et à discuter, d'une façon critique, certaines notions populaires aujourd'hui. Pouvons-nous, en toute rigueur, parler d'un *début de l'univers* ou encore d'un *principe anthropique* qui fait de l'être humain le *but* de l'univers ? Que dit et que ne dit pas la science à ce sujet ?

L'expression *principe de complexité* remplacerait avantageusement, à mon avis, le chauvinisme peu justifié du terme « anthropique ». Les lois naturelles, les constantes de la physique, les conditions macroscopiques universelles semblent particulièrement appropriées à l'émergence de la complexité au long des ères. La pulsion de vie est aussi une *gestation de l'intelligence.*

C'est là que les choses se gâtent. Le passage d'une chaîne de télévision à l'autre — des beaux phoques aux beaux soldats — le démontre d'une façon saisissante. Depuis des millénaires, l'être humain utilise son intelligence pour préparer des armes toujours plus efficaces, toujours plus meurtrières. Avec l'avènement de la bombe atomique, avec l'escalade de l'armement nucléaire, la race humaine est passible d'extermination, sans que cette menace permanente ne ralentisse, en aucune façon, l'accumulation des armes.

Tout se passe comme si notre espèce était animée d'une *pulsion de mort* qui la pousse à faire, le plus rapidement et le plus *intelligemment* possible, les gestes de sa propre destruction. Au dixième chapitre, nous essaierons de démonter les mécanismes qui permettent à la matière de gravir les échelons de la complexité. Loin d'être étrangère l'une à l'autre, ces deux pulsions contradictoires nous paraîtront *indissolublement* mêlées.

Nous sommes confrontés à une nouvelle dimension de l'absurde. Le *premier degré* de l'absurde est celui de Sartre et de Camus. La réalité, la vie sont essentiellement et intégralement dépourvues de sens.

Le *second degré,* c'est de découvrir que le principe de complexité, à l'œuvre depuis quinze milliards d'années, aboutit... au Chemin des Dames ou à l'holocauste nucléaire. La réalité aurait un sens : nous replonger dans le néant. « C'est pour mieux te manger, mon enfant. »

Mais la catastrophe n'est pas inévitable. Le *sort du sens* est entre nos mains. L'étude des mécanismes de la complexité est riche d'enseignement. Je présente, à la fin de ce livre, quelques réflexions toutes personnelles issues de cette analyse.

De multiples façons, elles répètent toutes la même chose. *« Enivrez-vous de vin, de poésie ou de vertu, à votre guise. Mais enivrez-vous »*, dit le poème de Baudelaire qui m'a inspiré le titre de ce livre.

Il ne s'agit pas de fuir la réalité, mais de la vivre avec *passion.* L'*éveil de la jubilation* est, je crois, l'antidote le plus efficace contre l'absurde à tous les degrés.

1. La bombe est parmi nous

De ma fenêtre, je vois le soleil se coucher sur la ville. Les vitres reflètent sa lumière dorée dans les rues déjà assombries. Parmi les étalages du marché, où fruits et légumes sont alignés, les gens discutent, achètent, repartent avec leurs cabas alourdis.

Comment imaginer, en observant cette vie calme et paisible, la menace qui pèse sur elle ? Stockées dans les silos nucléaires, trente mille bombes atomiques sont, en quelques minutes, prêtes à sauter. *Une seule* suffirait à anéantir la ville entière, laissant, de la place de l'Étoile à la place de la Nation, de la porte d'Orléans à la porte de Clignancourt, un immense cratère vitreux comme on en voit sur la Lune.

Un milliard de morts, un milliard de blessés graves, telle est l'estimation des pertes immédiates d'un conflit nucléaire généralisé. Les effets à long terme seraient plus terrifiants encore. Les survivants regretteraient de n'avoir pas péri sur le coup. Selon les meilleures estimations, des millions de tonnes de poussière et de suie dispersées dans l'atmosphère plongeraient une fraction importante de la surface terrestre dans une nuit de plusieurs mois. La chaleur solaire n'atteindrait plus le sol. La température pourrait descendre et se maintenir à quelques dizaines de degrés en dessous de zéro, amenant ainsi l'*hiver nucléaire.*

Des tempêtes d'une grande violence dissémineraient, sur les deux hémisphères, des substances toxiques dont la teneur radioactive neutraliserait les défenses immunologiques des hommes et des animaux. L'agriculture, les soins médicaux, les transports en commun seraient réduits à néant. La faim, le froid, les épidémies pourraient, selon certaines estimations, provoquer l'*extinction du genre humain.* (Ces estimations ont été contestées. La fourchette d'incertitude est grande, mais elle *n'exclut pas* l'extermination de notre espèce.)

Comment en sommes-nous arrivés là ? Pourquoi avons-nous accepté ce cheval de Troie entre nos murs ? Par quelle perversité avons-nous été amenés à construire nous-mêmes les instruments de notre destruction ? Pourquoi, loin de nous en débarrasser, donnons-nous chaque année à ces armes plus de puissance, plus de mortelle précision ?

Ce premier chapitre est une réflexion sur ce thème attristant : *l'humanité fait tout ce qu'elle peut (et plus encore) pour amener, le plus vite possible, son autodestruction.*

La bombe se fait naître...

L'avènement de la bombe se raconte mieux dans le style des grandes épopées mythologiques que sur le ton froid et impersonnel de l'histoire contemporaine. Le langage épique révèle d'une façon plus efficace la dimension véritable des atouts en jeu.

Loin de n'être qu'une croyance dont on a démontré la fausseté, le mythe, traditionnellement, est une façon de transmettre une sagesse, un art de vivre. La question n'est pas de savoir s'il est vrai ou faux, mais de mesurer son efficacité comme technique d'enseignement.

Le mythe d'un être de l'Au-delà qui s'incarne et fait irruption dans le monde revient fréquemment dans les écrits traditionnels. Précurseurs, prophètes, grands prêtres et prêtresses annoncent et préparent sa venue.

De toutes les divinités, la bombe est sans doute la plus despotique, la plus cruellement exigeante. Comme des vestales romaines, ses disciples se consacrent entièrement à son service. Sens du devoir, compétence, efficacité, honnêteté scientifique, toutes les qualités qu'on attend des meilleurs sont indispensables pour que soient menés à terme les travaux que sa naissance exige.

Elle ne tolérera nulle lenteur, nulle faiblesse, nulle infidélité. Ceux qui voudront la quitter s'en repentiront. On les remplacera aussitôt par d'autres adorateurs plus zélés encore qui, nombreux, attendent avec impatience l'occasion de la servir.

En moins de dix ans, la bombe atomique passe de l'état de spéculation pure à celui de réalité terrifiante, engendrée par l'une des plus prodigieuses concentrations de matière grise de l'histoire humaine. En 1942, à Los Alamos, village perdu dans les déserts du Nouveau-Mexique, on réunit les meilleurs scientifiques de la planète : physiciens, mathématiciens, chimistes.

L'armée américaine y installe un super-laboratoire où tous les moyens sont mis à la disposition des chercheurs. L'ambiance est survoltée. On met les bouchées doubles. On travaille jour et nuit, sans prendre de vacances.

L'accouchement est long et difficile. La bombe se manifeste pour la première fois en juillet 1945, à Alamogordo au Nouveau-Mexique. Peu après, elle montre son vrai visage. Deux villes japonaises sont annihilées : Hiroshima et Nagasaki. En quelques secondes, des dizaines de milliers de personnes passent littéralement à l'état gazeux. Au total, plus de cent cinquante mille victimes.

La bombe gagne en puissance. Sur l'atoll de Bikini, dans les neiges sibériennes de la Nouvelle-Zemble, elle atteindra l'équivalent de *dizaines de millions de tonnes de dynamite.* Et elle prolifère. Plus de trente mille, aux dernières nouvelles, sont disséminées dans les arsenaux de la planète.

Installées sur des engins balistiques d'une redoutable précision, plusieurs d'entre elles nous sont destinées et portent le doux nom de Paris. D'autres s'appellent New York, Moscou, Pékin. Pour les ingénieurs qui, tous les jours, les entretiennent et les bichonnent, Paris est avant tout le nom d'un de leurs beaux engins.

« Un conte à dormir debout »

Mais revenons à la genèse de l'armement nucléaire. Les premières rumeurs sur la possibilité de fabriquer une super-bombe, dite atomique, commencent à circuler dans le monde scientifique quelques années avant la Seconde Guerre mondiale.

C'est le début de l'âge nucléaire. On subodore alors les propriétés explosives de l'uranium. Cet atome est radioactif. Il se brise (fissionne) facilement en émettant de l'énergie. Un bloc de minerai d'uranium dégage continuellement de la chaleur. On la sent en y posant la main. Des millions de noyaux fissionnent, à chaque instant, à l'intérieur de ce bloc.

On peut accélérer artificiellement la fission en soumettant ces atomes à un flux de neutrons. En absorbant un neutron, l'atome d'uranium devient beaucoup plus vulnérable à la fission. Il se brise rapidement, émettant plusieurs neutrons. D'où la possibilité d'une réaction en chaîne.

Un noyau d'uranium absorbe un neutron, fissionne, émet d'autres neutrons aussitôt absorbés par des atomes voisins qui fissionnent à leur tour, etc.

Les énergies libérées par chacune de ces fissions s'additionnent et peuvent atteindre des proportions gigantesques. *D'où l'idée d'une bombe.* Un kilo d'uranium dégage plus de chaleur que mille tonnes de dynamite. De quoi dévaster un gros village. Une tonne d'uranium fera disparaître de la carte la plus grande des villes de la planète.

Mais, à cette époque, personne ne sait si ce projet est réalisable. Les difficultés techniques semblent insurmontables. La plupart des scientifiques sont sceptiques. Un projet utopique, à mettre sur les étagères de l'oubli, avec « le mouvement perpétuel » et « la machine à remonter le temps ». « Un conte à dormir debout », dira Ernest Rutherford, un des plus grands physiciens de notre siècle.

Dans la baignoire d'une chambre d'hôtel

Dans son livre *les Heures étoilées de l'humanité,* Stefan Zweig raconte certains événements historiques (les oies du Capitole, l'écriture du *Messie* de Händel, etc.) qui, malgré leur courte durée et parfois leur apparence anodine, ont profondément influencé le destin des hommes.

J'aimerais ajouter un événement à la collection de Zweig. Nous sommes à Londres, en 1935. Un savant juif hongrois, fraîchement arrivé de Budapest, prend une chambre dans un hôtel et transforme aussitôt la salle de bains en laboratoire.

Dans l'eau de la baignoire, il plonge des petites sources radioactives, subtilisées à l'université où il enseignait, et transportées en secret dans ses valises. Il est en proie à une vive agitation. Il s'appelle Leo Szilard.

Il croit fermement à la possibilité de *libérer l'énergie des atomes.* Il entend accomplir rapidement les manipulations requises pour y arriver.

Ce n'est pas seulement la griserie d'un projet fantastique qui le possède. Sur les implications du succès éventuel de sa démarche, il a un regard lucide ; il sait la menace que ferait peser sur le destin des hommes la mise au point d'une bombe atomique. « L'humanité court à sa perte », répétera-t-il plus tard, à mesure que les difficultés s'aplaniront.

Mais, en même temps, il est terrorisé par l'ampleur que prend, depuis plusieurs années, le mouvement nazi. C'est à cause de la montée de l'antisémitisme qu'il a abandonné son poste de professeur à l'université de Budapest et qu'il a fui le continent. Les intentions guerrières d'Adolf Hitler, la barbarie qui menace l'Europe lui sont évidentes.

Le voici, réfugié politique sans laboratoire, penché sur sa baignoire d'hôtel, obsédé par l'idée qu'il faut *à tout prix* développer la bombe et prendre de vitesse les physiciens allemands au service du nazisme.

Pulsion de mort

En 1935, Leo Szilard porte seul la charge d'angoisse qui émane de la bombe encore dans les limbes. La plupart de ses collègues n'y croient guère.

Mais la bombe ne tardera pas à s'imposer. De proche en proche, elle finira par fasciner et obséder toute une génération de physiciens et d'ingénieurs. Comme à Szilard, elle inspirera plusieurs sentiments contradictoires : l'*excitation* face aux forces à déclencher, la *conscience du risque* mortel qu'elle implique, mais aussi la *nécessité impérieuse,* face à la conjoncture politique, d'accélérer, par tous les moyens, sa mise au monde.

Des disciples exemplaires...

En 1935, une rumeur ; en 1986, une réalité terrifiante. Les historiens qui, après un cataclysme nucléaire éventuel, voudront en retracer les étapes préliminaires citeront Los Alamos comme un des hauts lieux de cette préparation. Dans la logistique du grand sabordage de l'humanité, ce laboratoire aura tenu un poste clef.

Dans le film *The Day after Trinity,* plusieurs des participants sont interviewés, aussi bien sur leur rôle que sur leurs états d'âme tout au long de ces années. A la fois émouvant et instructif, ce film propose une abondante matière à réflexion.

Docteur Folamour de Stanley Kubrick a propagé l'image du savant atomiste, paranoïaque génial, obsédé d'engins toujours plus destructeurs. Si cette représentation n'est pas toujours dénuée de fondement (certains ont voulu y voir le portrait d'Edward Teller, un autre réfugié hongrois largement responsable de la bombe H), elle ne s'applique certes pas à la majorité des artisans du « projet Manhattan » (nom secret de l'opération atomique de Los Alamos).

Étudiant à l'université Cornell aux États-Unis, à la fin des années 1950, j'ai connu personnellement plusieurs des responsables de ce projet. Tous étaient d'ardents pacifistes, activement opposés au maccarthysme, cet anticommunisme primaire qui sévissait à l'époque.

Hans Bethe a dirigé la section théorique du « projet Manhattan » de 1943 à 1946. D'origine juive allemande, il avait fui l'Europe quelques années auparavant. « C'est un des plus beaux cadeaux de l'Allemagne nazie aux États-Unis », disait-on de lui. Avant la guerre déjà, on le classait parmi les meilleurs physiciens nucléaires.

Très jeune, il avait résolu un problème séculaire : celui de la source de l'énergie du Soleil. En 1938, avec quelques collaborateurs, il démontrait que le cœur des étoiles est le siège de réactions nucléaires. L'énergie dégagée est amplement suffisante pour expliquer la luminosité des étoiles. Ce travail lui a valu le prix Nobel en 1967.

Je le vois encore, grand, digne et serein, arpentant les corridors du Rockefeller Hall, le bâtiment de physique de l'université, entouré d'un cénacle de jeunes chercheurs admiratifs.

Aux conférences hebdomadaires du département de physique, il s'installait au fond de la salle et poursuivait ses propres travaux. Aux discussions qui s'amorçaient, il ne semblait porter aucune attention. Pourtant, quand la situation s'obscurcissait, il toussotait gravement. Un long silence. En quelques phrases, les brumes se dissipaient, tout devenait lumineux. Je crois que nous avions pour lui une véritable vénération.

A chacun des étudiants du laboratoire, il portait une attention amicale et exigeante. Régulièrement, il passait nous voir et, faisant mine de prendre des nouvelles, nous soumettait à un interrogatoire serré sur l'état de nos travaux.

Son passage créait beaucoup d'appréhension : « Il est chez Untel, j'ai regardé par la fenêtre. Je n'ai pas l'impression que ça se passe très bien. » Mais son regard sur nos travaux, ses conseils étaient très appréciés. On se laissait entraîner par sa vigueur et sa rigueur ; on acceptait ses normes d'excellence.

Conscient de la responsabilité du scientifique, il consacra, après Los Alamos, une part importante de son activité à s'opposer à l'escalade nucléaire, arguant que seul le dialogue entre partis adverses, seule l'entente au niveau politique et humain peuvent éloigner la menace de guerre. Membre du Conseil scientifique du président américain, c'est à lui que nous devons l'interdiction des essais nucléaires dans l'atmosphère décidée en 1963.

Je n'ai jamais su exactement le rôle de ***Robert Wilson*** à Los Alamos. Sans doute s'occupait-il de la partie expérimentale. Pendant mes études à Cornell, il partageait avec Hans Bethe la direction du Newman Nuclear Laboratory. Autant Bethe nous en imposait par la gravité de son personnage, autant Bob Wilson était direct et jovial. Pendant ses cours, il ne ratait pas l'occasion de taquiner les physiciens théoriciens noyés dans leurs équations. Chez lui, tout était simple, clair et efficace.

Wilson est l'homme des machines à accélérer les particules. Après avoir construit le *betatron* de Cornell, il a dirigé le Fermi Laboratory de Chicago, un des grands accélérateurs actuels, comparable au CERN de Genève.

Passionné d'architecture, il affectionne les constructions de la période gothique, dont il parle souvent avec compétence et chaleur. Pour lui, les accélérateurs géants sont, en quelque sorte, les cathédrales d'aujourd'hui. Il a pour son travail la ferveur d'un artisan médiéval.

Je voudrais maintenant vous présenter ***Philip Morrison,*** sans doute celui que je préfère. Un cours, une conférence publique de Morrison ne se manquaient en aucun cas. C'était du grand spectacle. J'entends encore son pas claudiquant vers l'estrade. Je revois ses gestes un peu pathétiques pour s'installer et son bon sourire intelligent, un tantinet malicieux.

L'exposé démarrait à vive allure. Les idées s'enchaînaient dans un torrent de verve, teinté de truculence et d'enthousiasme irrésistible. Le mélange, savamment dosé, de rigueur logique, d'envolées lyriques et de pointes insolentes aux « institutions » nous plongeait dans un état extatique dont on émergeait avec peine. On en redemandait... Un de ses meilleurs numéros commençait par une initiation aux merveilles des techniques de la télécommunication, pour se terminer par une satire cinglante de l'ineptie des messages véhiculés sur les ondes.

Mis sur la liste noire des autorités américaines, à cause de ses sympathies de gauche, on lui coupe, vers les années 1950, tout accès aux documents secrets de la Défense nationale. A cette époque, son téléphone est branché sur une table d'écoute et son courrier systématiquement ouvert.

Facétieux, il met au point une méthode de détection des explosions nucléaires (par leur reflet sur la face obscure de la Lune), dont il envoie le mémoire à Washington. Panique chez les fonctionnaires qui lui rappellent l'interdiction dont il est l'objet. « Si vous n'en voulez pas, à qui me suggérez-vous de l'envoyer ? »...

Il y avait encore ***Richard Feynman,*** préoccupé de philosophie et de problèmes religieux. Il déjeunait souvent avec les étudiants. Nous étions fascinés par ce personnage génial qui faisait de la physique comme il jouait du bongo.

La voie de la bombe est pavée de bonnes intentions

Je n'ai pas connu ***Robert Oppenheimer.*** De l'avis de tous, c'était un être exceptionnel. En plus de sa parfaite maîtrise de la physique, il possédait une vaste culture littéraire et philosophique. A l'aise aussi bien dans le domaine des mythologies hindouistes que dans la littérature française médiévale, Oppenheimer, avant la guerre, n'accordait pas beaucoup d'importance aux événements de la politique internationale.

Mais personne, et surtout pas un Juif, ne peut se désintéresser de la politique en ce début des années 1940. Sur tous les fronts, Hitler triomphe. Son ambition est sans bornes. Les armées allemandes déferlent sur l'Europe. Des populations entières sont asservies. Les camps d'extermination se multiplient. Par le nouvel ordre qui s'impose, c'est la civilisation même qui est menacée. C'est le retour à la barbarie et, pour les Juifs, la mort à courte échéance.

De surcroît, certaines rumeurs laissent entendre que les nazis s'intéressent à la bombe atomique... Nous le savons maintenant, les Allemands ont effectivement tenté de développer l'armement nucléaire. Mais ils ne sont pas allés très loin. Pour Hitler, le scientifique est plus utile au front qu'au laboratoire. Heureusement ! Une bombe atomique allemande eût changé le cours de l'histoire.

A cette période s'opère une alliance à la fois étonnante et significative. L'armée américaine confie le projet nucléaire au général Groves, un militaire de carrière à l'esprit carré, plutôt d'extrême droite, allergique aux intellectuels et aux libéraux.

Il prend pour collaborateur scientifique principal... Oppenheimer. Ces personnages — en apparence les moins assortis — vont travailler en étroite collaboration pendant des années.

Les victoires allemandes, les camps d'extermination des Juifs stimulent et dynamisent l'équipe de Los Alamos. Sur le plan moral, la situation est limpide. L'heure n'est pas aux hésitations et aux scrupules. Il *faut* faire la bombe. Et *vite*. Je pense que si j'en avais eu l'âge et si on m'y avait invité, je me serais jeté avec enthousiasme dans cette aventure, avec le sentiment exaltant de participer au sauvetage de la civilisation.

Le 8 mai 1945, les armées allemandes capitulent. C'est la victoire des forces alliées en Europe. Sur le Pacifique, les Japonais résistent, mais, de toute évidence, ils ont perdu la guerre. La bombe atomique n'est pas encore prête.

D'intentions moins bonnes...

Comment réagit-on à Los Alamos ? Plus tard, Bob Wilson dira : « Ce jour-là, j'aurais dû rendre mon badge, fermer mon laboratoire et n'y plus jamais remettre les pieds. Pourquoi ne l'ai-je pas fait ? C'est ce que je n'arrive pas à comprendre. Dans ma vie, c'est ce que je regrette le plus. »

L'hypothèse d'une interruption des travaux est timidement évoquée par plusieurs scientifiques. Mais plutôt par acquis de conscience. Personne n'y croit vraiment. Le climat psychologique ne s'y prête en aucune façon.

Bien sûr, les arguments en faveur de la bombe existent toujours, mais sous une forme singulièrement affaiblie. Il ne s'agit plus de sauver la civilisation, mais de faire l'économie de l'invasion du territoire japonais, épargnant ainsi quelques *millions* de soldats et de civils. Mieux vaut sacrifier une *centaine de milliers* de Japonais...

C'est une forme de comptabilité, mais une comptabilité à court terme. A plus long terme, il faudrait inclure les *centaines de millions* de morts qu'une future guerre nucléaire pourrait occasionner. « J'y suis, j'y reste », dit la bombe.

Cela nous amène au point crucial de notre discussion : la bombe est-elle inéluctable ? Supposons qu'on ait, à ce moment, décidé de fermer boutique, de brûler les documents, de détruire les installations. Les Russes s'intéressaient déjà à la bombe. Tôt ou tard, affaiblis par le retard, les Américains auraient été forcés de reprendre les travaux.

Comme un paquebot filant à toute allure, le projet, dira plus tard Oppenheimer, était *irrésistiblement entraîné* par son propre élan. « Quand on voit une prouesse technique à accomplir, on se lance tête baissée, sans se demander ce qu'il conviendra de faire une fois qu'elle sera terminée. Ainsi en a-t-il été de la bombe atomique. » Forte de tous les arguments, *la bombe atomique n'a jamais souffert le moindre retard.*

Les travaux se poursuivent sans interruption, et la bombe test explose au Nouveau-Mexique pendant l'été 1945.

Dès lors, la question de l'avenir de la bombe se pose. Faut-il s'en servir ? Et dans quelles conditions ? Les uns proposent d'inviter les généraux ennemis à un nouvel essai au Nouveau-Mexique, histoire de les impressionner. D'autres pensent qu'il faut faire exploser la bombe sur le territoire japonais, mais dans une région inhabitée.

«Voilà bien des scrupules, disent les faucons d'alors, dévastons carrément des villes non bombardées jusqu'ici pour mieux évaluer l'étendue des dégâts. » Ce point de vue l'emporte. Après Hiroshima et Nagasaki, les Japonais demandent grâce.

Comment Hans Bethe a-t-il vécu ces événements ? « Au départ, nous étions très inquiets. L'engin allait-il fonctionner ? A la nouvelle du " succès ", nous avons d'abord été rassurés. Et puis, ensuite, l'horreur. " Qu'avons-nous fait ? Qu'avons-nous fait ? " » De cet instant date sa décision, jamais remise en question, de s'opposer à la poursuite des essais nucléaires.

« A Los Alamos, on ne réfléchissait guère, dira-t-il plus tard. Le travail nous absorbait entièrement. Il fallait le terminer. Je pense qu'une fois démarré, le mouvement a continué de son propre élan. »

Philip Morrison a fait la dernière inspection de la bombe, à l'île de Tinian, juste avant son départ pour Hiroshima. A Cornell, il en parlait librement, reprenant à son compte l'argumentation officielle des millions de victimes qu'aurait coûtés un débarquement au Japon. Mais on le sentait préoccupé. Bien audelà de ce qu'il voulait laisser paraître.

Quant à Bob Wilson, sa femme raconte que, le jour d'Hiroshima, il est revenu du laboratoire en vomissant. « Je vomis encore, chaque fois que j'y pense », ajoute-t-il.

Et d'illusions : les deux visages de Prométhée

Sur l'état d'âme des scientifiques à Los Alamos, Oppenheimer aura plus tard ce mot d'une grande lucidité — et qui en agacera plusieurs : « Les physiciens ont connu le péché. »

Libérer l'énergie des étoiles, c'est, à l'exemple de Prométhée, arracher le feu du ciel. C'est la nature contrôlée, maîtrisée, dominée comme jamais auparavant dans l'histoire des hommes. Le physicien devient démiurge.

On imagine l'exaltation au moment de la première explosion. Oppenheimer raconte comment, à cet instant, lui sont remontées en mémoire des paroles de Krishna dans le *Mahabharata* (un des livres sacrés de la tradition hindouiste). Des vers aux consonances prophétiques :

Le rayonnement d'un million de Soleils
Éclatant d'un seul coup dans le ciel.
Ainsi serait la Splendeur du Tout-Puissant
Je suis devenu la Mort,
Le destructeur de l'Univers.

Dans son livre *Disturbing the universe,* le physicien Freeman Dyson parle, à juste titre, de « pacte faustien ». Comme Faust accepte le pacte de Méphistophélès, les physiciens font alliance avec l'armée pour accéder à un niveau supérieur de science et de puissance. Mais Faust porte seul les conséquences de son geste. Le poids des expériences de Los Alamos retombe sur l'humanité entière.

Le mythe de Prométhée possède deux faces. La première nous renvoie à Faust : l'ivresse de savoir et de pouvoir. La seconde est messianique : Prométhée *bienfaiteur de l'humanité.*

Le mythe de la « force bienveillante » est une image intemporelle, un de ces archétypes profondément gravés dans la psyché humaine. Il refait surface régulièrement dans la littérature mondiale. C'est Gilgamesh chez les Assyriens, Samson chez les Juifs, Hercule chez les Grecs anciens et, plus près de nous, Superman, Tarzan ou Zorro. La puissance qui vient au secours des bonnes causes, de la veuve et de l'orphelin.

Dans le même esprit, Oppenheimer évoquera un autre passage du *Mahabharata.* C'est un événement de la vie de Shiva, le Créateur des mondes, mais aussi le Destructeur universel quand les temps seront révolus. Shiva tente de ramener à la raison un roitelet despotique et guerroyeur. Ses conseils ne servent à rien. Pour engendrer une crainte salutaire, Shiva se métamorphose et revêt sa livrée terrifiante de Destructeur des mondes. « Chacun de nous, à Los Alamos, a été influencé à un moment ou à un autre par une image analogue », ajoute Oppenheimer.

« Espérons que la puissance quasi illimitée qui va naître dans nos laboratoires servira à paralyser les mauvaises intentions et à imposer aux hommes une conduite raisonnable. Faisons à l'humanité le cadeau d'une arme qui, entre les mains d'un organisme comme les Nations unies, devienne un garant de paix. » Ces mots, selon Oppenheimer, sous-tendaient les efforts des chercheurs et les soutenaient aux heures de doutes et de scrupules. « Qui aime bien, châtie bien », dit le proverbe, mais encore faut-il un fouet.

Dans la même veine, le financier américain Bernard Baruch présentera, quelques années plus tard, un projet d'accord soviéto-américain dans lequel il demandera que « les Nations unies se constituent un arsenal atomique pour châtier toute nation qui, ayant accepté de reconnaître la nouvelle agence, oserait enfreindre ses règles ». Le projet a été rejeté à l'unanimité...

La bombe se provincialise

Quiconque douterait de la puissance des mythes se doit de considérer le spectacle extraordinaire auquel nous assistons ici : une imagerie mythique qui pendant des années nourrit la ferveur et apaise la conscience de cette élite de l'intelligence mondiale.

Illusion... La suite des événements a abondamment illustré la vanité de cet espoir. La « force » ne fut jamais « bienveillante ». La bombe est *une arme comme les autres,* bien qu'infiniment plus puissante.

Plus tard, le langage mythique revient, mais le mythe se provincialise. Truman espère que l'Amérique gardera à jamais l'exclusivité de ce « dépôt sacré » qui lui a été confié presque par droit divin. En 1946, il demande à Oppenheimer : « Quand les Russes seront-ils capables de fabriquer une bombe atomique ? » — « Je n'en sais rien. » — « Moi, je le sais. » — « Quand ? » — « Jamais », répond Truman, sûr de ses appuis célestes. Trois ans plus tard, un engin nucléaire explose en Union soviétique...

Tout aussi religieusement inspiré, le sénateur Brian McMahon affirme, après la capitulation du Japon, que le bombardement d'Hiroshima est le plus grand événement de l'histoire du monde depuis la naissance de Jésus-Christ. Il ajoute : « Les États-Unis doivent rester en tête de la course aux armements, car si par malheur l'URSS les rattrape, cette puissance illimitée, entre les mains des *forces du mal,* ne pourrait mener qu'à la destruction totale. »

Après la guerre sainte contre le nazisme, la guerre sainte contre le communisme. La bombe décidément a toutes les chances, tous les atouts dans son jeu. A un rythme infernal elle se développe, se perfectionne et fait des petits. Les arsenaux s'emplissent. Et qui fait entendre la voix de la raison ?

Les murmures inaudibles de la raison

L'activité de ***Niels Bohr,*** le père de la physique quantique, pour désamorcer le processus infernal, est sans doute l'un des passages les plus émouvants de cette sombre histoire. « Il est de toute urgence, disait-il et avant même que la bombe ne soit réalisée, de mettre Staline dans le coup. En l'absence de ce geste de confiance et de bonne volonté, il sera impossible, plus tard, d'établir un contrôle international de l'énergie nucléaire. » « Et nous aurons droit, prédisait-il correctement, à l'escalade de la terreur. »

Pendant plusieurs mois, Bohr tente vainement de rencontrer les dirigeants de l'époque. Churchill, finalement, lui accorde un court rendez-vous... en présence d'un autre invité. Il écoute distraitement la requête de Bohr, puis se tourne vers l'autre personne pour parler de tout autre chose. « Puis-je vous écrire ? » demande Bohr, désemparé. — « Oui, à condition que vous ne me parliez plus de politique. » Plus tard, Churchill dira : « Je n'ai jamais aimé cet être chevelu qui veut révéler nos secrets aux Russes. Il vaudrait mieux le garder sous surveillance. »

Roosevelt sera plus affable, mais le résultat sera le même. La bombe atomique, pour les Alliés, est une arme de puissance et non une force bienveillante. Et cela, dès 1943, longtemps avant sa réalisation.

A la demande de Leo Szilard, Albert Einstein est intervenu deux fois auprès du gouvernement américain. Quand, en 1939, il veut intéresser Roosevelt au projet atomique, il est accueilli favorablement. Quand, à la suite de la victoire sur l'Allemagne, les deux physiciens s'opposent à la poursuite du « projet Manhattan », la Maison-Blanche fait la sourde oreille.

Un autre physicien anglais, le Dr Blackett, gagnant du prix

Nobel, présente au Premier ministre Attlee, successeur de Churchill, un mémoire contre la poursuite de l'armement nucléaire en Angleterre. Il est brutalement rabroué. « L'auteur, un savant distingué, parle de problèmes politiques et militaires auxquels il ne connaît rien. » Pour marquer le coup, on l'exclut des comités de discussion sur la défense nationale.

Contrairement au monde scientifique, le monde politique semble avoir été imperméable au mythe de la force bienveillante.

Les philtres

Penché sur la baignoire de sa chambre d'hôtel, à Londres, en 1935, Leo Szilard est, en quelque sorte, l'annonciateur de la déesse Bombe. Le général Groves et Robert Oppenheimer, ensorcelés par des philtres bien différents mais tout aussi efficaces, en sont les *grands prêtres.*

Quand Groves entend « l'appel de la bombe », il se morfond à construire des dépôts d'artillerie. En vrai soldat, il rêve de gloire militaire. « Le ministre de la Guerre vous a désigné pour une mission de la plus haute importance. Si vous faites correctement votre travail, la guerre est gagnée. »

Nommé général de brigade, Groves passe immédiatement à l'action. Il organise le transport de ses « troupes » — les meilleurs scientifiques de l'époque, dont plusieurs prix Nobel — vers un coin perdu du Nouveau-Mexique.

Il veut les revêtir de l'uniforme de l'armée américaine, leur imposer le salut militaire et les forcer au secret le plus complet. A sa grande déception, les trois exigences lui seront refusées.

Groves écumera de rage en apprenant que certains scientifiques ont manifesté leur opposition au lancement de la bombe sur des villes japonaises. Dans un mémoire intitulé « Traitement réservé aux chercheurs scientifiques indésirables », il écrira : « Le projet Manhattan a été handicapé dès le départ par la présence de certains hommes de science d'une discrétion approximative et d'une loyauté douteuse. »

A l'approche de la victoire en Europe, il fera circuler une note en accord avec sa dévotion à la cause : « On conseille d'envisager, dès maintenant, des programmes éducatifs pour le personnel. Ces programmes souligneront l'importance de maintenir les travaux et la nécessité d'accélérer leur rythme après le jour de la victoire, en visant le Japon comme objectif final. Le personnel recevra la consigne d'éviter de perdre son temps à célébrer la victoire sur l'Allemagne par des réjouissances inconsidérées. »

Mais la bombe n'a pas de pays. Elle est au-dessus des nations. Elle ne doit allégeance qu'à elle-même. L'erreur de Groves a été de penser et de propager l'idée que les Russes sont incapables de fabriquer la bombe atomique. Grisé par la réussite, convaincu de la supériorité absolue de l'Amérique, il fera rédiger un rapport technique sur le « projet Manhattan », une sorte de « cocorico US » distribué en de nombreux exemplaires, et qui sera hautement apprécié et exploité par les ingénieurs soviétiques.

On ne lui pardonnera pas. Son zèle intempestif l'a rendu indésirable. On le remplacera par des hommes plus modestes, plus discrets, plus compétents. Son rôle est terminé. La bombe va continuer sans lui.

Oppenheimer est un personnage de tragédie. Sa fin sera beaucoup plus dramatique. Il a consacré la majeure partie de sa carrière au développement de l'armement nucléaire. Il sera brisé dès qu'il manifestera des réserves. A son sujet me reviennent en mémoire les mots d'une chanson d'Édith Piaf : « La vie, ça vous donne toutes les chances, pour les reprendre après. »

Dès son enfance, Robert Oppenheimer est un « petit génie ». Il présente une communication à la New York Academy of Sciences sur ses travaux en géologie. Celui qui marche vers le podium est un gamin de douze ans...

« Je n'ai jamais rencontré quelqu'un d'aussi rapide à saisir un raisonnement », dira plus tard Hans Bethe, qui s'y connaissait en la matière. « En quelques secondes, il fait intérieurement le trajet que nous avons mis des heures à parcourir. »

Cet esprit subtil, à l'aise dans les hautes sphères de l'abstraction, a pu mener à bien le projet éminemment concret de diriger un laboratoire de plusieurs centaines de personnes et de fabriquer, en un temps record, un engin atomique. Cela illustre bien les dons extraordinaires que la nature lui a accordés. Ajoutons, pour faire bonne mesure, sa grande culture littéraire et artistique et ses talents culinaires fort appréciés par ses collègues.

Oppenheimer était tout désigné pour relever le défi faustien de la conjoncture politique : mettre au monde la bombe atomique. Il gagnera son pari et sera porté au sommet de la gloire. Après la guerre, il siégera à Washington où les puissants de ce monde accorderont à ses paroles la plus haute considération. Aussi longtemps qu'il jouera le jeu de la bombe, sa vie tiendra du rêve, et les honneurs pleuvront sur lui.

Son destin s'infléchira quand il manifestera des réticences, des objections de conscience, des doutes moraux. Militaires et scientifiques ne lui pardonneront pas d'avoir perçu leurs motivations profondes. Si, pour les soldats, la bombe utilise le philtre de la gloire militaire, c'est le philtre de la puissance qui est versé aux scientifiques avec celui des bonnes intentions.

Quand il insistera pour obtenir des isotopes à des fins médicales, on le soupçonnera de vouloir brader les secrets atomiques. Mais, surtout, on lui reprochera de s'opposer à la priorité accordée à la stratégie des bombardements nucléaires massifs. Un procès odieux sera monté contre lui. Son passé sera fouillé. La chute sera brutale. On l'exclura des comités de défense ; on lui coupera tout accès au matériel scientifique correspondant. Il ne s'en remettra jamais. Les dernières images du film *The Day after Trinity* nous le montrent abattu, prématurément vieilli, l'ombre de lui-même...

Malgré son opposition à la poursuite de l'escalade nucléaire, Hans Bethe ne subira pas le sort cruel d'Oppenheimer. Pourtant, il est maintenant l'objet de critiques acerbes de la part des jeunes loups de la course aux armements. « Vous étiez plein d'enthousiasme au moment de la fabrication de la bombe atomique, malgré l'opposition de vos aînés qui la croyaient irréalisable. Maintenant, cessez de nous répéter les mêmes sornettes et *laissez-nous notre chance.* » Ce discours nous donne la mesure du niveau de réflexion éthique et de responsabilité morale des nouveaux travailleurs de l'armement nucléaire. Qui dira plus éloquemment la puissance des philtres de la bombe ?

La bombe prolifère

La bombe américaine est née dans un débordement euphorique de zèle et d'enthousiasme. La bombe soviétique apparaît dans la terreur, sous l'œil des mitrailleuses.

Ce n'est pas sans raison que Truman doute de la possibilité de cet engin thermonucléaire russe. Les Allemands ont ravagé le pays. C'est un immense champ de ruines. Pour mener leur projet à terme, les États-Unis ont utilisé à fond leur formidable infrastructure industrielle et technique. En comparant les situations économiques des deux pays à cette époque, on peut effectivement se demander comment Staline a pu réussir son projet.

On le sait maintenant. Malgré l'état exsangue du territoire, la bombe, fidèle à elle-même, prend le pas sur la restructuration sociale. On utilise la main-d'œuvre gratuite des goulags. Dans des conditions souvent épouvantables, des centaines de milliers d'ouvriers travaillent, jour et nuit, sous la menace des fusils.

Les installations sont montées en toute hâte, sans respect des conditions de sécurité. Un ingénieur allemand parlera plus tard de « conditions criminelles ». Aux risques d'incendies et d'inondations s'ajoute la certitude des irradiations.

En 1947, l'explosion d'un dépôt de dynamite fait soixante-dix morts et cent soixante-dix blessés. Rien ne ralentit les cadences de travail. Même les physiciens sont soumis à la terreur. « Que serait-il arrivé si nous n'avions pas réussi ? écrira l'un d'eux à sa famille. Ils nous auraient fusillés, tout simplement. »

Le sort du physicien soviétique Sakharov n'est pas sans analogie avec celui d'Oppenheimer. Pionnier de la bombe à hydrogène, enfant chéri des autorités militaires pendant plusieurs années, les persécutions dont il est aujourd'hui l'objet ne sont pas sans relation avec son opposition aux explosions nucléaires atmosphériques. Khrouchtchev ne lui a jamais pardonné.

Et en France ? Profitant des faiblesses de la IVe République et des changements fréquents de gouvernement, la bombe française sera l'œuvre d'un petit groupe de technocrates, sans ordre officiel du Parlement et, surtout, en l'absence complète de discussions démocratiques. Quand elle explosera, en 1960, on devra se contenter... de l'entériner. Sans vergogne, son « épanouissement » pèse sur la nation, laissant des souvenirs cuisants. Le dernier en date s'appelle... « Greenpeace ».

En Angleterre, Churchill, pourtant connu pour son tempérament autoritaire, revenant au pouvoir en 1951, n'arrivera pas à comprendre comment, sous le gouvernement socialiste précédent, les ingénieurs anglais ont pu dépenser un million de livres pour la bombe sans que jamais le Parlement anglais n'en entende parler.

La malédiction, c'est que la bombe a tous les atouts dans son jeu. Bob Wilson mentionnait « l'élan irrésistible de la puissance technologique associée à la machine bureaucratique » quand il cherchait à comprendre pourquoi la capitulation de l'Allemagne nazie n'avait pas amené l'interruption des travaux.

Ajoutons la peur paranoïaque et l'hystérie provoquées par la bombe russe qui, de l'avis des experts, « n'aurait jamais dû causer une telle panique ». Les faucons font flèche de tout bois. Ils profitent de toutes les circonstances, sans souci des responsabilités politiques.

« Tout au long de l'histoire atomique, les décisions sont présentées au public comme *inéluctables*. Pourtant, jamais les initiatives personnelles, les craintes hystériques et les enthousiasmes passagers n'auront, à ce point, dicté le cours de l'histoire mondiale », écrivent Pringle et Spigelman... dans *les Barons de l'atome (N 1)* *, un livre dont je ne saurais trop recommander la lecture.

Chez un auteur nommé Peter Sloterdisk, j'ai trouvé ce beau texte, tout à fait en harmonie avec les pages précédentes : « Parfaite, souveraine, indifférente, la Bombe atomique est le vrai Bouddha de l'Occident. Immobile, elle repose dans son silo ; actualité pure et pure potentialité. Elle est l'incarnation des énergies cosmiques et la participation des hommes à ces éner-

* Les notes et les notes de lecture, signalées par *N* et *NL*, sont regroupées en fin de volume, p. 271 s.

gies ; elle est le chef-d'œuvre de l'espèce humaine et l'exterminatrice de cette espèce ; elle est le triomphe de la rationalité technique et sa dissolution dans la paranoïa...

« Elle n'est pas un brin plus vicieuse que la réalité, pas un poil plus destructrice que nous. Elle est tout juste le reflet de ce que nous sommes et l'expression matérialisée de nos façons d'agir.

« Plutôt que des considérations stratégiques, c'est une grande écoute qu'il nous faut avoir par rapport à la bombe. Elle ne requiert ni lutte ni résignation, mais l'*expérience* de nous-mêmes. Nous sommes *elle.* »

La prolifération en 1986

Après les États-Unis, l'Union soviétique, la France et l'Angleterre, la Chine et l'Inde ont fait éclater des engins thermonucléaires. Cinq autres pays sont également en excellente position dans cette course : l'Argentine, le Brésil, Israël, le Pakistan et l'Afrique du Sud. Si elles ne possèdent pas déjà un arsenal atomique complet, ces nations ont fait de grands pas vers cet objectif.

Un traité de non-prolifération a été signé, il y a quelques années, par plusieurs gouvernements. Mais, pour des raisons diverses, il est largement contesté. Deux nations du *pool* nucléaire ont refusé de signer : la France et la Chine, suivies par, on pouvait s'y attendre, la plupart des pays désireux d'obtenir la bombe.

Les ancêtres de la bombe

On risque d'oublier, en mythifiant la bombe, en y voyant l'incarnation d'un être diabolique, qu'elle a des ancêtres notoires. Elle est la dernière-née d'une longue série d'armes meurtrières engendrées par l'imagination fertile des humains, tout au long de leur histoire.

Depuis la plus haute Antiquité, toutes les inventions, toutes les énergies nouvelles sont *systématiquement* utilisées à des fins guerrières. Dards, flèches, feux, chevaux s'ajoutent à l'arsenal des armées en conflit. Lucrèce, notre « correspondant romain », nous en offre un témoignage éloquent : « On apprit à dompter les chevaux, à les diriger avec un mors et à les monter. On tenta ensuite les hasards de la guerre sur un char à deux chevaux. Aux deux chevaux succédera l'attelage à quatre et l'on inventera des chars armés de faux tranchantes. Ensuite, les Carthaginois domptèrent les éléphants et les dressèrent pour la guerre.

« Ainsi la *cruelle discorde* inventa des armes de plus en plus meurtrières à l'usage du genre humain et augmenta de jour en jour les horreurs de la guerre. »

Écrit il y a plus de deux mille ans, ce texte, pour nous, est riche d'enseignements. La dernière phrase pourrait dater d'hier. Malgré l'accroissement prodigieux des connaissances, malgré les progrès technologiques, l'âme humaine reste résolument fidèle à ses traditions. Et c'est bien là le problème.

Les éléphants d'Hannibal ne menaçaient que les légions romaines. La poudre à canon, la dynamite augmentent considérablement les dégâts. Avec l'énergie nucléaire, la « cruelle discorde » peut envisager sérieusement l'élimination de l'espèce humaine.

Une erreur de la nature ?

Mal adapté parce que trop bien nanti, néfaste à l'équilibre biologique de la planète, l'être humain serait-il en définitive une erreur de la nature ?

On évalue à plus d'un million les espèces végétales et animales vivant actuellement sur la planète. La somme des espèces apparues, au cours de l'évolution biologique, atteindrait dix millions. Neuf sur dix auraient disparu.

Aucune espèce n'est sacrée. Chacune surgit du jeu de la nature ; de l'aléa des mutations biologiques. Pour durer, il faut se faire une niche. Établir un comportement d'échange. Recevoir et donner. S'insérer dans un écosystème. Faute de quoi, l'élimination est inexorable.

Il y a soixante-cinq millions d'années, les dinosaures, les fougères géantes, les ammonites s'effacent brusquement de la surface terrestre. Sur la cause de cette catastrophe, nous n'avons pas de certitude. Il pourrait s'agir d'une arrivée soudaine et importante de matériaux extraterrestres (météorite géante ou nuage interstellaire).

Selon toute vraisemblance, cependant, ces animaux ne sont pas *responsables* de leur disparition. La nature ne leur a pas demandé leur avis. Mais l'être humain, s'il voit venir sa propre extinction, n'aura qu'à s'en prendre à lui-même. Rien ne nous menace, hormis ce que nous *provoquons.*

La destruction nucléaire de l'humanité pourrait entraîner l'élimination d'une fraction importante — sinon de la totalité — des espèces animales et végétales. Si l'arsenal n'est pas encore suffisant pour causer cette hécatombe, il le deviendra rapidement *(fig. 1).* A nouveau, il nous faut saluer l'efficacité de l'intelligence humaine...

Il importe ici de reconnaître le rôle peu enviable joué par notre culture occidentale. Si le degré de civilisation d'un groupe humain se mesure à l'harmonie de ses rapports avec l'environnement, notre cote est au plus bas. J'en prends pour témoignage ce constat écœuré d'un vieil Indien de mon pays : « Les Blancs se moquent de la terre, du daim ou de l'ours. Lorsque nous, Indiens, chassons le gibier, nous mangeons toute la viande. Lorsque nous cherchons les racines, nous faisons de petits trous. Lorsque nous brûlons l'herbe, à cause des sauterelles, nous ne ruinons pas tout. Nous secouons les glands et les pommes de pin des arbres. Nous n'utilisons que le bois mort.

« L'homme blanc, lui, retourne le sol, abat les arbres, détruit tout. L'arbre dit : " Arrête, je suis blessé, ne me fais pas mal. " Mais il l'abat et le débite. L'esprit de la terre le hait. Il arrache les arbres et ébranle jusqu'à leurs racines... Il fait exploser les rochers et les laisse épars sur le sol. La roche dit : " Arrête, tu

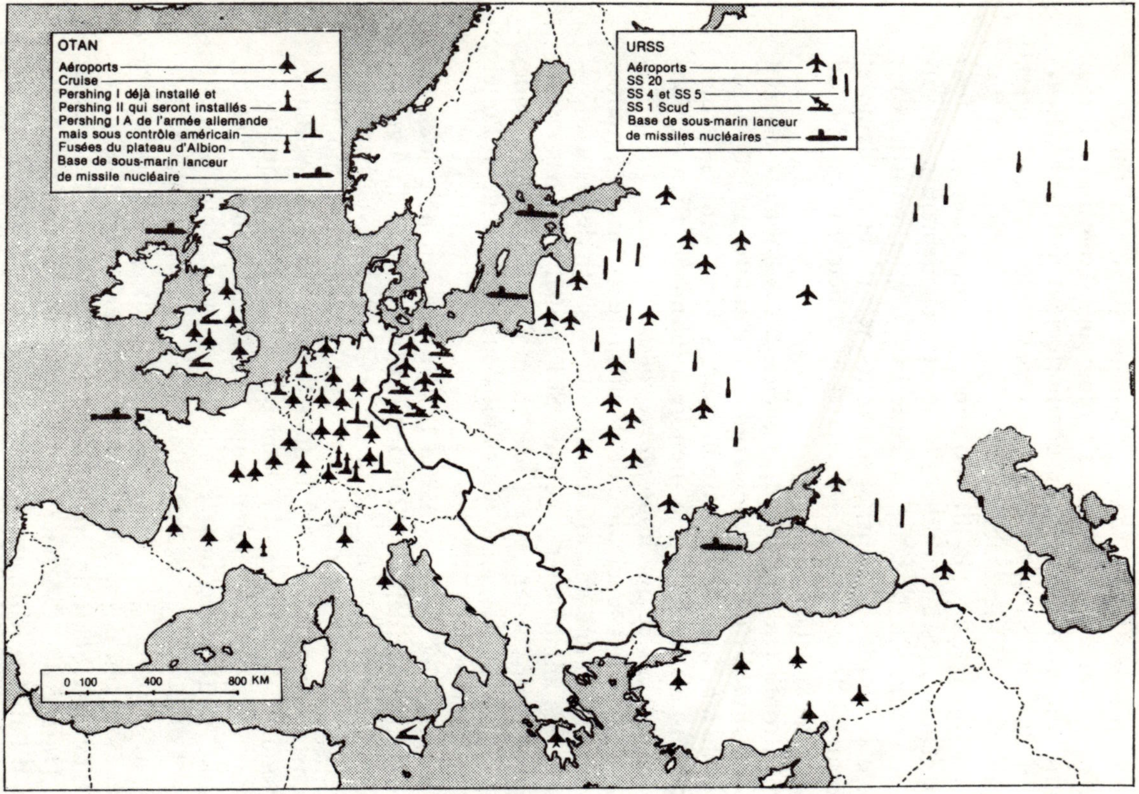

Fig. 1. Les armes nucléaires en Europe. (*Nuclear Weapons in Europe,* édité par Marsha McGraw Oline, Jeffrey D. Powo, Lexington Books, 1983.)

me fais mal. " Mais l'homme blanc n'y fait pas attention. Comment l'esprit de la terre pourrait-il aimer l'homme blanc ? Partout où il la touche, il laisse une plaie » *(N 2).*

Notre planète héberge un grand nombre de cultures différentes. Chacune a développé ses propres stratégies de subsistance, son mode de vie adapté au cadre naturel. La pêche des Esquimaux diffère de la pêche au Bénin. L'agriculture massive des prairies canadiennes ne ressemble pas au jardinage familial des paysans de l'Inde. Tout comme les techniques de vie, les rapports de l'homme avec la nature varient largement d'une place à l'autre. Comme les Indiens d'Amérique, comme beaucoup d'Indiens des Indes, de nombreuses sociétés traditionnelles ont, pour la nature, un respect profond, teinté d'animisme.

La science et la technologie de la puissance sont nées dans notre monde occidental, là précisément où le rapport mystique avec la nature a été, le plus tôt, remis en question. Ce n'est sans doute pas un hasard. Nous retrouvons, ici, l'image de Prométhée arrachant le feu au ciel ; le « péché » que, selon Oppenheimer, les physiciens ont connu à Los Alamos.

S'il y a un rapport entre le rejet de la piété ancestrale et l'éclosion de la science, dans quel sens se déploie-t-il ? De l'impiété à la science, ou de la science à l'impiété ? Vraisemblablement, en alternance ou simultanément, dans les deux sens à la fois.

L'important, pour nous, c'est le *fait historique* de l'apparition de la culture technologique occidentale. Son influence hégémonique se propage et s'impose à toute la planète.

Les impératifs industriels et commerciaux, les moyens de communication et de transport interdisent l'isolement du passé. Au siècle dernier, les Japonais ont été forcés d'ouvrir leurs portes à l'Occident. Les dernières tribus amazoniennes s'éteignent dans les *Tristes Tropiques* de Lévi-Strauss.

L'intelligence et la curiosité mènent-elles inévitablement à l'éclosion d'une société technologique axée sur le contrôle des énergies ? Cette question, souvent formulée, me paraît mal posée.

Imaginons une planète « lambda » où, comme sur notre Terre, une multitude de cultures différentes développent séparément leur rapport à la nature. Même si la quasi-totalité de ces groupes humains ne montre qu'un intérêt modéré pour la science et la technologie, il suffit que cette passion apparaisse *quelque part* pour s'imposer éventuellement à tous. La technologie est envahissante. Elle entraîne sa propre expansion territoriale.

La nature du scorpion

Sur la berge sablonneuse d'un grand fleuve africain, un lion dort. C'est l'après-midi. Il fait chaud. Il n'y a pas un souffle de vent.

Un scorpion s'approche : « Réveille-toi. J'ai besoin de ton aide, dit-il en poussant le lion d'un coup de coude. Je dois passer de l'autre côté du fleuve. Ici, il n'y a plus rien pour moi. Prends-moi sur ton dos et fais-moi traverser à la nage. »

Surprise du lion : « Moi, nager avec un scorpion sur le dos ? Tu vas me piquer et je vais mourir... » Le scorpion plaide habilement sa cause : « Ne sois pas stupide. Si je te pique, on se noie tous les deux. Il ne peut rien t'arriver. » Obstiné, le lion cherche ses arguments. Mais l'agilité intellectuelle du scorpion, alliée à la logique imparable de son plaidoyer, finit par l'emporter. « Monte », dit le lion.

A pas lents, le lion, méfiant, avance dans l'eau tiède. Il commence à nager. Au milieu du fleuve, une douleur vive le paralyse. Le duo est entraîné par le courant.

« Regarde ce que tu as fait, dit le lion. Nous allons périr tous les deux. » — « Je sais, répond le scorpion. Je suis désolé. Mais on n'échappe pas à sa nature. »

Les événements des dernières décennies donnent à cette fable toute sa pertinence. Est-il dans *la nature de l'homme* de fabriquer, le plus vite et le plus efficacement possible, les armes de sa propre autodestruction ? Si tel est le cas, nous est-il possible d'*échapper* à notre nature ?

L'enjeu cosmique

Ce premier chapitre a dressé le bilan d'une situation particulièrement alarmante : celle de l'avenir du genre humain. L'accumulation délirante des engins thermonucléaires, la prolifération de l'armement atomique nous conduisent à prévoir le pire.

Les armes — l'histoire nous l'enseigne — finissent toujours par servir. Les prétextes de légitime défense deviennent des alibis d'agression. Si le passé est le garant du futur, qui parierait pour l'avenir de la paix mondiale ? Et si le tir commence, qui pariera sur la survivance des êtres humains ?

Mais quel effet produirait, dans l'espace interstellaire, un feu d'artifice de bombes atomiques sur notre planète ? Pratiquement aucun... Les habitants des systèmes planétaires, même les plus rapprochés, seraient incapables de le détecter ! Une péripétie parfaitement négligeable à l'échelle de la galaxie et du cosmos. Pourquoi faire tant d'histoires ?

Et pourtant... Si la vie existe en d'autres systèmes planétaires, autour d'autres étoiles, si des civilisations technologiques sont apparues, ne risquent-elles pas, entraînées par la « cruelle discorde », d'être confrontées au même problème ?

Combien de populations planétaires ont rencontré, avant nous, le tournant crucial que nous traversons en ce moment sur la Terre ? Combien ont sombré dans le néant pour n'avoir pas su manœuvrer correctement ? Et combien ont su passer, avec succès, le test de la coexistence pacifique avec leur propre puissance ?

Un effrayant silence

Pascal s'effrayait du silence des espaces infinis. Mais le ciel, nous le savons aujourd'hui, ne nous est aucunement étranger. Là s'élaborent, au centre des étoiles comme dans les nébulosités, les noyaux, les atomes et les molécules qui formeront, plus tard, l'infrastructure de la conscience.

La vie existe-t-elle en dehors de la Terre, sur d'autres planètes, autour d'autres étoiles, parmi les milliards de galaxies de notre univers ? Nous avons d'excellentes raisons de penser que les échelons de la complexité sont gravis quand les conditions physiques le permettent. Et que ces conditions fertiles existent en millions ou milliards d'exemplaires dans le cosmos *(N3).*

Pourquoi alors ne recevons-nous jamais de messages, radiophoniques ou autres, en provenance du ciel ? On peut trouver plusieurs réponses. En voici quatre que nous allons examiner successivement :

1. Contrairement à l'opinion présentée auparavant, nous sommes seuls. La vie ne s'est pas développée ailleurs. C'est possible. Mais en regard de nos connaissances actuelles, cela paraît difficile à croire.

2. Les civilisations extraterrestres communiquent par des méthodes de transmission qui échappent encore à notre technologie. On ne peut pas réfuter cette hypothèse.

3. Nos plus proches voisins sont trop loin pour nos récepteurs actuels, par exemple s'ils habitent la galaxie d'Andromède. Les prochaines générations de radiotélescopes pourraient alors nous réserver des surprises.

4. Incapables de gérer leur agressivité, les civilisations technologiques s'exterminent aussitôt qu'elles en atteignent la capacité.

Si la bonne réponse est la quatrième, le « silence des espaces infinis » prend une signification autrement effrayante que celle de Pascal.

DEUXIÈME PARTIE

PULSION DE VIE

La pyramide de la complexité s'édifie au cours des âges

2. La pyramide de la complexité

La guerre, la souffrance, la mort sont avec nous depuis toujours. Le primate qui accède à l'intelligence, l'enfant qui s'éveille à la vie découvrent que *la réalité est inquiétante.* Pour se défendre, comme pour se rassurer, l'être humain cherche à comprendre. Je pense qu'on peut trouver, dans cette vaste entreprise de *sécurisation,* la racine de tous les systèmes explicatifs de la réalité, aussi bien mythologiques que scientifiques.

C'est dans le monde grec antique qu'apparaît, pour la première fois à notre connaissance, la démarche scientifique, au sens contemporain du terme. Une phase d'intense activité s'étend sur plusieurs siècles pour perdre son souffle à la chute de l'Empire romain. Au Moyen Age, la science est arabe. A la Renaissance, elle revient en Europe. Le mouvement se poursuit depuis lors sans interruption en de nombreux points de notre planète.

Le savoir scientifique est-il cumulatif? Je le crois. Nous savons beaucoup plus de choses sur la nature que les philosophes grecs et latins ou que les savants de la Renaissance. Mais, au fait, que savons-nous de plus qu'eux ? Pouvons-nous le dire en quelques phrases simples mais significatives ?

Nous savons que *la vie n'a pas toujours existé.* Mieux encore, nous savons que l'*organisation* n'a pas toujours existé. La matière s'éveille d'un chaos primordial pour donner naissance, par paliers successifs, à des êtres de plus en plus complexes. Les vivants (au sens ordinaire du terme) sont les derniers nés de cette séquence évolutive *(NL4).*

Les chapitres suivants auront pour but de démonter et d'étudier l'ensemble des mécanismes responsables de l'avènement de la vie dans l'univers. Analysant d'abord le mode d'organisation de la matière, nous mettrons en évidence une structure en *alphabets superposés,* formant ce que nous appellerons « la pyramide de la complexité ». Cette pyramide était *possible,* mais n'existait pas encore, il y a quinze milliards d'années. Son édification se poursuit au cours du temps.

Cette apparition de l'organisation dans une matière primordiale chaotique pose des questions fascinantes. La cosmologie moderne apporte des ébauches de réponse. L'organisation suppose l'existence d'une *information* préalable. Quelle est la source de cette information ? Où se cachait-elle dans le chaos antique ? Et comment les événements qui engendrent les structures matérielles s'accommodent-ils des célèbres exigences de *la croissance de l'entropie ?* Quelle est l'entropie de l'univers ? Obéit-elle aux lois de la thermodynamique ?

Voilà les thèmes que nous abordons maintenant.

La nature est structurée comme un langage

Pourrait-on résumer, en quelques phrases clefs, l'ensemble des connaissances scientifiques acquises depuis la Renaissance ? Paraphrasant un mot célèbre de Jacques Lacan, on écrirait d'abord : la nature est structurée comme un langage. Qu'est-ce que cela signifie ?

Le langage écrit utilise comme élément de base un alphabet. C'est-à-dire un ensemble de *lettres* adoptées conventionnellement. Nous employons l'alphabet latin composé de vingt-six lettres. On connaît encore : les alphabets grec, hébreu, arménien, etc. Des dizaines d'alphabets différents sont en usage sur notre planète.

En assemblant des lettres dans un ordre convenu, on fabrique des *mots.* La notion clef, ici, c'est la combinatoire. Un typographe a devant lui quatre cases vides. Dans chacune il peut mettre l'une ou l'autre des vingt-six lettres de notre alphabet. Combien de « mots » différents peut-il ainsi composer ? La réponse est : quatre cent mille ! Avec sept cases, il pourrait en faire plus de dix milliards ! Bien sûr, une toute petite fraction de ces ensembles correspond à des mots en usage, tels qu'on les trouve dans les dictionnaires.

Choisissons, par exemple, les lettres E, L, B, U. En les réarrangeant, on peut faire BLEU. Cette séquence a une signification. Immédiatement, une image apparaît : la couleur du ciel ou de la mer. Cependant, aucune de ces quatre lettres ne contient, même à un niveau fragmentaire, la référence à cette couleur. Cette image *émerge* de la combinaison, dans le bon ordre, de ces quatre lettres. Des associations différentes, telles que LUBE ou EBLU, lui sont totalement étrangères. Comme en chimie, nous emploierons ici la notion de « propriétés émergentes ».

Les *phrases* sont obtenues en combinant des mots, qui sont eux-mêmes des associations de lettres. A nouveau, un sens apparaît qui n'existait pas auparavant. La phrase « le ciel est bleu » porte une signification que ne véhicule aucunement chacun des quatre mots qu'elle utilise.

Le regroupement des phrases donne des *paragraphes*. En poursuivant cette ascension, on rencontre ensuite les *chapitres*, les *livres*, les *collections*.

A chaque échelon, on retrouve la même structure : les éléments sont composés avec les éléments de l'échelon inférieur, et ils composent les éléments de l'échelon supérieur. Les mots sont les alphabets des phrases. Le langage est constitué par la pyramide de ces alphabets superposés.

On estime à cinq ou six mille ans l'âge des langages écrits sur notre planète. On découvre aujourd'hui que la nature utilise depuis toujours une structure en tout point semblable *(fig. 2)*. On pourrait écrire l'histoire des sciences comme l'ensemble des péripéties de cette découverte fondamentale...

La chimie

Confrontés à l'immense variété des substances naturelles répertoriées par les alchimistes, les chimistes de la fin du XVIIIe siècle effectuent une puissante percée simplificatrice. En combinant, dans un ordre donné, certains éléments chimiques appelés *atomes,* on forme un nombre considérable de *molécules,* celles-là même qu'on retrouve dans les fioles bariolées des vitrines d'apothicaires.

L'*eau* est un *mot* composé de deux *lettres,* nommées *hydrogène* et *oxygène.* L'expérience quotidienne nous rappelle que l'eau possède des propriétés remarquables. C'est, par exemple, un excellent solvant. Mais l'hydrogène (H) et l'oxygène (O) ne possèdent pas cette propriété. C'est la juxtaposition de deux atomes d'H et d'un atome d'O, dans une géométrie appropriée, qui l'engendre. Le peroxyde d'hydrogène (deux H et deux O) a des propriétés fort différentes. Il est déconseillé de substituer, distraitement, l'un à l'autre... De même, en combinant de l'hydrogène et du carbone (C), on obtient de nombreux hydrocarbures (méthane, propane, butane, octane, etc.) utilisables en des circonstances diverses.

L'immense variété des pierres, des minéraux et des formations rocheuses s'obtient en combinant un petit nombre d'atomes : oxygène, fer, calcium, aluminium, magnésium et quelques autres encore. Avec ces lettres, on *écrit* toute la géologie, aussi bien terrestre, lunaire que martienne.

Grâce aux travaux des chimistes, la liste des atomes s'allonge. On en compte aujourd'hui une centaine, répertoriés dans la table de Mendeleïev. Leur combinaison rend compte de *toutes* les substances chimiques terrestres. L'exploration du système solaire, des étoiles de notre Voie lactée, comme des galaxies les plus exotiques, montre que ces mêmes atomes se retrouvent partout et se combinent toujours selon les mêmes lois. Ce *langage formé d'atomes* est résolument universel. Tel est, en peu de mots, le message de la chimie.

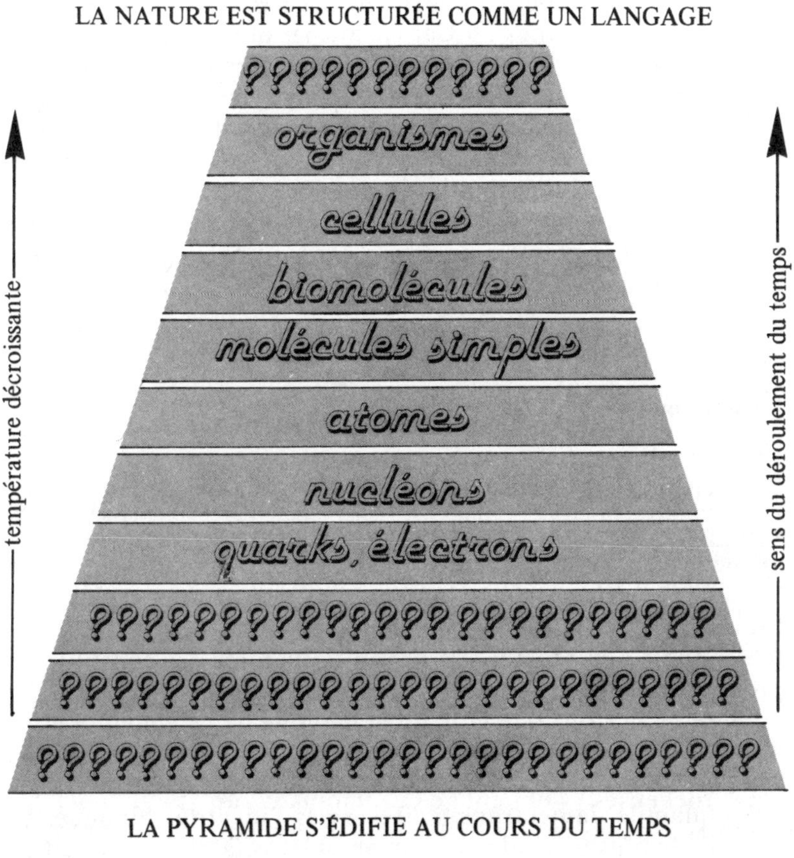

Fig. 2. La pyramide de la complexité. L'organisation de la matière se fait grâce à la stratégie des « alphabets superposés ». Comme les lettres s'assemblent pour faire des mots, les éléments d'un échelon de la pyramide se combinent pour former les éléments de l'échelon supérieur. Ainsi les atomes sont les « lettres » dont les molécules sont composées.

Les points d'interrogation aux niveaux inférieurs marquent les limites de la recherche contemporaine. Le problème des niveaux supérieurs est discuté dans le texte.

L'astronomie nous montre que la pyramide n'existait pas il y a quinze milliards d'années. Elle s'édifie progressivement au cours des âges, en parallèle avec le refroidissement de l'univers.

Voici, sur ce sujet, un texte de Lucrèce aux consonances étrangement modernes : « Car les mêmes atomes qui forment le ciel, la mer, les terres, les fleuves, le soleil forment également les moissons, les arbres, les êtres vivants ; mais les mélanges, l'ordre des combinaisons, les mouvements diffèrent. Ainsi, à tout endroit de nos poèmes mêmes, tu vois une multitude de lettres communes à une multitude de mots, et pourtant il te faut bien reconnaître que vers et mots diffèrent et par le sens et par le son ; tel est le pouvoir *des lettres par le seul changement de leur ordre* » (Lucrèce, *De la nature des choses, op. cit.,* vol. I).

La physique

Au début de notre siècle, les physiciens prennent la relève et vont plus loin. Les atomes que l'on croyait *insécables* (c'est même le sens du mot *a-tome*) sont eux-mêmes composés de particules plus *élémentaires* : les électrons, les protons et les neutrons. Ces trois particules jouent, à leur tour, le rôle de *lettres* par rapport aux atomes. Le noyau de l'atome est constitué de protons et de neutrons (appelés conjointement *nucléons*). Le nombre de protons fixe la nature chimique de l'élément. S'il y a 6 protons, c'est un carbone ; s'il y en a 26, c'est un fer ; s'il y en a 92, c'est un uranium.

La quantité de neutrons n'affecte pas l'identité chimique. Le carbone le plus généralement répandu dans la nature est fait de 6 protons et de 6 neutrons. Dans un pour cent des cas, le carbone est composé de 6 protons et 7 neutrons. On parlera ici de deux isotopes du carbone : le carbone-12 et le carbone-13. Les archéologues connaissent aussi le carbone-14 (6 protons et 8 neutrons) qui est instable. Il subsiste environ cinq mille ans. Puis, il se transforme : un neutron devient un proton. On récupère alors un noyau d'azote-14 (7 protons et 7 neutrons).

Les physiciens ont répertorié aujourd'hui plus de mille noyaux différents. Les plus gros associent une centaine de protons à environ deux cents neutrons. La plupart sont instables.

Leurs durées de vie s'étalent du milliardième de seconde jusqu'aux milliards d'années.

La famille des nucléons ne se limite pas aux deux représentants mentionnés ici. L'entrée en opération des grands accélérateurs, après la Seconde Guerre mondiale, a permis d'en détecter des dizaines. De très courte durée, de l'ordre du milliardième de seconde, ils se transforment en protons ou neutrons.

Quand j'ai fait mes études universitaires aux États-Unis à la fin des années 1950, les physiciens considéraient les protons et neutrons comme de « vraies » particules élémentaires, sous-entendant ainsi qu'elles ne sont pas composées de particules plus intimes encore. George Gamow, le physicien qui a annoncé, trente ans avant sa détection, l'existence du rayonnement fossile, se disait prêt à parier la moitié de sa fortune sur l' « élémentarité » des nucléons. Personne, heureusement pour lui, n'a relevé le pari. Au cours des trois dernières décennies, les physiciens des hautes énergies ont réussi à déceler, à l'intérieur des nucléons, des structures plus intimes appelées *quarks*.

Le proton est constitué par la combinaison de 2 quarks de type u (pour « up ») et 1 quark de type d (pour « down »). Pour le neutron, on prend 2 d et 1 u. On connaît quatre autres espèces de quarks, nommés respectivement s (pour « strange »), c (pour « charmed »), t (pour « top » ou « truth ») et b (pour « bottom » ou « beauty »). Ces dénominations fantaisistes ne reflètent, bien sûr, que l'imagination facétieuse des physiciens.

Le pied de l'échelle

Tous les nucléons sont des mots dont les quarks sont les lettres. Tel est le résultat marquant de la physique des hautes énergies depuis une vingtaine d'années.

La question, naturellement, se pose de savoir si les quarks et les électrons sont de « vraies » particules élémentaires. Ou, à l'image des poupées russes qu'on ouvre pour en trouver d'autres à l'intérieur, sont-ils composés d'unités plus intimes ?

Avons-nous atteint le dernier échelon de la pyramide des alphabets ? Peut-on descendre encore ? Et combien de marches ? Y a-t-il, en fait, un échelon ultime ? Ou alors faut-il envisager l'hypothèse d'une échelle sans limites, d'une régression à l'infini ?

A la question : « Les électrons et les quarks sont-ils des êtres composés ? », le physicien contemporain (1986) répond : « Nous n'avons aucune raison de le croire. » Les scientifiques sont, avant tout, des gens pragmatiques. Ils n'aiment pas se compliquer la vie inutilement. On envisage une nouvelle hypothèse *si* elle porte en elle un espoir. Celui d'expliquer quelque chose qu'on ne comprenait pas auparavant.

De nombreux physiciens théoriciens cherchent à élaborer des *modèles composites* dans lesquels les quarks et les électrons seraient formés d'éléments plus simples (nommés, selon les auteurs, « préons » ou « rishons »). Ces modèles, il faut le reconnaître, rencontrent de grandes difficultés. Ils n'ont pas fait la preuve de leur capacité à décrire la réalité en éclairant, d'une façon convaincante, des régions restées dans l'ombre. Mais cette situation pourrait changer dans les années à venir. Affaire à suivre...

Notons que les échelons successivement parcourus par la chimie (au XIXe siècle) et par la physique (au XXe siècle) correspondent à une échelle d'énergie. La puissance des liens qui soudent les systèmes physiques (molécules, atomes, noyaux, nucléons) peut se mesurer en unités d'énergie de « liaison ». C'est la quantité d'énergie qu'il faut injecter dans le système pour le dissocier. On utilise couramment comme unité l'*électron-volt (N5).*

Quelques électrons-volts suffisent à séparer une molécule en ses atomes constituants. Pour désintégrer un noyau en nucléons, il faut injecter des *millions* d'électrons-volts. Pour affecter la structure interne d'un nucléon, les énergies requises se mesurent en *milliards* d'électrons-volts (voir l'appendice 4*).

L'exploration de la structure interne des noyaux a demandé la construction d'accélérateurs de plus en plus puissants. Les premières machines apparaissent entre les deux guerres mon-

* Les appendices (numérotés de 1 à 4) sont rassemblés en fin de volume.

diales ; on arrive péniblement aux quelques millions d'électrons-volts requis pour dissocier les noyaux atomiques. Le milliard d'électrons-volts est atteint vers la fin des années cinquante. Jusqu'en 1986, la plus puissante machine est au CERN à Genève. Elle pousse les particules à plus de cinq cents milliards d'électrons-volts. La vitesse atteinte par ces particules est extrêmement voisine de celle de la lumière (0.99999 de c). Avec un tel bistouri, on dissèque les nucléons et on met en évidence leur structure intime : les quarks.

La course aux accélérateurs géants se poursuit. Les projets en cours atteignent et dépassent le trillion (mille milliards) d'électrons-volts. De ces outils, une nouvelle moisson de résultats viendra au cours des décennies prochaines. Nous apprendrons peut-être alors si la pyramide des alphabets s'arrête au niveau des quarks ou s'il faut descendre encore.

Les échelons supérieurs : la biologie

Venons maintenant à la contribution des sciences dites « naturelles ». Au long des deux derniers siècles, on a mis en évidence l'importance des phénomènes chimiques chez les végétaux et les animaux. La distinction antique entre *matière inerte* et *matière vivante* s'estompe graduellement. Les grenouilles, comme les pierres, sont constituées des atomes identifiés par les chimistes.

Un temps fort est marqué quand, pour la première fois, on réussit à fabriquer en laboratoire des substances normalement sécrétées par des glandes. A cette époque apparaît la *biochimie,* une science nouvelle qui étudie le comportement des atomes chez les plantes et les animaux.

On découvre alors l'existence d'entités nouvelles d'une extraordinaire importance : les molécules géantes (ou biomolécules) du monde vivant. Leurs tailles sont impressionnantes. Certaines protéines regroupent plusieurs millions d'atomes (essentiellement de carbone, d'azote, d'oxygène et d'hydrogène). Ces atomes sont disposés selon des motifs architecturaux d'une très haute complexité. A ces formes mobiles et plastiques sont assignées les propriétés qui gouvernent l'économie de la vie.

La découverte du code génétique, vers les années 1950, fait réapparaître, d'une façon plus littérale encore, l'image de l'alphabet. Les cellules des êtres vivants contiennent les informations nécessaires au maintien et à la reproduction de la vie. Ces instructions *s'écrivent* avec un alphabet composé des quatre lettres A, C, G, T. Chaque lettre est formée par une molécule d'une quinzaine d'atomes nommée *nucléotide*. Les mots, obtenus par l'alignement dans un ordre précis de ces quatre lettres, sont les *gènes*. Un seul gène peut aligner plusieurs milliers de nucléotides. Mises bout à bout, les séquences des gènes constituent les *chromosomes*. Dans le noyau de chaque *cellule* vivante, on trouve plusieurs dizaines de chromosomes.

Chez l'homme, chaque cellule contient 46 chromosomes, formés chacun de millions de gènes, c'est-à-dire de milliards de nucléotides, incorporant au total plus de mille milliards de quarks et d'électrons. Ces séquences moléculaires, recroquevillées en pelote dans le noyau cellulaire, atteignent, lorsqu'elles sont déployées, plusieurs mètres de longueur. Chaque espèce vivante, chaque individu de l'espèce possède sa séquence propre : la clef de son identité.

Passons à l'échelon au-dessus. Les *cellules* vivantes deviennent les éléments d'une nouvelle combinatoire. Environ deux cents espèces de cellules différentes suffisent à décrire la constitution de tous les mammifères. Associées en proportions variées, elles épelleront les mots : chiens, chats, éléphants, kangourous, etc. En ajoutant quelques variétés supplémentaires, on rendra compte de tous les êtres vivants sur Terre : plantes et animaux.

Le dernier étage de la pyramide est occupé par les organismes vivants (y compris les hommes). Dans cette superposition d'alphabets, l'homme se loge au même étage que la mouette ou l'éperlan. C'est au niveau des « propriétés émergentes » qu'il se distingue des animaux et des plantes. Notre cerveau, comme celui des chiens, est un assemblage de neurones.

Et à l'étage au-dessus ? On pourrait y loger les *sociétés*. La fourmilière est composée de fourmis ; la ruche est constituée d'abeilles. On a souvent comparé ces groupements animaux à des organismes aux comportements coordonnés. Isolée de sa termitière, la termite est aussi perdue qu'une cellule extraite d'un corps vivant.

Voilà donc, en résumé, notre histoire des sciences. Tandis que les biologistes *épellent* les organismes vivants en termes de cellules et les cellules en termes de molécules géantes, les chimistes déchiffrent ces biomolécules en molécules simples et celles-ci en atomes. Sous le scalpel des physiciens, les atomes se séparent en noyaux et électrons, les noyaux des atomes se décomposent en nucléons et ceux-ci en quarks.

Tous ces systèmes physiques sont soudés par l'action des forces naturelles. Aux niveaux inférieurs, c'est la force *nucléaire* qui opère ; aux niveaux supérieurs, c'est la force *électromagnétique.*

Notre pyramide est caractérisée par une décroissance de la puissance des liens à mesure qu'on s'élève. Les structures sont de plus en plus *fragiles,* de plus en plus *vulnérables.* Au bas, c'est le gros œuvre, le béton armé, l'infrastructure quasi inaltérable, le règne de la puissance et de la solidité.

Plus haut, on accède à la délicatesse et à la miniaturisation des fonctions. On y trouve les mécanismes fins, les mouvements d'horlogerie à protéger en priorité. *Cette fragilité des systèmes complexes va jouer un rôle fondamental dans la suite de notre histoire.*

Si nos alphabets écrits remontent à cinq mille ou six mille ans, ceux de la nature, manifestement, sont beaucoup plus anciens. Les inventeurs humains, encore une fois, ont été devancés. Comme si Hillary avait, au sommet de l'Éverest, trouvé des traces de passages antérieurs... Plutôt que « la nature est structurée comme un langage », il faudrait écrire « le langage est structuré comme la nature ».

Nous connaissons le « rez-de-chaussée » de la pyramide de nos langages humains. Adoptées conventionnellement pour des raisons historiques, nos lettres ne sont pas décomposables en unités plus simples *(NL6).* Mais la notion de « particules élémentaires » est provisoire, constamment remise en cause par la curiosité insatiable des chercheurs. Une « particule élémentaire », c'est un objet dont les physiciens n'ont pas, pour le moment, de raison de penser qu'il a une structure interne et des parties constituantes. Aussi peu satisfaisante que soit cette définition, nous devrons nous en contenter...

Complexité et diversité

Pourquoi une *pyramide*? Pour décrire le fait que, si les niveaux inférieurs se retrouvent partout dans l'univers, une fraction très faible de la matière a atteint les échelons élevés.

Tous les quarks sont associés, trois par trois, sous forme de nucléons. (On n'a jamais trouvé un seul quark libre.) Mais, pas plus de *deux* nucléons sur *dix* sont intégrés à un noyau atomique complexe. Les huit autres se baladent encore dans la nature sous forme de protons libres ou d'atomes d'hydrogène.

De même, la quantité de molécules composées de plusieurs atomes est *infime* par rapport au nombre de particules simples. De cette matière moléculaire, une fraction inimaginablement faible est impliquée dans la vie cellulaire.

Finalement, la masse de tous les organismes évolués n'est rien par rapport à l'ensemble de la vie cellulaire (cellules libres) de notre planète. Cette *raréfaction graduelle,* au long de la montée, est bien illustrée par la forme pyramidale.

En inversant la pyramide, en la faisant tenir sur sa pointe, on pourrait décrire une autre propriété de la structure des alphabets. Je veux parler de l'accroissement du nombre des *espèces* qui peuplent chacun des échelons.

Au bas de l'échelle, nous comptons six espèces de quarks (dont deux seulement sont utilisés dans la nature : le u et le d). Les nucléons répertoriés jusqu'ici se chiffrent par dizaines (mais encore seulement deux à utiliser : le proton et le neutron). Il y a plus d'un millier de noyaux atomiques, donnant naissance à près d'une centaine d'espèces chimiques (atomes) différentes.

On peut se faire une idée du nombre de molécules possibles en feuilletant le catalogue des produits mis en vente par les grandes compagnies pharmaceutiques américaines : des milliers de pages en caractères microscopiques, et on est loin d'en avoir répertorié toutes les possibilités...

Et pour les cellules ? Rappelons que chacun de nos chromosomes est fait de l'alignement d'un milliard de « lettres » (nucléotides) et que chaque lettre peut être A, C, G ou T. Combien de combinaisons différentes peut-on obtenir en faisant prendre successivement à chaque lettre les quatre valeurs possibles ? Pour écrire la réponse, il faut un nombre de six cents millions de chiffres (dix à la puissance six cents millions) *(appendice 1).*

En regard de ces chiffres, la prolifération des espèces animales (cent cinquante mille espèces de champignons, par exemple, ou cent dix mille sortes de papillons) ne paraît plus démesurée. Et l'existence de cinq milliards d'êtres humains, tous différents, n'épuise certainement pas les capacités de la nature.

Agir, avoir une interaction avec l'entourage, avec le « reste de l'univers » est une propriété générale de tous les systèmes naturels. Les atomes absorbent et émettent de la lumière. Les molécules se déforment, s'associent et se dissocient. Les bactéries se déplacent vers leurs sources de nourriture.

La diversité, la spécificité et l'envergure des actions croissent avec les échelons de complexité. Les termites contrôlent, à moins d'un degré près, la température interne de la termitière. Les êtres humains se fabriquent des chaînes hi-fi, font de la microchirurgie et analysent le sol des planètes du système solaire. A l'*échelle de complexité* correspond une *échelle de performance.*

Encore faudrait-il définir précisément le mot *complexité.* Ça n'est pas facile, bien que nous en ayons tous une notion intuitive. Un système complexe doit contenir beaucoup de particules constituantes. Mais *il ne suffit pas* d'incorporer beaucoup d'éléments pour être complexe.

L'agencement des constituants est de première importance. Nous parlerons plus tard d'*information.* Plus un système est complexe, plus grand est le nombre de renseignements requis pour le fabriquer.

La notion de complexité peut aussi se rattacher aux notions de *spécificité,* de *personnalité* et d'*individualité.* Les particules élémentaires sont toutes identiques et indiscernables. Mais, aux échelons plus élevés de la pyramide de la complexité, il y a de plus en plus de façons de se distinguer de ses voisins de palier. Cette individualisation se manifeste par le caractère unique et spécifique du comportement.

La chronologie de la complexité

Au début de ce chapitre, nous avons entrepris de résumer, en quelques phrases clefs, l'ensemble des connaissances scientifiques. A notre premier énoncé : *la nature est structurée comme un langage,* nous allons maintenant en ajouter un second : *la pyramide de la complexité s'édifie au cours du temps.*

Je reviendrai plus longuement, au quatrième chapitre, sur les observations et les arguments qui justifient cette affirmation. Pour l'instant, je vais me contenter de présenter rapidement les éléments de cette chronologie de la complexité.

L'univers d'il y a quinze milliards d'années se situe au bas de l'échelle. Toutes les particules de matière sont maintenues dans un état de dissociation complète et permanente par l'extrême chaleur qui règne à cette époque. Plus exactement, toute association est immédiatement dissociée. On peut parler ici d'un « chaos primordial » dont toute structure, toute organisation est absente.

Cet univers est en expansion. L'expansion entraîne un refroidissement. La température et la densité diminuent avec le temps. A des dates plus ou moins bien établies, le refroidissement est ponctué par des événements associatifs au cours desquels la matière va s'organiser. C'est-à-dire engendrer successivement tous les systèmes naturels qui marquent les échelons de la complexité.

Au début, ces événements ont lieu partout à la fois dans l'univers. Plus tard, leur portée est plus localisée. Quand la température descend au-dessous du trillion de degrés (mille milliards), les *quarks,* s'unissant trois par trois, donnent naissance aux *nucléons.* Quand on arrive au milliard de degrés, une fraction des *nucléons* s'associe pour engendrer les premiers *noyaux* d'hélium. L'horloge cosmique marque alors environ une minute *(N 7).*

Un million d'années plus tard, les premiers *atomes* et les premières *molécules* (d'hydrogène) se forment quand, grâce à la diminution de la chaleur, les électrons peuvent se fixer et rester en orbite autour des protons. C'est l'heure de l'émission du rayonnement fossile *(N 8).*

A grande échelle cette fois, c'est quelques centaines de millions d'années plus tard qu'apparaissent les premières galaxies. Sur les circonstances de leur naissance, le mystère le plus épais règne encore. Plus tard, par fragmentations successives, la matière galactique donne naissance aux étoiles du ciel. A partir de cette époque, les événements associatifs ne se passeront plus partout en même temps. Localisés en des régions limitées du cosmos, ils vont s'étaler sur des milliards d'années.

Dans leur centre incandescent, les étoiles associent les *nucléons* en *noyaux* lourds (hélium, carbone, silicium, fer). Projetés dans l'espace interstellaire à la mort de l'étoile, ces noyaux capturent des électrons pour se constituer en *atomes.* S'associant entre eux, ces atomes forment des *molécules* ainsi que de minuscules structures cristallines : les grains de poussière de l'espace sidéral.

L'agglutination de ces grains de poussière en corps solides étendus amène la formation d'astéroïdes et de planètes sur lesquelles se déposent, en certains cas, des atmosphères et des océans. De nouvelles interactions moléculaires, au sein de ces nappes fertiles, peuvent ensuite associer les molécules légères en molécules géantes, en cellules vivantes et en organismes végétaux ou animaux.

Tous les ans, des étoiles nouvelles apparaissent dans notre Voie lactée... Les premières nées, vraisemblablement, ne possèdent pas de planètes solides. Les noyaux de fer, d'oxygène et de silicium sont les maillons des structures rigides de la nature. Or, ces atomes n'existent pas au début de la galaxie. Leur fabrication exige la mise en œuvre de nombreuses générations d'étoiles, étalées sur des milliards d'années. La situation est différente quand notre Soleil apparaît : la galaxie est déjà vieille de dix milliards d'années, et les étoiles des générations précédentes ont rejeté dans l'espace leurs moissons de noyaux lourds.

Parmi les cent milliards d'étoiles de notre Voie lactée, d'autres, sans doute plus jeunes ou plus âgées que notre astre, possèdent des systèmes planétaires semblables au nôtre. La vie cellulaire apparaît sur notre planète il y a environ quatre milliards d'années ; la vie intelligente il y a quelques millions d'années à peine. Sur d'autres planètes, les chronologies peuvent être différentes.

Qu'importe. Retenons seulement que l'échelle de la complexité correspond à une séquence historique liée au refroidissement de l'univers. Les échelons sont gravis tour à tour, quand les systèmes complexes correspondants ne sont plus menacés de dissociation.

La question des étages supérieurs de la pyramide peut maintenant se poser sous l'angle chronologique. D'autres échelons viendront-ils dans les ères à venir se superposer à ceux que nous connaissons ? Qui sait ? Une cellule (algue bleue) de l'océan terrestre primitif aurait-elle pu « soupçonner » l'apparition d'un nouvel échelon de la pyramide de complexité, au-dessus de sa tête, après quatre milliards d'années d'évolution supplémentaire ?

Sur une longue échelle de temps, l'évolution, loin de ralentir, semble plutôt s'accélérer. En *quatre millions d'années,* le cerveau de notre lignée passe, en moyenne, de 500 grammes à 1 400 grammes. Or, cette période est une fraction extrêmement faible de la durée totale de l'évolution biologique sur la Terre.

Pour nous en rendre compte, imaginons de résumer *en un jour* la durée de notre planète. A cette échelle, chaque minute vaut trois millions d'années. La Terre se forme à zéro heure (minuit). A 4 heures du matin, les algues et les bactéries, déjà, prolifèrent dans les mares tièdes. Les premiers mollusques et crustacés ne se constituent que le soir, vers 18 ou 19 heures. Les dinosaures entrent en scène vers 23 heures et en sortent quarante minutes plus tard.

Pendant les vingt dernières minutes, les mammifères envahissent la planète et se différencient rapidement. Nos ancêtres primates apparaissent dans les dix dernières minutes et voient leur cerveau tripler de volume au cours des *deux dernières minutes...* Dans ces conditions, il paraît prudent de chapeauter notre pyramide d'un point d'interrogation...

3. Aux sources de l'organisation cosmique

Il y a des lectures qui font réfléchir. Qui obligent à prendre position. On sait qu'on n'est pas d'accord. Mais comment le dire ? Devant une argumentation qui a le mérite d'être claire, on n'a, somme toute, qu'un désaccord confus.

De tels textes sont précieux. Ils imposent la réaction. Ils amorcent un train de réflexions. Ils vous forcent à accoucher de vous-même.

Ainsi ai-je réagi devant un texte de Lévi-Strauss dans *Tristes Tropiques (N9).* Il résume, me semble-t-il, en quelques phrases, la « vision du monde » des hommes de science avant la cosmologie moderne. Qu'est-ce qui a changé ? Comment le formuler ?

Voici le texte. Nous le reprendrons, presque ligne par ligne, dans les chapitres à venir. J'ai mis en italique les mots qui donneront lieu à des commentaires plus élaborés.

« *Le monde a commencé sans l'homme et s'achèvera sans lui.* Les institutions, les mœurs et les coutumes, que j'aurai passé ma vie à inventorier et à comprendre, sont une efflorescence passagère d'une création par rapport à laquelle elles ne possèdent aucun sens, sinon peut-être celui de permettre à l'humanité d'y jouer son rôle. Loin que ce rôle lui marque une place indépendante et que l'effort de l'homme — même condamné — soit de s'opposer vainement à une déchéance universelle, il apparaît lui-même comme une machine, peut-être plus perfectionnée que les autres, travaillant à la désintégration d'*un ordre originel* et précipitant une matière *puissamment organisée* vers *une inertie toujours plus grande* et qui sera un jour *définitive.*

« Depuis qu'il a commencé à respirer et à se nourrir, jusqu'à l'invention des engins atomiques et thermonucléaires en passant par la découverte du feu — et sauf quand il se reproduit lui-même —, l'homme *n'a rien fait d'autre* qu'allégrement dissocier des milliards de structures pour les réduire à un état où elles ne sont plus susceptibles d'intégration. Sans doute a-t-il construit des villes et cultivé des champs, mais, quand on y songe, ces objets sont eux-mêmes des machines destinées à produire l'inertie et à un rythme et dans une proportion infiniment plus élevée que la quantité d'organisation qu'ils impliquent. Quant aux créations de l'esprit humain, leur sens n'existe que par rapport à lui et elles se confondront au désordre dès qu'il aura disparu. Si bien que la civilisation, prise dans son ensemble, peut être décrite comme un mécanisme prodigieusement complexe où nous serions tentés de voir la chance qu'a notre univers de survivre, *si sa fonction n'était que de fabriquer ce que les physiciens appellent " entropie ", c'est-à-dire de l'inertie.* Chaque parole échangée, chaque ligne imprimée établissent une communication au niveau qui se caractérisait autrefois par un écart d'information, donc une organisation plus grande. Plutôt qu'anthropologie, il faudrait écrire " entropologie " le nom d'une discipline vouée à étudier, dans ses manifestations les plus hautes, ce processus de désintégration. »

En résumé, le texte dit à peu près ceci : dans la nature tout se déglingue, et l'être humain ne fait qu'accélérer ces processus destructeurs. L'holocauste nucléaire s'inscrirait d'une façon quasi logique dans un tel mouvement. Autant en finir rapidement avec cette course absurde vers la ruine et le néant. A la question du « sens » de la réalité et de la vie humaine, l'auteur répond sans ambiguïté : elles n'en ont aucun et toute impression contraire est à mettre au compte d'une vaste illusion qu'un regard approfondi se charge de démentir.

Ce texte s'appuie sur une vision cosmologique formulée par les physiciens de la fin du siècle dernier. Les acquisitions de l'astronomie contemporaine ont considérablement altéré ce point de vue. Pour percevoir l'ampleur de cette transformation, il est essentiel de comprendre d'abord les éléments qui fondent la thèse présentée par Lévi-Strauss. Tel sera notre objectif dans les pages qui suivent.

La mort thermique

Les corps chauds ont tendance à communiquer leur chaleur aux corps plus froids. Si on attend suffisamment, les températures s'uniformisent. Extrapolée à l'ensemble de l'univers, cette constatation a fait naître, chez les physiciens du XIXe siècle, l'image de la *mort thermique* du monde.

Aujourd'hui, disaient-ils, les objets du cosmos — étoiles, planètes, astéroïdes, etc. — se manifestent à nous avec des températures fort différentes.Mais cet état de choses ne peut être que temporaire. Les écarts de température doivent se rétrécir et disparaître, amenant inexorablement la mort de l'univers. Mais pourquoi *la mort*?

Sur la mer tranquille, un navire est arrêté. Les réservoirs sont vides. C'est l'été. L'océan est tiède. La nappe liquide regorge d'« énergie thermique ». Il y en a suffisamment pour faire avancer le bateau pendant des millions d'années. Mais le navigateur n'en peut rien faire. Pour lui, cette énergie est *sans valeur.* Il lui est impossible de transformer l'énergie thermique de l'océan (stockée dans les mouvements désordonnés des molécules d'eau) en énergie mécanique (le mouvement d'ensemble de son bateau).

Pourquoi ? Parce que la température de la mer est (essentiellement) uniforme. Pour faire avancer le navire, il faudrait d'abord créer des *écarts de température*, des *déséquilibres thermiques.*

Comment ? Qu'on lui apporte de l'essence. L'explosion des gouttelettes dans le carburateur engendre un milieu chaud, *plus chaud* que l'océan. Grâce au jeu du piston dans le cylindre, des bielles et de l'hélice, l'écart de température sera transformé en mouvement. Le navire reprendra sa course sur les flots.

Mais l'essence sur la Terre n'est pas inépuisable... La « crise du pétrole » nous l'a rappelé récemment. Pas plus que les carburants nucléaires. Le Soleil et les étoiles du ciel ne sont pas immortels. Quand les sources de chaleur s'épuisent, les mouvements s'arrêtent, *même si l'univers regorge d'énergie.* La mort thermique serait provoquée par la diminution progressive des écarts de température et donc de la qualité de l'énergie.

Organisation, chaos, information, entropie

Telles sont les notions avec lesquelles il nous faut maintenant nous familiariser. Pour aller au-delà de l'image intuitive que nous en avons, il faut faire des mathématiques. A tous ceux qui veulent aller un peu plus loin, je conseille cette gymnastique.

J'ai porté, en appendices, des exercices qui permettront de compenser les propos quelquefois trop vagues du texte principal.

En jouant *aux dés, à pile ou face, au tiercé,* en cherchant à s'approprier *la fève des rois,* on se familiarisera avec le contenu mathématique des concepts d'information et d'entropie. On se convaincra surtout que (contrairement à une idée généralement répandue), loin d'être purement qualitatives et arbitraires, ces notions se prêtent à des définitions rigoureuses et (très souvent, mais pas toujours) à des mesures quantitatives.

Les problèmes soulevés ici intéressent pourtant tout le monde. Le lecteur peu enclin aux mathématiques ne doit pas s'en voir interdire l'accès. Aussi ai-je prévu, comme pour les skieurs novices, une **piste verte**. Les passages difficiles, marqués **piste rouge** et en retrait (dans les chapitres 3 à 8), sont résumés en début de chapitre. Ainsi, en suivant les « signes de piste », on pourra parcourir le livre sans perdre le fil de la discussion.

Le lecteur pressé peut sauter immédiatement au douzième chapitre, où il trouvera une synthèse des chapitres précédents qui lui permettra d'aborder les conclusions du livre.

RÉSUMÉ DE LA PISTE ROUGE (p. 74 à 82)

Les structures organisées de la nature tendent à se détériorer avec le temps. Les énergies deviennent de moins en moins utilisables.

L'univers, semble-t-il, est destiné à « mourir », c'est-à-dire à se trouver dans un état où tout mouvement, toute vie deviendraient impossibles. C'est ainsi que les physiciens du siècle dernier voyaient l'avenir du cosmos. L'astronomie moderne nous donne une tout autre image de l'histoire de l'univers.

Dans le quatrième chapitre [piste verte], je raconte comment s'est effectué ce changement de point de vue : quelle est « l'histoire de l'histoire de l'univers ».

[Piste rouge.]

Entropie et qualité de l'énergie

La notion d'entropie est riche et complexe. Elle s'applique à plusieurs niveaux de la réalité. Elle présente des aspects différents en apparence, bien que fondamentalement reliés. Dans ce texte, j'en parlerai d'une façon toute qualitative, en utilisant des images de la vie quotidienne, qui, forcément approximatives, devront être manipulées avec beaucoup de précautions.

De notre navigateur en panne, nous avons appris qu'il ne suffit pas d'avoir de l'énergie pour créer du mouvement. Toutes les énergies ne sont pas d'égales qualités. *L'entropie est une mesure de la valeur d'une énergie, de son « utilisabilité »*. Mais, attention, les proportions sont inversées ; *plus* l'entropie est élevée, *moins* l'énergie est utilisable.

Dans l'océan, l'entropie est maximale : l'énergie de la masse d'eau n'est d'aucun secours pour notre navigateur. A l'inverse, l'essence est une source d'énergie à faible entropie. Une fraction importante de l'énergie chimique, contenue dans les hydrocarbures du pétrole, peut être transformée en mouvement mécanique (ou en électricité, s'il s'agit d'un générateur).

Une grande partie mais, quand même, pas tout. Les gaz chauds, qui s'échappent des tuyaux d'échappement, emportent, en pure perte, une partie de l'énergie du pétrole. Gaspillage ? Non. C'est inévitable. Les phénomènes de la vie réelle s'accompagnent *toujours* d'une dégradation de l'énergie. Il nous est impossible d'utiliser à cent pour cent toute la quantité d'énergie dont nous disposons au départ.

Entropie et déchets

Vivre, manger, travailler, se laver, tout cela engendre des déchets. Pelures de légumes, papiers d'emballage, résidus divers vont à la poubelle et se retrouvent dans les bennes des éboueurs. Où vont-ils ensuite ? La réponse ne nous intéresse guère. Aux éboueurs nous demandons de les faire disparaître. Qu'on ne les voie plus.

Quand les bennes sont en grève, les déchets s'amoncellent et paralysent notre existence. En 1963, les habitants de certains quartiers de New York ont été forcés d'évacuer leur logis que l'accumulation des déchets rendait inhabitable.

Comme les gaz chauds des tuyaux d'échappement, les déchets accompagnent nos efforts pour vivre, organiser notre habitation, notre alimentation, notre travail. Ainsi en est-il des excréments que nos organismes rejettent après avoir récupéré, dans la nourriture, ce qui leur convient. A toute organisation s'associe une production d'entropie à évacuer.

Un étrange casino

Les machines à vapeur ont joué un grand rôle dans l'industrialisation de notre société au siècle dernier. Comment, et jusqu'à quel point, peut-on améliorer le rendement de ces engins ? De ces études sont nés les *principes de la thermodynamique* ainsi que les notions d'*énergie* et d'*entropie.*

Le *premier* principe de la thermodynamique nie la possibilité du mouvement perpétuel, si cher aux utopistes des siècles antérieurs. Il n'y a pas de puits inépuisable. D'une tonne de charbon, on peut extraire *telle* quantité d'énergie, et pas plus. Ne vous épuisez pas en rêves inutiles : *on n'a rien pour rien.*

Nos journaux télévisés nous ont claironné à l'occasion du branchement sur le réseau électrique de Superphœnix que les surrégénérateurs nucléaires *produisent* plus d'énergie qu'ils n'en *consomment.* Diffusée sur les millions d'écrans des familles, cette petite phrase, sans doute, a troublé bien des esprits.

L'énergie n'est *pas produite* par le réacteur, elle est déjà présente au sein des noyaux d'uranium-238, peu enclins à la dégager. Le réacteur l'a rendue *utilisable.* Il lui a redonné sa valeur. Retenons cet exemple, il nous sera d'un grand secours.

Revenons à nos principes de la thermodynamique. Sur la même lancée frustrante que le premier, le *second* va plus loin. L'énergie dont vous disposez, vous ne pourrez pas l'utiliser *entièrement* à votre profit. *Il y a forcément des pertes.*

Tous les événements de la réalité — navigation d'un bateau, vie d'un animal, ouragan sur le Pacifique —

entraînent une dévalorisation de l'énergie. L'entropie globale du monde ne peut qu'augmenter.

Vue sous cet angle, la nature est un casino bien peu recommandable. Non seulement vous ne pouvez jamais gagner (premier principe), mais vous perdez, à tout coup, une partie de votre mise (second principe).

Le second principe nous amène tout naturellement à l'idée de la mort thermique du monde. Si tout événement augmente irrémédiablement l'entropie universelle, en dégradant les formes d'énergie préexistantes (en les rendant de moins en moins utilisables), on est tenté de voir, en chacun des événements réels, un pas de plus vers un *état final* où tout mouvement deviendrait impossible par l'absence d'énergie utilisable.

D'où cette image, dans le texte de Lévi-Strauss, d'*une marche inexorable vers une inertie toujours plus grande et qui sera un jour définitive.* Agités, grands provocateurs d'événements, les hommes deviennent, dans cette optique, les facteurs par excellence de l'agonie universelle. L'holocauste nucléaire s'y inscrit presque trop normalement...

Comment la physique et l'astronomie modernes remettent-elles en cause cette argumentation en apparence si incontournable ?

L'observation cosmologique nous a fait découvrir un univers en expansion et en refroidissement continuel, qui accroît les écarts de température entre le cœur des étoiles et le « fond du ciel ». Grâce à ce vaste mouvement d'ensemble des galaxies, loin de nous approcher d'une « inertie définitive », nous nous en *éloignons* chaque jour davantage *(N10).*

Des formes d'énergie, non utilisables en certaines conditions, peuvent le devenir grâce à un changement de régime. Les surrégénérateurs nous en offrent un exemple. En transformant l'uranium-238 (pratiquement inutilisable) en plutonium-239, ils nous donnent accès à l'énergie nucléaire stockée, il y a des milliards d'années, dans les noyaux d'uranium.

Ces concepts peu familiers vont s'éclairer à la lumière de la notion d'*information.* C'est l'information qui assure à l'énergie sa qualité et sa valeur.

Entropie et information

De tout temps, les êtres humains ont admiré l'ordre merveilleux de la nature et se sont extasiés sur l'intelligence d'un Être supérieur responsable de cet agencement. Cet ordre existe-t-il en réalité ou n'est-il que le fruit de notre imagination ?

En 1749, Diderot écrit *la Lettre sur les aveugles,* un manuscrit qui fait beaucoup de bruit et le conduit en prison. A la suite d'une lettre de Voltaire, Diderot reprend la plume et rédige une réponse dont voici un extrait :

« Cet ordre merveilleux qui se montre de tous côtés, ces rapports infinis que je découvre dans les choses, qu'en penserais-je ?

« Que ce sont des êtres métaphysiques qui n'existent que dans votre esprit. On remplit un vaste terrain de décombres, jetés au hasard, mais entre lesquels le ver et la fourmi trouvent des habitations fort commodes. Que diriez-vous de ces insectes, si, prenant pour des êtres réels les rapports des lieux qu'ils habitent avec leur organisation, ils s'extasiaient sur la beauté de cette architecture souterraine, et sur l'intelligence supérieure du jardinier qui a disposé les choses pour eux ? »

Comme les fourmis voient un ordre dans un dépotoir où, selon Diderot, il n'y en a pas, ainsi la beauté que nous admirons dans la nature serait pure illusion anthropomorphique.

Deux cents ans après Diderot, nous savons que *l'ordre* et *l'organisation* ne sont pas de purs « êtres métaphysiques » qui n'existeraient que dans notre esprit.

Les appendices de ce livre présentent quelques éléments de *la théorie de l'information.* Suffisamment pour nous convaincre que notre ami Diderot était dans l'erreur.

Avec ce sujet, nous abordons un nouvel aspect de la notion d'entropie. On peut y voir une mesure du « désordre » ou, plus exactement, de *l'absence d'organisation* à l'intérieur d'un système. Plus une structure est organisée, plus son entropie est faible, et inversement. L'entropie atteint sa valeur maximale quand le système atteint son état de désordre total, c'est-à-dire *le chaos.*

On mettra en opposition « entropie » et « information ». Pour construire une voiture, il faut des informations. Elles sont inscrites dans le manuel du fabricant. Plus la voiture est sophistiquée, plus le nombre d'informations est élevé. A l'opposé, on n'a pas besoin de manuel pour constituer, avec les mêmes métaux, un tas de ferraille comme on en trouve à la casse. Son entropie sera beaucoup plus élevée que celle de la voiture.

Mais elle pourrait être plus grande encore. Aucun accident, si violent soit-il, ne peut réduire une voiture à l'état de chaos complet. Il sera toujours possible d'en reconnaître les éléments essentiels : moteur, pneus, carrosserie.

Ainsi en est-il du dépotoir de Diderot. Les assiettes brisées, les meubles fracassés, le métal tordu, inutiles pour nous, gardent, à l'*échelle* des vers et des fourmis, un niveau d'organisation tout à fait suffisant pour leurs besoins : ce sont de vrais abris. La gratitude des insectes de Diderot serait plus judicieusement dirigée vers le potier et l'ébéniste (qui ont fabriqué les objets rejetés au dépotoir) que vers le jardinier (qui s'est contenté de les jeter). Ces objets, même cassés, demeurent suffisamment organisés (contiennent assez d'informations) pour convenir au logement des vers et des fourmis. Autrement dit, les usagers, en cassant les objets, n'en ont pas supprimé *toute* l'information que ces artisans y avaient injectée.

Peut-on calculer l'information contenue dans un objet donné ? Définissons-la comme *le nombre de renseignements à donner pour décrire complètement cet objet à un interlocuteur lointain qui n'en a aucune connaissance.*

Chacun connaît ce jeu de société dans lequel une personne doit deviner la nature d'un objet en posant une série de questions. Les réponses des partenaires, qui sont dans le secret, ne peuvent être que « oui » ou « non ». Le nombre de questions sera plus ou moins élevé, selon qu'il s'agit d'un objet plus ou moins spécifique. Un « oiseau » sera plus vite identifié que « la sittelle torchepot qui niche derrière la grange ».

Essayons maintenant de transmettre l'information contenue dans un tableau ou un écran de télévision. Si l'image est toute blanche, il suffira d'énoncer « du blanc partout ». Autrement, on divisera le tableau en petits carrés et on posera, pour les caractéristiques de chaque carré, les questions appropriées.

Par exemple, l'intensité lumineuse sera conventionnellement subdivisée en unités plus ou moins fines, sur une échelle allant du plus faible au plus brillant. Et chaque échelon fera l'objet d'une réponse binaire de type « oui-non ». Ainsi en sera-t-il des couleurs. Si le dessin est fin, il faudra diminuer la taille des carrés. Le nombre de questions requises en sera d'autant plus élevé.

La photocopie d'un dessin est toujours moins précise que l'original. L'image sera presque aussi bonne si le système est fidèle, mais jamais meilleure. Photocopions la photocopie : nouvelle détérioration. A chaque opération, on *perd* de l'information. L'image s'uniformise. On ne peut plus en tirer le moindre renseignement. Elle devient inutilisable. Nous voyons, ici, réapparaître l'entropie comme une mesure de l'*inutilisabilité* provoquée par la perte d'information...

Une Ferrari qui percute un mur de béton devient un tas de ferraille (perte de l'information). Mais une simple collision ne suffit certes pas à transformer de la ferraille en voiture de course... La photocopie comme la collision contre le mur nous servent à illustrer un comportement familier de la réalité : *l'organisation tend à diminuer et l'entropie tend à croître.* Accréditant une tradition populaire, disons que les « choses », spontanément, vont *de mal en pis.* « Ça va mal, ça va mal, dit le pessimiste ; ça ne pourrait pas aller plus mal. » « Mais si, mais si », répond l'optimiste.

Les observations scientifiques nous livrent l'image d'une nature formidablement organisée. Les orbites régulières des planètes, les mécanismes sophistiqués des fonctions biochimiques révèlent un haut degré d'organisation matérielle correspondant à un très bas niveau d'entropie.

Conscient de la loi de détérioration des systèmes au cours du temps, le physicien du siècle dernier se voyait obligé de supposer un passé plus organisé encore. D'où l'image d'*un ordre originel* et d'*une manière puissamment organisée* située à l'origine des temps. D'où, aussi, l'image de la désintégration progressive de cet ordre dont nous serions à la fois les spectateurs et les acteurs.

Ainsi le texte de Lévi-Strauss nous renvoie à un passé lointain, à une sorte de *paradis terrestre* dont nous serions, interminablement, en train de sortir. Qu'est-ce que cet ordre originel dont il est question ici ? En termes plus modernes, de quelle nature est cette information qui nous permet aujourd'hui d'utiliser l'énergie du cosmos ?

L'existence d'une cosmologie scientifique est encore largement étrangère à la culture de nos concitoyens. Des rencontres et des discussions m'ont montré que, hors de la communauté des physiciens et des astronomes, la plupart des scientifiques confondent allégrement *cosmologie* et *mythologie.* Ils n'accordent aucune crédibilité véritable à « l'histoire de l'univers » telle qu'elle émerge des acquis récents de divers domaines de recherche.

Aussi ai-je décidé de raconter ici « l'histoire de l'histoire de l'univers ». Dans les pages qui suivent, je résumerai les événements par lesquels cette vision du monde a pénétré la pensée scientifique et s'y est installée aussi solidement, je pense, que l'histoire de la vie terrestre racontée par Darwin. Cette histoire nous servira ensuite à présenter un document essentiel pour notre quête de l'information cosmique : le ciel antique observé par Penzias et Wilson.

4. L'histoire de l'histoire de l'univers

La méthode scientifique pour explorer le passé nous vient de l'observation du ciel. Des questions toutes simples se posent qui, parfois, nous mènent très loin (ou très tôt...).

Pourquoi les corps célestes ne tombent-ils pas sur la Terre ? Vieille question posée sans doute depuis des milliers d'années. Réponse des Grecs antiques : le « chaud » a tendance à « monter ». Empédocle d'Agrigente ayant observé, certains jours d'orage, la présence de lueurs vacillantes aux mâts des vaisseaux (feux de Saint-Elme) pensait que ces flammes échappées des mâts montaient vers la voûte céleste et donnaient naissance aux étoiles du ciel...

Deux mille ans plus tard, Newton découvre pourquoi la Lune ne tombe pas sur la Terre *(N 11)*. C'est parce qu'elle *tourne* autour de notre planète. La force centrifuge engendrée par la rotation s'oppose à la force de gravité qui les appelle l'une vers l'autre. L'équilibre entre les deux forces détermine l'orbite de notre satellite. Ainsi en est-il de la Terre et des autres planètes par rapport au Soleil.

Mais les étoiles ? Newton ne connaît pas la structure des galaxies. Il imagine que les astres sont répartis uniformément dans l'espace. Qu'est-ce qui les retient à distance malgré leur attraction mutuelle ? Pourquoi ne s'effondrent-ils pas tous en un point de l'espace ? Mais, par ailleurs, pourquoi ce point d'effondrement serait-il *ici* plutôt que *là* ?

Questions bien embarrassantes auxquelles Newton ne répondra pas. Il ne résoudra pas, d'une façon satisfaisante, le problème du mouvement des étoiles. Il se contentera de les supposer « fixes ».

Plus tard, on découvrira que les étoiles tournent autour du noyau galactique. Contre l'attraction des milliards d'astres de la Voie lactée, c'est encore une fois la force centrifuge qui tient le Soleil et les étoiles en orbite autour du centre de la galaxie. Mais la question se pose à nouveau. Qu'est-ce qui empêche les galaxies elles-mêmes de tomber les unes sur les autres ?

Quand, en 1915, Einstein énonce la théorie de la relativité générale, il explique, d'une façon lumineuse, les relations entre le temps, l'espace, la matière et la force de gravité. La pertinence, l'efficacité, la puissance de la théorie sont telles qu'on peut l'appliquer à l'étude de l'univers dans son ensemble.

Et là, il y a une surprise... *Un univers de matière ne peut pas être statique.* La théorie s'exprime clairement : il faut que ça « bouge ».

Sur une photo, on vous montre l'image d'une pierre sur un fond de ciel bleu. « Il s'agit, direz-vous, d'un " instantané ". Cet état est nécessairement transitoire. Ou bien cette pierre est en train de tomber, ou bien, autre possibilité, elle est en ascension ; quelqu'un vient de la lancer. Mais, de toute façon, elle est en train de bouger. » Ainsi s'exprime votre « bon sens ».

Sur le mouvement des galaxies dans l'espace, les équations d'Einstein disent à peu près la même chose. Elles ne peuvent *pas rester immobiles* ; ou elles *s'approchent* ou elles *s'éloignent* les unes des autres.

Pour Einstein, cette situation est désastreuse, inacceptable. Pourquoi ? J'avoue ne l'avoir jamais très bien compris. Le mode de pensée d'Einstein me paraît se situer dans la plus pure tradition grecque apollinienne. Il a une foi absolue en l'*intelligibilité* de l'univers. La réalité est fondamentalement simple, claire, lumineuse.

Hérité du siècle des Lumières et de la vision déterministe de Newton et de Laplace, son Dieu est un mathématicien rigoureux « qui ne joue pas aux dés ». Mais doit-on pour autant supposer que, pour Einstein, la stabilité et la pérennité soient les attributs nécessaires d'une création qui se respecte ? Comme pour Baudelaire (« Je suis belle, ô mortels, comme un rêve de pierre / Je hais le mouvement qui déplace les lignes »), l'esthétique, chez lui, s'accorde mal semble-t-il avec le changement.

Pour éviter cette situation déplorable, Einstein, en 1915, décide d'ajouter un nouveau terme à ses équations. (La structure mathématique le permet.) Ce terme porte le nom de *constante cosmologique.* A ce terme, il assigne une valeur numérique *telle* que les mouvements des galaxies soient neutralisés.

Ce choix, notons-le, est parfaitement arbitraire. L'esthétique de l'immobilisme est sa seule justification, sa seule excuse. Mais, on s'en rend compte rapidement, cette démarche est un échec. L'arrêt ainsi imposé au mouvement des galaxies ne *saurait durer.* Tôt ou tard, ça recommence à « bouger ».

Quand, une dizaine d'années plus tard, Hubble observe le mouvement des galaxies, quand il découvre qu'elles *s'éloignent* les unes des autres et ce d'autant plus vite qu'elles sont plus éloignées, Einstein regrette amèrement sa bévue. Son esthétique immobiliste l'a privé, en 1915, d'une prédiction étonnante : *le cosmos n'est pas immobile...*

Éloignement ou rapprochement des galaxies, expansion ou contraction de l'univers, Einstein n'aurait pas pu choisir. Ses équations admettent les deux possibilités. Il appartenait à Hubble de mesurer et d'interpréter le rougissement de ces astres comme l'expression de ce prodigieux mouvement par lequel la matière cosmique voit sa densité moyenne diminuer continuellement *(N 12).*

De ces observations capitales, d'autres auteurs — Gamow, Lemaître, Friedman — ont tiré des conclusions plus extraordinaires encore. Si la matière se dilue, elle se refroidit, ainsi l'impose la physique ; c'est donc qu'elle était *plus chaude dans le passé.*

Chaleur et lumière sont indissolublement liées, nous dit encore la physique. Le passé de l'univers devait être *éclatant de rayonnement.*

George Gamow poursuit le raisonnement : *ce rayonnement antique ne peut pas avoir entièrement disparu.* Il doit en rester des traces. Sous quelle forme ? Ses travaux l'amènent à prévoir l'existence d'une « lueur » de rayonnement « fossile » de type « radio », uniformément dispersée dans le cosmos, détectable avec les instruments appropriés.

Il y a, dans l'âme de chaque chercheur, un *conservateur.* Devant une nouvelle idée, on est sceptique. On demande des preuves. Plus la théorie est extravagante, plus elle nous mène hors des sentiers battus, plus la réticence est grande, plus nombreuses et sérieuses devront être ses justifications.

Que la prédiction de Gamow ait été presque universellement *ignorée,* que ce rayonnement fossile ait été détecté *par hasard,* trente ans plus tard, dans une recherche sans rapport avec la cosmologie, cela illustre à quel point l'idée d'un *mouvement de l'univers* est étrangère à la pensée scientifique traditionnelle.

Rappelons, dans le même contexte, les difficultés rencontrées par les hypothèses évolutionnistes de Darwin, en rapport avec le « fixisme » des formes animales.

La plus vieille image du monde

Quand, en 1965, les astronomes Penzias et Wilson découvrent l'existence du rayonnement « fossile » universel (à 3 degrés absolus), ils ne soupçonnent guère à quel point leur observation va influencer toute la pensée humaine.

Leur travail va accréditer l'*hypothèse de l'expansion* de l'univers. Conservateurs, les scientifiques savent quand même se rendre à l'évidence quand les changements s'imposent. Les physiciens et astrophysiciens prendront maintenant au sérieux l'idée d'une histoire de l'univers.

Ajoutons que, depuis cette période, plusieurs autres prédictions vérifiées de la théorie de l'expansion universelle (abondance relative de certains éléments chimiques : hydrogène, hélium et lithium ; nombre d'espèces de particules élémentaires) *(N 13)* ont encore accru sa crédibilité.

Que savons-nous de ce rayonnement fossile ? Émis il y a quinze milliards d'années, des photons, détectés par les radiotélescopes, voyagent à travers l'espace depuis cette période. Ils véhiculent jusqu'à nous la plus vieille image du monde : l'état du cosmos dans un très lointain passé.

L'étude de ce rayonnement révèle une propriété étonnante. Son intensité est *la même dans toutes les directions.* Que l'on observe au nord, au sud, à l'est, à l'ouest, que l'on compare deux régions très lointaines ou très voisines, le rayonnement est le même, la température qui le caractérise est identique. Les différences de température entre les deux directions données, si elles existent, sont inférieures à *un dix millième de degré (N 14)*!

Quelle image du monde antique nous révèle ce vieux document ? Un fluide à haute température (environ trois mille degrés), extrêmement homogène, et surtout extraordinairement isotherme (ayant la même température partout). Un vaste chaos incandescent à très haute entropie.

On n'y observe aucun contraste, aucune structure, *aucune trace de l'ordre originel et de la matière puissamment organisée* promise dans le texte de Lévi-Strauss.

Nous voici en plein paradoxe ! Si les écarts de température vont en *s'amenuisant,* comment expliquer le passage de cet univers isotherme d'antan à notre monde d'aujourd'hui, si riche et si contrasté en température ?

Ainsi donc, l'isothermie (mort thermique) des physiciens du XIXe siècle ne se situe pas dans l'avenir mais dans le *lointain passé.* Il serait plus approprié de parler de *limbes* thermiques, dans lesquels la matière sommeillait et dont, comme la Belle au Bois-Dormant, elle allait lentement s'éveiller. Mais qui était le Prince charmant ?

L'horloge cosmique

Avant d'aller plus loin, une mise en garde quant à la chronologie de ces événements est nécessaire. La découverte de l'expansion de l'univers et l'observation du rayonnement fossile ont accrédité dans la littérature l'image d'un « début de l'univers », d'une « création du monde ». Rien n'est plus incertain. Je reviendrai, au huitième chapitre, sur les causes de cette incertitude.

Pulsion de vie

Pour la commodité du discours, j'adopterai la chronologie traditionnelle du Big Bang, qui suppose l'existence d'un *temps zéro* à partir duquel les « horloges cosmiques » se mettent en marche. Mais il convient de prendre quelques distances par rapport à cette façon de compter le temps. Personne ne sait ce qu'il y avait « avant » ce temps zéro...

5. L'entropie de l'univers

RÉSUMÉ DE LA PISTE ROUGE (p. 90 à 107)

Toute organisation de la matière doit s'accompagner d'une augmentation du « désordre » de l'univers. Ainsi le montrent les lois de la physique.

Le « désordre » se mesure, en pratique, par la quantité de lumière.

Comment organiser la matière et engendrer la vie dans un univers en état de désorganisation toujours plus grand ?

Il faut augmenter la quantité de lumière. C'est-à-dire : *créer de nouveaux photons*. Il y a deux recettes :

— soit placer un corps chaud près d'un corps froid. C'est le rôle que joue le Soleil près de la Terre ;

— soit, encore, transformer de la matière en lumière. C'est le rôle que jouent les forces naturelles, quand elles engendrent les étoiles, les atomes et les noyaux.

On peut calculer le désordre de l'univers. Comme l'exigent les lois de la physique, il *augmente* avec le temps. Mais cette augmentation est quasiment imperceptible.

Augmenter l'entropie de l'univers

Par rapport au texte de Lévi-Strauss, tout est à l'envers. La léthargie thermique ne se situe pas dans l'avenir, mais dans le lointain passé. Telle est l'image du monde véhiculée par le rayonnement fossile. Et l'histoire de l'univers n'est pas celle de la dégradation d'un ordre initial puissamment organisé. Au contraire, *c'est l'édification de la pyramide de la complexité au cours des âges,* que l'astronomie, la physique, la chimie et la biologie nous donnent en spectacle.

Comment réconcilier cette croissance de l'organisation matérielle avec les énoncés de la thermodynamique ? Le contraste est frappant entre la tendance spontanée au désordre que nous attendons et cette lente montée vers les échelons élevés de la complexité.

Certains veulent y voir la preuve d'une intervention providentielle, d'un « coup de pouce » venu d'ailleurs. Ce « miracle » paraît aujourd'hui superflu. Dans les pages qui suivent, j'essaierai de montrer que la matière possédait, dès les temps les plus lointains, toute l'information requise pour aborder et poursuivre cette ascension.

Mais quand on demande : « Pourquoi la matière recelait-elle cette information ? », la science ne nous donne pas (encore...) de réponse.

[Piste rouge.]

Entropie et lumière

Les notions d'entropie et d'énergie vont naturellement jouer un rôle clef. Attardons-nous, pour bien percevoir la situation, sur un événement hautement significatif de l'économie du cosmos : la naissance d'une étoile.

Dans une région de la Voie lactée, un volume de matière gazeuse amorce, sous l'effet de sa propre gravité, un lent mouvement d'effondrement sur lui-même. La matière se contracte, s'opacifie, se réchauffe et devient un embryon stellaire.

Pour notre propos, divisons arbitrairement l'univers en deux régions : a) ce volume en contraction, et b) le reste de l'espace *(fig. 3)*.

L'étoile manifeste un certain degré d'organisation. Sa forme n'est pas quelconque, comme celle des nébuleuses. C'est une belle sphère, légèrement aplatie aux pôles si elle tourne. La naissance de l'étoile correspond à une diminution de l'entropie de notre région (a) (le volume stellaire). Si, comme l'exige le second principe de la thermodynamique, l'entropie totale ne peut pas décroître, il faut nécessairement que l'entropie de la région (b) (reste de l'espace) croisse d'une quantité *au moins* égale...

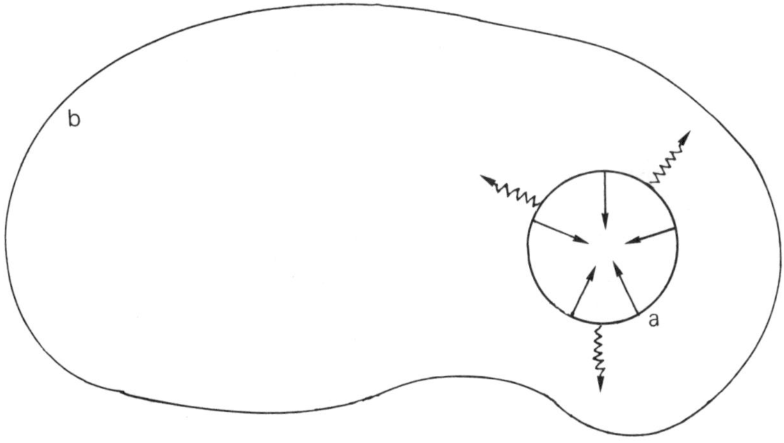

Fig. 3. Bilan de l'entropie à la naissance d'une étoile. On divise l'univers en deux parties : (a) le volume où se situe l'étoile ; (b) le reste de l'univers. Pendant la contraction de la matière qui amène l'apparition de l'étoile, l'entropie de la région (a) *diminue.* La lumière émise par l'astre se propage dans le reste de l'univers, région (b), et en accroît l'entropie. On peut calculer les deux contributions. On montre que l'augmentation en (b) est plus grande que la diminution en (a). Bilan net : l'entropie de l'univers entier, (a) et (b), *s'accroît* à la naissance d'une étoile.

Qu'est-ce à dire ? L'étoile émet de la lumière. Ce rayonnement se propage dans l'espace et va se perdre dans les abîmes extragalactiques. Or, la physique nous apprend que *la lumière émise par un corps chaud est une des substances les plus « désorganisées », les plus entropiques qui soient* (voir *appendice 1*).

L'émission stellaire apporte sa contribution à l'entropie universelle, à la désorganisation du monde extérieur. C'est à ce prix que l'étoile peut diminuer sa propre entropie et se former en accord avec le second principe de la thermodynamique.

S'organiser en émettant de la lumière. Cette recette est universelle. Elle est utilisée à tous les échelons de la pyramide de la complexité. Noyaux, atomes, molécules, cellules, plantes et animaux ne sauraient s'en passer.

Aux niveaux supérieurs, engendrer l'organisation n'est pas suffisant, il faut encore la *maintenir* tout au long de l'existence. Le corps humain est une source permanente de lumière infrarouge. Pour prévenir la dégradation de notre merveilleuse mécanique vivante, il nous faut émettre autant de rayonnement qu'une lampe de cent watts. A la mort, la lampe s'éteint.

La règle d'or

Les exercices mathématiques, présentés en appendice à ce livre, illustrent une proposition qui va maintenant devenir capitale. L'entropie assignée à un système est généralement *proportionnelle au nombre d'éléments* que contient ce système.

Cette proposition n'est pas toujours vraie. Mais elle l'est dans les cas qui nous intéressent ici. Nous en ferons notre *règle d'or.*

Briller, pour une étoile, c'est créer des photons. Ces nouveaux photons augmentent la population de particules de l'univers et, en conséquence, son entropie.

L'information dans le système solaire

Information, organisation, entropie : nous allons suivre de près les agissements de ce trio célèbre. L'information est première. Sans elle, pas d'organisation. L'entropie rejetée est le tribut à payer pour édifier la complexité.

Pour mieux comprendre la situation, nous allons, dans un détour pédagogique, démonter le mécanisme qui articule les actes de notre trio. Inutile d'aller très loin. Voyons comment ça se passe chez nous dans le système composé de la Terre et du Soleil.

La surface solaire est plus chaude que la surface terrestre. Grâce à cet *écart de température,* à ce *déséquilibre thermique,* l'énergie du Soleil est *utilisable* sur la Terre. A partir de cette information, la biosphère crée et entretient la vie. Et le tribut d'entropie à payer à l'univers ? C'est encore l'écart de température qui s'en charge. Comment cela ?

Chaque seconde, la Terre reçoit une immense quantité d'énergie lumineuse en provenance du Soleil. Cette énergie arrive sous la forme d'une pluie de photons *jaunes,* rapidement absorbés par le sol. Convertie en chaleur, cette énergie est, par la suite, réémise vers le ciel sous forme de lumière *infrarouge (fig. 4).*

La couleur des photons est reliée à la température des émetteurs. La surface solaire — à 6 000 degrés absolus (Kelvin) — est *vingt fois* plus chaude que la surface terrestre — à 300 degrés absolus (soit environ 25 degrés Celsius). L'énergie des photons est proportionnelle à la température. Un photon jaune transporte *vingt fois* plus d'énergie qu'un photon infrarouge.

La Terre renvoie dans l'espace *autant* d'énergie qu'elle en reçoit du Soleil. D'où la conclusion : le *nombre* de photons *infrarouges* qu'elle rejette vers l'espace est *vingt fois* plus élevé que le *nombre* de photons *jaunes* qu'elle reçoit du Soleil.

Face au Soleil chaud, la Terre est une *machine à multiplier les photons.* Et que dit notre règle d'or ? Que l'entropie est proportionnelle au *nombre* de particules. Le duo Terre-Soleil est créateur d'entropie.

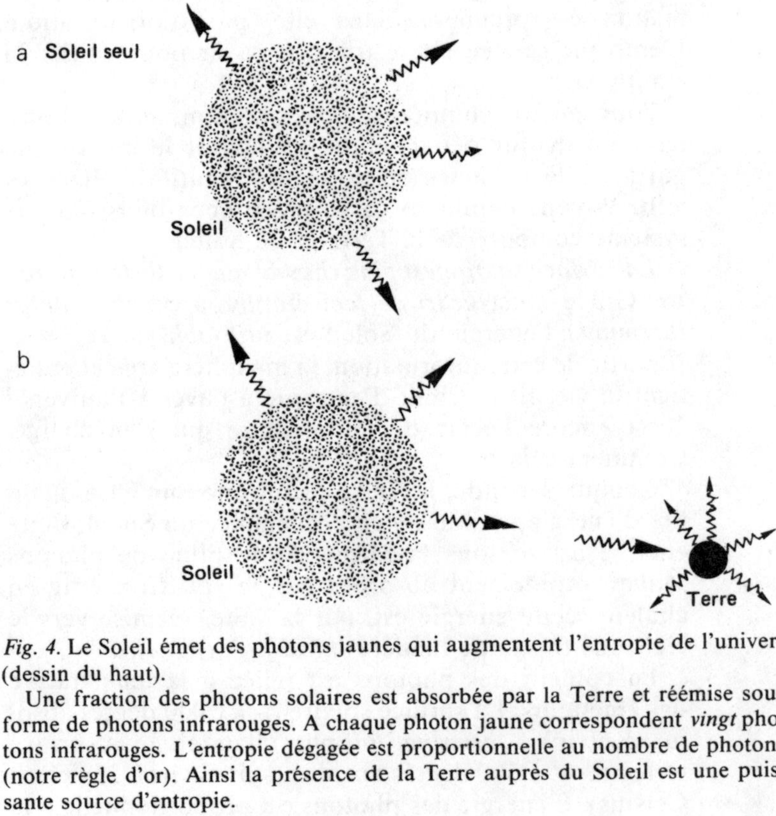

Fig. 4. Le Soleil émet des photons jaunes qui augmentent l'entropie de l'univers (dessin du haut).

Une fraction des photons solaires est absorbée par la Terre et réémise sous forme de photons infrarouges. A chaque photon jaune correspondent *vingt* photons infrarouges. L'entropie dégagée est proportionnelle au nombre de photons (notre règle d'or). Ainsi la présence de la Terre auprès du Soleil est une puissante source d'entropie.

Si la Terre n'existait pas, les photons solaires continueraient, sans interruption, leur route dans l'espace. La Terre, pourrait-on dire, *casse* les photons solaires en particules vingt fois moins énergétiques mais vingt fois plus nombreuses. C'est-à-dire *porteuses de vingt fois plus d'entropie.*

On peut considérer ce flux de photons comme un courant d'entropie qui émane de la Terre et se dirige vers l'espace pour accroître l'entropie universelle. C'est ce courant que les phénomènes responsables de l'organisation et de la vie vont exploiter.

V'là le bon vent !

Sur la mer calmée... les amateurs de navigation à voile voient avec plaisir le vent se lever. Les mouvements erratiques et désordonnés des molécules d'air se coordonnent et s'orientent dans une direction donnée : le « suroît » souffle du sud-ouest vers le nord-est.

Cette *coordination* des mouvements correspond à une *diminution de l'entropie* de la masse atmosphérique *(appendice 1).* Elle n'est possible, nous le savons maintenant, que si elle s'accompagne d'une augmentation de l'entropie globale de l'univers. D'où la nécessité d'une *source* d'entropie : le courant infrarouge qui émerge de la Terre.

(Ce flux d'entropie existe, qu'on l'utilise ou non. Un flux analogue est émis par la Lune, mais la surface lunaire n'héberge ni vent ni vivant. Les conditions physiques ne s'y prêtent pas.)

La naissance du vent est un phénomène complexe, que les météorologues aimeraient mieux comprendre pour mieux le prévoir. Il faut d'abord une couche atmosphérique. Mars et la Terre en possèdent, mais pas la Lune ni Mercure.

Il faut encore des différences de température : masses chaudes, masses froides. Si la surface du Soleil n'était pas plus chaude que la surface de la Terre, les régions polaires seraient à la même température que l'équateur. Aucun vent ne pourrait se lever, même si le Soleil émettait autant d'énergie qu'aujourd'hui. Cette énergie serait inutilisable...

Les photons jaunes solaires ne se transforment pas tous *immédiatement* en photons infrarouges terrestres. Quand une plante verte exerce son activité chlorophylienne, elle intercepte et stocke l'énergie solaire. Elle l'utilise pour croître et s'organiser.

Les biologistes appellent *chaîne alimentaire* cette séquence au long de laquelle on voit les *plantes* absorber la *lumière solaire,* les *animaux herbivores* manger les *plantes* et les *carnivores* se nourrir des *animaux* qui ont dévoré les *végétaux.*

Cette séquence correspond, pour nous, à une « revalorisation » progressive d'une fraction de l'énergie solaire dans des structures de plus en plus efficaces.

Les performances des humains (conscience, intelligence, activités intellectuelles) nécessitent la croissance et la maintenance d'une structure hautement organisée : le cerveau. La quantité d'informations stockée et manipulée par l'esprit humain est gigantesque. La création du langage, des arts et des sciences est le fait d'un système à *très faible entropie.*

Mais la dégradation finit toujours par arriver. L'organisme, plante ou animal, meurt et se décompose. Il arrive que la plante, fossilisée, garde longtemps son énergie de haute qualité avant de la rendre. D'où le charbon et le pétrole. (Des phénomènes analogues, mais situés dans les étoiles, donnent naissance aux carburants nucléaires *(N15).*

Dans les carburateurs de nos voitures, la combustion des plantes fossilisées crée les différences de température nécessaires au mouvement des bielles. Dans une atmosphère à la même température que les gaz du moteur, il ne se passerait rien du tout...

« Depuis qu'il a commencé à respirer et à se nourrir, écrit Lévi-Strauss, l'homme n'a *rien* fait d'autre qu'allégrement dissocier les milliards de structures pour les réduire à un état où elles ne seront plus susceptibles d'intégration. » Cet énoncé, largement correct, appelle pourtant deux bémols. De la dissociation de ces structures sont nés les quatuors de Beethoven et les cathédrales gothiques ; ça n'est pas rien. Second bémol : loin de s'amenuiser, on le verra plus loin, à l'échelle cosmique, l'information est sans cesse *croissante.*

Résumons-nous. L'homme, comme les animaux et les plantes, est un *prédateur* de l'information solaire. Il utilise aussi bien celle qui arrive continuellement en rayonnements visibles que celle qui est stockée, depuis des millions d'années, en charbon et pétrole. (Il utilise encore, par les carburants nucléaires, une information en provenance d'étoiles défuntes.)

En précipitant la dégradation des photons solaires, il engendre des œuvres de plus en plus organisées, de plus en plus éloignées du chaos des premiers instants de l'univers. La recherche scientifique, la création artistique en sont parmi les plus beaux exemples.

Les limites de l'information solaire

Plus une planète est loin du Soleil, plus faible est sa température. Sur Jupiter, des vents soufflent en ouragans permanents, comme au centre de la tache rouge. Ils exploitent le formidable courant d'entropie issu de la surface glaciale, face au Soleil torride.

Y a-t-il de la vie sur Jupiter ? Certains auteurs ont imaginé une population d' « oiseaux » étranges, glissant sur les couches atmosphériques supérieures. Peut-être...

Y a-t-il une limite à cette multiplication d'entropie ?

Le rayonnement fossile, uniformément dispersé dans l'espace, est à trois degrés, donc *deux mille fois* moins chaud que la surface solaire. Chaque photon du Soleil pourrait, en principe, faire deux mille petits.

Depuis la période du Big Bang, l'univers se refroidit, la température cosmique décroît. Chaque année, la différence de température entre la surface de notre astre et le rayonnement fossile s'accroît. Ainsi en est-il, bien sûr, de toutes les étoiles du ciel.

Encore faudrait-il pouvoir *utiliser* cette information. Une fraction infime des photons émis par le Soleil est absorbée par des planètes ou des nébuleuses de l'espace. La quasi-totalité des rayonnements stellaires se propage dans un univers toujours plus vide s'associant au rayonnement fossile *(N16).*

Nous rencontrons là une situation qui nous deviendra familière. L'information, bien que présente, reste inutilisée faute d'un mécanisme approprié. Des planètes artificielles, mises en orbite par une civilisation technologiquement avancée, pourraient augmenter la prédation d'information solaire en réfléchissant vers la Terre les photons qu'elles auraient capturés.

Terminons cette section par une visite au centre du Soleil. La température est de seize millions de degrés. Les photons très énergétiques, émis par les réactions thermonucléaires, portent le nom de *rayons gamma.*

Le matériau solaire est opaque. Absorbés et réémis de nombreuses fois, les photons se propagent, en se multipliant, vers la surface beaucoup moins chaude (six mille degrés) de notre étoile. Le gain d'entropie du centre à la surface est d'environ deux mille six cents (seize millions divisés par six mille).

L'information correspondant à cette différence de température est utilisée immédiatement pour résister à l'énorme gravité des couches supérieures qui pèsent sur le noyau central. Vers la surface, de puissants mouvements convectifs sont engendrés comme les bulles dans une marmite bouillonnante.

La Terre « bouillonne » également. Les tremblements de terre, les éruptions volcaniques, les « dérives » des continents nous le rappellent à temps et à contretemps. L'information, cette fois, est inscrite dans *la différence de température* entre *le centre* et *la surface* de notre planète. Faute de forages appropriés, il est difficile d'évaluer la température au centre de la Terre. On l'estime à plus de dix mille degrés. Et pourquoi cette température élevée ? C'est que la Terre, contrairement à la Lune et aux astéroïdes, n'a pas fini de dégager dans l'espace la chaleur accumulée au moment de sa formation.

A l'origine de ces mouvements divers, nous avons repéré, à tout coup, des *différences de température.* Comment réconcilier l'existence de ces variations thermiques avec l'image *isotherme* des temps anciens que nous apporte le rayonnement fossile ?

Mais, avant d'aborder le problème de l'origine des gradients thermiques (ou inégalités de température) du cosmos, il nous faut poser une question préliminaire : peut-on donner un sens à l'expression *entropie de l'univers* ?

L'entropie de l'univers

Une croissance à peine perceptible.

En s'y prenant correctement, on peut donner une signification précise et utilisable à l'expression *entropie de l'univers,* même si, comme cela paraît être le cas, notre cosmos est de dimensions illimitées. On peut même en donner *deux* versions différentes.

— *Première version :*

La première définition prend en considération le fait que l'univers est en expansion, en introduisant la notion de *covolume.* Imaginons, dans l'espace extragalactique, un cube gigantesque contenant un grand nombre de galaxies dont chaque coin serait marqué par une galaxie *(fig. 5).*

Entraînées par le mouvement général du cosmos, les galaxies, progressivement, s'éloignent les unes des autres. Sans se déformer, le cube voit croître son volume tout en conservant, en son intérieur, sa population d'objets célestes : galaxies, étoiles, atomes.

Nommé *covolume,* ce cube en état de croissance est l'unité d'espace la plus appropriée pour étudier le comportement de la matière, dans un univers en expansion. (Tous les covolumes sont équivalents. Il suffit d'en étudier *un seul.* Ainsi on évite la manipulation délicate de quantités infinies...)

En plus des galaxies, étoiles, atomes mentionnés précédemment, notre covolume héberge une multitude de photons. La très grande majorité de ces photons appartient au rayonnement fossile. Avec une population d'environ quatre cents par centimètre cube, ils nous donnent, selon notre règle d'or, une bonne mesure de l'entropie contenue dans le covolume.

Au long des ères, l'espace se dilate. Les galaxies s'éloignent et le rayonnement fossile se refroidit en se diluant. Au moment de son émission, il y a quinze milliards d'années, sa température était de trois mille degrés. Aujourd'hui, elle est de trois degrés. Dans quinze milliards d'années, elle sera de un degré et demi.

Mais, en même temps, le covolume s'accroît prodigieusement. Résultat net de ces deux effets : le *nombre de photons* du rayonnement fossile dans le *covolume* reste toujours le même *(N17).* En d'autres mots, l'entropie cosmique par covolume (portée essentiellement par les photons du rayonnement fossile) ne change (pratiquement) pas au cours du temps. L'expansion de l'univers est un phénomène à entropie constante. Elle ne crée pas d'entropie.

Pourtant, des milliards d'étoiles brillent dans le ciel. Elles y déversent des torrents de photons nouveaux. Chaque événement terrestre, planétaire ou stellaire, qui crée de l'organisation, qui engendre du nouveau, éjecte vers l'espace son tribut de photons porteurs d'entropie.

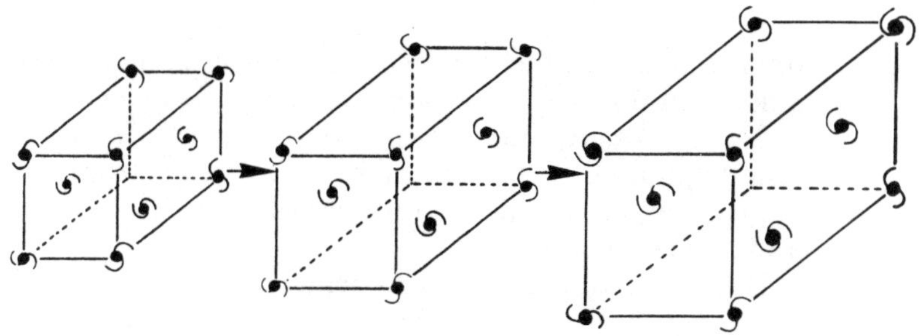

Fig. 5. On appelle « covolume » un volume imaginaire, contenant un grand nombre de galaxies et d'astres variés, qui s'étend avec l'expansion. Supposons un cube qui aurait une galaxie en chacun de ses huit coins. Au cours du temps, les galaxies s'éloignent progressivement et le volume du cube s'accroît. Le nombre d'astres à l'intérieur du covolume ne change pas avec le temps.

On peut calculer leur contribution à l'entropie cosmique. Le résultat est surprenant mais difficilement contestable. L'ensemble de tous les photons émis par toutes les étoiles ou planètes des innombrables galaxies, depuis quinze milliards d'années, *ne constitue pas plus d'un millième* des photons qui parcourent l'espace.

En d'autres mots, les efforts conjugués de tous ces astres n'ont accru que d'une partie pour mille l'entropie cosmique qui existait au moment de l'émission du rayonnement fossile... D'où le sens de l'expression énoncée plus haut : *l'univers évolue pratiquement à entropie constante.*

— *Deuxième version :*

Par rapport aux autres particules de la nature (protons, électrons, etc.), les *photons* de la lumière ont un comportement assez spécial, une façon particulière d'exister.

En allumant ma lampe de bureau, je *crée* des photons qui n'existaient pas auparavant. Suivons un de ces nouveau-nés. Quel est son destin ? Il se dirige vers le mur. Les atomes de la paroi l'absorbent d'un coup. Il disparaît. *Il n'existe plus.* A l'inverse, à moins de circonstances exceptionnelles, les protons et les électrons gardent indéfiniment leur identité. Combinés en atomes et molécules, à nouveau dissociés, leur population reste la même.

C'est (presque toujours) par le phénomène de création de photons que la nature va accroître l'entropie de l'univers et, en parallèle, gravir les échelons de la pyramide de la complexité.

Dans les paragraphes précédents, nous avons évalué l'entropie cosmique en dénombrant les photons dans un covolume. Maintenant, nous allons utiliser la *permanence des nucléons* (protons, neutrons) face au *caractère éphémère des photons* pour présenter une nouvelle définition de l'entropie cosmique.

On compte dans l'univers environ *un milliard* de photons pour chaque proton ou neutron. Ce nombre s'accroît de chaque photon émis par le Soleil, la Lune, nos corps chauds et tout ce qui brille dans l'espace froid. Il mesure l'*entropie cosmique par nucléon,* une autre façon de calculer l'entropie de l'univers.

Depuis l'émission du rayonnement fossile, ce nombre s'est accru d'environ *un million* de photons supplémentaires par nucléon. Un million par rapport à un milliard, soit, encore une fois, une partie pour mille. Cette nouvelle comptabilité nous redonne bien le résultat précédent : l'entropie cosmique n'a pratiquement pas changé depuis le passé le plus lointain qu'il nous soit donné de percevoir.

Pourquoi, à cette époque, le nombre de photons par nucléon était-il déjà aussi élevé ? Quels phénomènes inconnus, créateurs d'entropie, ont pu faire mille fois mieux que toutes les étoiles passées et présentes ? Cette question, pour l'instant, échappe à notre entendement.

Entropie et gravité

Votre soupe est tiède ? Vous voulez la réchauffer ? Rien de plus simple. Allumez la cuisinière et donnez un peu de chaleur. Elle est trop chaude maintenant ? Soyez patient. Laissée à elle-même dans la cuisine tiède, elle perdra de la chaleur et se refroidira.

Ces propos de la vie quotidienne illustrent un comportement familier. Quand on donne de la chaleur à un corps, sa température augmente. Quand il en perd, sa température diminue. Mais les *étoiles,* et c'est là le point crucial que nous allons aborder maintenant, ont un comportement *inverse.* Une *perte* de chaleur les *réchauffe,* un *gain* de chaleur les *refroidit.*

Tout au long de sa vie, par paliers successifs, une étoile voit sa température interne croître, en conséquence de l'énergie thermique qu'elle dispense généreusement dans l'espace. Froide à sa naissance, sous forme d'une nébuleuse gazeuse, elle s'échauffera, jusqu'à atteindre avant de mourir des millions et milliards de degrés.

A cause de ce comportement thermique particulier, les étoiles sont les grandes responsables de l'apparition des écarts de températures dans l'univers.

Pourquoi la soupe et le Soleil réagissent-ils si différemment à la chaleur ? La faute est à mettre au compte de *la force de gravité.* Le Soleil est gros. Il contient *beaucoup de matière.* La gravité y joue un rôle de toute première importance. Elle maintient notre étoile dans sa forme sphérique. Elle l'empêche de se disperser dans l'espace. Elle est son élément de cohésion.

A l'inverse, la soupe est *trop peu massive* pour que la gravité y soit de quelque importance. C'est une autre force, la force électromagnétique, qui domine et « soude » les molécules du fluide.

L'étoile, comme la soupe, se comporte de façon à accroître l'entropie de l'univers. La soupe le fait en se *refroidissant,* l'étoile en se *réchauffant (appendice 2).* Briller, pour une étoile, signifie créer et émettre vers l'espace des photons porteurs d'entropie.

Augmenter le nombre de particules, voilà la règle d'or de l'entropie en application. On peut y arriver de plusieurs façons. Une première recette a été illustrée dans les pages qui précèdent. Parce qu'elle est plus froide que le Soleil, la Terre fait proliférer les photons jaunes du rayonnement solaire. Ici, nous abordons une seconde recette : *transformer de la matière en lumière.*

Pour engendrer sa lumière, le Soleil sacrifie une fraction de sa masse. Près de quatre millions de tonnes (l'équivalent de la masse de dix pétroliers géants) à chaque seconde... De la disparition de cette matière, il crée un nombre de photons jaunes qui s'écrit avec 45 chiffres ($2X10^{45}$). (La célèbre formule d'Einstein, $E=mc^2$, décrit les modalités de cette métamorphose. Elle nous dit, très exactement, combien d'énergie lumineuse on peut obtenir par la transmutation d'une quantité de matière.)

Entropie et forces de la nature

Les physiciens dénombrent *quatre* forces différentes dans la nature. Elles ont noms : force de gravité, force électromagnétique, force nucléaire forte et force de Fermi, ou faible, que j'appellerai ici « nucléaire faible ».

Les trois premières sont en mesure d'engendrer des structures stables. La gravité soude les planètes, les étoiles et les galaxies ; l'électromagnétique soude les atomes et les molécules ; la nucléaire forte soude les noyaux des atomes; la nucléaire faible n'est responsable d'aucune structure stable dans la nature.

Le principe de la soudure est toujours le même. En associant les éléments, la force transforme en énergie une partie de leur masse. Cette énergie, dite de liaison, est éjectée dans l'espace, généralement sous forme de photons. Le système ainsi constitué est *moins massif* que la somme des éléments initiaux *(N18).*

Il est aussi (généralement) plus complexe ; il se situe sur un échelon plus élevé de la pyramide *(fig. 2).* Les photons transportent avec eux l'entropie à payer pour cette phase d'organisation.

Ainsi, les trois forces mentionnées plus haut jouent-elles un *triple* rôle dans la croissance de la complexité.

1. Elles sont responsables des associations de particules et cimentent les structures organisées de la matière (noyaux, atomes, molécules, cellules, organismes et aussi planètes, étoiles, galaxies). Les liens créés transforment de la matière massive en photons lumineux.

2. Ces photons sont porteurs d'énergie utilisable pour les échanges et la construction de systèmes plus complexes encore.

3. Ils portent aussi l'entropie à dégager pour accompagner la croissance de la complexité.

Les forces dans la purée primordiale

« Du passé lumineux recueille tout vestige ! »
BAUDELAIRE.

Munis de ces renseignements précieux, reprenons notre bâton de pèlerin et retournons vers le passé lointain de l'univers. Notre objectif : identifier l'origine de l'organisation et de la diversité dans le cosmos.

Ces forces de la nature, si importantes pour l'édification de la complexité, existaient-elles à cette époque reculée ? Se déployaient-elles avec les mêmes intensités qu'aujourd'hui ? Ces questions se prêtent à des tests variés sur des phénomènes qui se sont passés il y a très longtemps.

En voici trois exemples : *a)* Il y a plus d'un milliard d'années, des réactions nucléaires se sont produites spontanément dans un minerai d'uranium (une sorte de réacteur naturel) au Gabon. *b)* Les quasars nous envoient des photons engendrés par des phénomènes atomiques, il y a plus de *cinq milliards d'années. c)* Les atomes d'hélium observés dans le cosmos ont été fabriqués par des réactions nucléaires qui ont eu lieu il y a *quinze milliards d'années.* L'étude de ces trois phénomènes et la comparaison avec les données observées nous amènent à la même conclusion : les *lois de la physique n'ont pas varié* au cours des quinze derniers milliards d'années.

(Cette constatation étonnante pose la question du *statut* des lois de la physique. Quelle est l'origine des lois ? Et comment, contrairement à tout ce qui existe dans l'univers, sont-elles insensibles au changement ? Incapables de répondre à ces questions fascinantes, nous nous contenterons de noter que, par là, la nature semble nous transmettre un message encore indéchiffrable.)

En raison des températures extrêmes qui régnaient dans le lointain passé du cosmos, ces forces, bien que présentes, étaient *inopérantes.* Toute tentative d'association était immédiatement réprimée par la chaleur intense.

Mais la purée initiale, désorganisée et chaotique, cache un secret qu'elle révélera plus tard. Entre les particules de la purée, des forces existent qui sont *potentiellement* capables de créer des liens et de transformer de la matière en lumière. Ces potentialités *s'actualiseront* quand, grâce à l'expansion, la température aura suffisamment baissé pour permettre aux systèmes complexes de survivre.

Doit-on voir dans l'*existence de ces forces* l'origine de l'information cosmique ? En partie seulement. Quoique essentielles à l'élaboration de la complexité, elles ne *suffisent pas* à l'expliquer. Il faut encore *un autre élément* qui nous sera illustré par la malheureuse aventure des chevaux du lac Ladoga.

6. La fertilité des déséquilibres

RÉSUMÉ DE LA PISTE ROUGE (p.112 à 120)

Les forces naturelles lient les particules élémentaires. Elles sont responsables de l'existence de systèmes organisés : noyaux, atomes, molécules, organismes vivants, étoiles, galaxies.

Les forces ont *tendance* à lier les particules jusqu'à éliminer toute diversité et à instaurer partout la monotonie.

La diminution de la température cosmique permet l'entrée en œuvre des forces et entraîne ainsi l'association des particules élémentaires en systèmes plus complexes. Mais ces combinaisons n'amènent pas *forcément* la diversité des formes et des interactions. On peut aussi bien engendrer la *monotonie* des systèmes stables. La force de gravité aspire à transformer la matière en trous noirs. La force nucléaire voudrait la réduire à l'état de fer. La force électromagnétique en ferait des structures dites « nobles » (hélium, néon, etc., et aussi molécules stables d'eau et de gaz carbonique).

D'où notre question : à quoi devons-nous la diversité de notre monde ?

La triste aventure des chevaux du lac Ladoga nous sera d'un grand secours pédagogique. Elle nous introduira aux notions clefs *d'équilibres et de déséquilibres.*

Avec les cristaux naissant et les flocons de neige tombant dans les nuages des giboulées d'avril, nous allons explorer ces notions. Les monotonies se succèdent d'une façon parfaitement prévisible, si les événements se passent dans un contexte d'équilibre. *Seuls les contextes où les équilibres sont rompus peuvent engendrer la variété, l'imprévu, le nouveau (appendice 2).*

Pour préserver la richesse des formes, il est essentiel que l'activité des forces se déroule dans des conditions de *déséquilibres* analogues à celles des eaux du lac Ladoga en décembre 1942.

[Piste verte.]

Les chevaux du lac Ladoga

Malaparte raconte la mort dramatique d'un millier de chevaux russes dans les glaces du lac Ladoga, pendant l'hiver 1942. Pour échapper à un feu de forêt provoqué par des bombardements aériens, les chevaux se précipitent dans le lac. Malgré la vague de froid récemment arrivée, l'eau est encore liquide. Pendant que les chevaux, la tête tendue hors de l'eau, nagent vers l'autre rive, il se fait un grand bruit. L'eau gèle subitement, enfermant les bêtes dans une gangue de glace.

Le lendemain, le soleil illumine les crinières rigides, couvertes de glaçons transparents. Immobilisée, chaque tête est une sculpture, dont, en d'autres circonstances, on eut admiré la beauté. Que s'est-il passé ?

Il s'agit d'un phénomène bien connu des physiciens : la *surfusion.* Refroidissons progressivement une nappe d'eau. Quand la température atteint le zéro Celsius, l'eau devrait passer à l'état solide, c'est-à-dire *geler.* La réalité peut être différente. Si le refroidissement est rapide, comme en cette nuit de décembre, la glace tarde à se former. L'eau demeure liquide bien en dessous du point théorique de congélation. Cet état est instable. Mais, quelques grains de sable, jetés brusquement, déclenchent un gel immédiat. Les poils fins des chevaux russes se ruant dans le lac ont suffi à précipiter l'étau de glace qui leur a servi de tombeau.

Autour des grains de sable ou des crinières fines, la glace prend et se propage rapidement jusqu'à immobiliser toute la nappe liquide. Ces corps minuscules *accélèrent considérablement* la solidification. En l'absence de tels *centres de nucléation,* le gel n'arrive pas à suivre le rythme du refroidissement. Une eau très pure peut rester longtemps en *surfusion.*

Il en est de même d'une eau chauffée rapidement. Elle ne bout pas nécessairement au moment où la température atteint les cent degrés Celsius. C'est par des bulles minuscules, accrochées aux parois du récipient, que s'amorce la transformation de l'eau en vapeur. Les aspérités microscopiques du métal deviennent des centres de nucléation. Si les parois sont très lisses, la vapeur tarde longtemps à se manifester.

Un enchevêtrement de cristaux

Rien n'est plus joli que la naissance des cristaux dans une eau salée en train de refroidir. Surtout si on l'observe avec un microscope et une source de lumière polarisée. La cristallisation fait apparaître de longues et fines aiguilles *(fig. 6).* Ancrées aux parois, elles se croisent et se chevauchent dans un enchevêtrement de motifs délicats que la lumière polarisée transforme en une palette de couleurs chatoyantes. Plus le refroidissement est rapide, plus les arabesques sont fines et — recommencez aussi souvent que vous le voulez — toujours nouvelles, toujours différentes.

Maintenant, refroidissons la solution *très lentement.* Déception... Au lieu des aiguilles multicolores, on obtient, occupant à lui seul tout le contenant, un gros bloc de sel. Le résultat est chaque fois le même, parfaitement *prévisible.*

La formation de la glace passe par une myriade de réactions, au cours desquelles les molécules d'eau se fixent à leurs voisines. Ces réactions se font à *leur rythme propre.* Il leur faut du *temps.* Si le refroidissement est lent, elles arrivent, quand même, à suivre le rythme. On dit alors que le gel se développe à l'*équilibre.* Résultat : le gros bloc prévisible.

La surfusion se produit quand le liquide se refroidit très vite par rapport aux durées des réactions. Le *déséquilibre* qui en résulte introduit, dans le gel, l'imprévisible, l'aléatoire. Les crinières glacées des chevaux du lac Ladoga étaient *toutes différentes.*

Les cristaux de neige acquièrent leurs jolies formes en traversant les couches épaisses des nuages atmosphériques. Ils capturent, au passage, des molécules d'eau qu'ils attachent à leur géométrie délicate. Au niveau des réactions chimiques qu'elles impliquent, ces captures sont totalement *hors d'équilibre.*

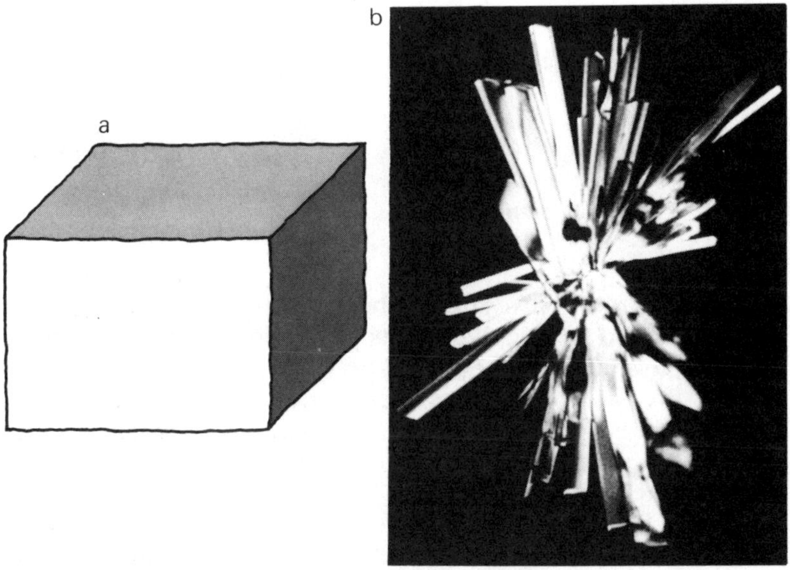

Fig. 6. Dans une solution sursaturée de sel en train de se refroidir, des cristaux se forment.

Si le refroidissement est très lent, le résultat est toujours le même : un gros bloc de sel (a).

Si le refroidissement est rapide, on obtient un enchevêtrement d'aiguilles aux formes variées. Chaque expérience donne un résultat différent, inédit, imprévisible (b). [Photo Claude Nuridsany.]

Les cristaux de neige ont en commun un élément universel : ils ont tous six pointes. Mais, au-delà de cette uniformité, dans une giboulée d'avril, chaque cristal est *unique* parmi ses milliards de confrères *(N 19). Le secret de la diversité réside dans l'action d'une force en un contexte de déséquilibre.*

La force, ici, impose sa loi : les cristaux auront six pointes. Ensuite, toutes les combinaisons sont permises, au hasard de la trajectoire du flocon dans les strates nuageuses d'une atmosphère sursaturée d'eau.

A l'opposé, dans l'équilibre du récipient lentement refroidi, la loi est déterminante et le hasard est banni. Tous les blocs de glace se ressemblent.

[Piste rouge.]

Variété et monotonie

J'adore les jardins botaniques et les aquariums. Quand mes déplacements professionnels m'amènent en pays étranger, je profite de mes temps libres pour rendre visite aux parcs locaux. Ce qui me séduit et me charme, chaque fois, c'est l'extraordinaire variété des flores et des faunes de chaque territoire de notre planète.

Richesse, diversité, telles sont les caractéristiques essentielles des œuvres de la nature. Pour engendrer un système complexe, il faut *associer* un grand nombre de particules élémentaires. Dans une molécule d'eau, il y en a 72 ; dans un chimpanzé, environ 10^{29} (un nombre de 29 chiffres).

Ces associations sont le travail des forces naturelles. Pourtant, *il ne suffit pas d'associer* des particules pour engendrer la complexité et la variété. Le contexte est primordial.

Quand la température cosmique a suffisamment baissé, les forces se mettent à l'œuvre et engendrent, tour à tour, les étoiles, les atomes, les noyaux, les molécules. Ces systèmes peuvent (généralement) se lier encore, pour former de nouveaux systèmes *plus stables,* plus puissamment soudés par la force correspondante.

Ces regroupements peuvent se poursuivre jusqu'à atteindre *l'état le plus stable,* celui qui *épuise les possibilités de liaison* de ladite force.

Si les étoiles géantes rouges obtiennent leur énergie lumineuse en fusionnant des noyaux d'hélium en carbone, c'est que le noyau de carbone est une structure nucléaire plus stable, plus fortement liée par la force nucléaire, que le noyau d'hélium.

Plus tard, ces mêmes étoiles associeront des noyaux de carbone et obtiendront le noyau encore plus puissamment lié de magnésium. Et ainsi de suite, jusqu'au noyau de fer, le plus stable que la force nucléaire puisse engendrer. Les noyaux plus massifs encore (argent, or, plomb, uranium, etc.) sont proportionnellement *moins* liés. C'est leur *fission,* en noyaux plus légers, qui dégage de l'énergie et alimente les réacteurs nucléaires.

Le *rêve* (si on peut s'exprimer en termes anthropomorphiques) de la force nucléaire serait de transformer toute matière en noyaux de fer. Ce rêve, elle le réaliserait si on lui donnait *carte blanche,* c'est-à-dire si on lui fournissait les conditions appropriées *(N20).*

Une situation tout à fait analogue existe au niveau de la force électromagnétique. Les systèmes atomiques (atomes ou molécules) ont des stabilités différentes.

Les plus stables sont les atomes de « gaz rares » dits « nobles » (hélium, néon, argon, krypton, xénon) ainsi que certaines molécules comme l'eau et le gaz carbonique. A l'ensemble de ces systèmes puissamment liés par la force électromagnétique, je donnerai, dans ces pages, le nom de *structures nobles.* Elles sont à cette force ce que le fer est à la force nucléaire.

De même, la gravité peut condenser les étoiles en astres toujours plus massifs. Elle *aspire* à les transformer tous en *trous noirs.* Puis à associer tous ces objets condensés en un seul trou noir, supermassif, à l'échelle de l'univers.

De ces considérations sur les aspirations des forces de la nature émerge une remarque capitale pour notre histoire. Même si les structures organisées de notre univers doivent leur existence à l'association des particules élémentaires, ces associations n'engendrent pas *systématiquement* la diversité des formes si caractéristiques de notre monde.

Toute variété, toute nouveauté seraient absentes d'un monde où les forces auraient pu pousser, jusqu'au bout, leurs aspirations et exprimer à fond leur puissance de liaison. Le paysage atomique serait réduit à la *monotonie du fer,* le paysage stellaire à la *monotonie des trous noirs.*

Une œuvre inachevée

> Le mieux est l'ennemi du bien.

Notre univers, heureusement, n'est pas composé uniquement de fer et de trous noirs. Sur *cent mille atomes* pris au hasard dans la matière cosmique, *un seul est un atome de fer.* En populations variées, toutes les espèces atomiques de la table de Mendeleïev sont présentes dans la nature. Leur existence, leur multiplicité, leurs combinaisons variées fondent la merveilleuse diversité du cosmos.

De même, il existe sans doute de nombreux trous noirs dans le ciel. Mais ils n'occupent *pas plus d'un pour cent* de la masse des galaxies. L'espace fourmille d'étoiles bleues, jaunes ou rouges. Dans la nature, la règle n'est jamais à l'uniformité. Chaque famille d'étoiles prépare des moissons de noyaux qui, à la mort de l'astre, viendront enrichir le paysage atomique du ciel.

D'où les questions suivantes : pourquoi les forces, après leur entrée en œuvre, n'achèvent-elles pas leur travail ? Pourquoi n'épuisent-elles pas leurs possibilités de liaison ? Pourquoi laissent-elles ainsi le champ libre à l'émergence de la variété sans, plus tard, la réduire à la monotonie ?

La pyramide de la complexité est aussi, nous l'avons vu (deuxième chapitre), une *pyramide inversée de la multiplicité.* Grâce au jeu des combinaisons, le nombre d'espèces différentes à chaque échelon s'accroît tout au long de l'ascension. Il y a plus d'espèces de molécules que d'espèces d'atomes, plus d'espèces d'atomes que d'espèces de nucléons. Qu'est-ce qui empêche les forces d'étouffer, à chaque niveau, cette fragile et précieuse multiplicité ?

La diversité dans le sursis

Restons encore un moment sur ce sujet avant de chercher à répondre aux questions qu'il nous pose. La figure *(fig. 7)* illustre, en les résumant schématiquement, quelques aspects de la situation.

Le temps se déroule du bas vers le haut. Dans le lointain passé, une chaleur intense inhibe complètement l'action de la force nucléaire. Conséquence de son inaction : les nucléons (protons, neutrons) sont libres. La matière nucléaire est dans son état de stabilité minimale. Aucun noyau n'existe dans la nature.

Le temps passe, la température baisse, et, grâce en particulier à l'activité des étoiles, la force nucléaire entre en œuvre. Les phases de fusions thermonucléaires dans les étoiles engendrent une grande variété de noyaux de toutes sortes.

Ces noyaux sont des systèmes nucléaires de stabilité *intermédiaire.* Les différents tracés du dessin illustrent les diverses façons d'aller de l'état de stabilité minimale (les nucléons) à l'état de stabilité maximale (le fer).

Nous constatons, aujourd'hui, que la force nucléaire *a déjà agi* (il y a des noyaux lourds dans la nature),

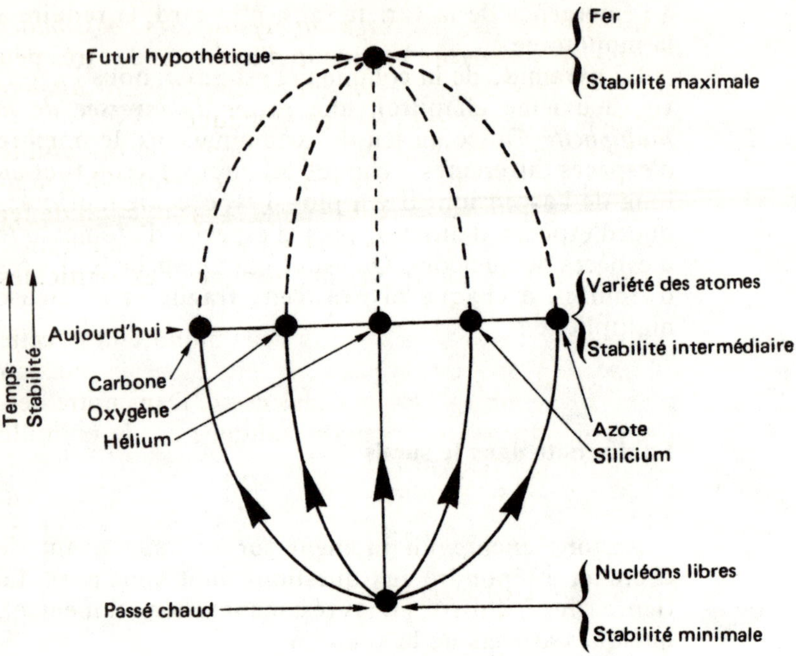

Fig. 7. Au cours du temps l'univers se refroidit. Dans le lointain passé (au bas de la figure), il était composé de nucléons libres (protons et neutrons). Progressivement, grâce à l'activité des étoiles, une variété de noyaux atomiques apparaît dans le cosmos (lignes divergentes vers le haut).

Si les conditions de la matière permettaient à la force nucléaire de déployer entièrement sa puissance de liaison, tous les atomes se transformeraient en fer (en haut). Cela ne semble pas devoir se réaliser. D'où le tracé en lignes pointillées.

Les nucléons libres représentent l'état de stabilité minimale de la matière nucléaire, tandis que les noyaux de fer en sont l'état le plus stable. Les autres noyaux (carbone, oxygène, hélium, azote, silicium, etc.) sont des états de stabilité intermédiaire, dont la durée semble devoir se prolonger indéfiniment.

La force nucléaire « cherche » à engendrer des noyaux toujours plus stables. Mais cette quête de stabilité est freinée par le mode d'expansion de l'univers.

Le bloc de sel unique de la *figure 6* (a) est l'analogue du fer. Les aiguilles enchevêtrées (b) sont l'analogue de la variété des noyaux disséminés dans l'univers.

mais qu'elle est *loin d'avoir épuisé ses possibilités d'action* (il y a encore beaucoup d'hydrogène et très peu de fer). C'est de cette *stabilité incomplètement atteinte* que naît la variété du paysage atomique.

Dans une (hypothétique) phase finale, où la stabilité maximale serait atteinte, la monotonie s'étalerait à nouveau sur le monde. Et ce, bien que la production de fer implique l'association de 194 particules élémentaires. Preuve qu'il *ne suffit pas de combiner* des particules pour créer *la diversité.*

Nous sommes en *sursis* entre deux monotonies : celle du bas, dans le lointain passé, et celle du haut, dans un avenir qui semble s'éloigner sans cesse. Dans notre dessin, cette improbable issue est indiquée par le pointillé des lignes convergentes.

La variété électromagnétique

Deux forces juxtaposent leurs efforts pour édifier la pyramide de la complexité : la force nucléaire et la force électromagnétique. La première façonne les étages du bas (nucléons, noyaux), la seconde agit aux échelons supérieurs (atomes, molécules, organismes). (Dans l'économie de l'organisation cosmique, le rôle de la force de gravité, rappelons-le, est de mettre au monde les étoiles chaudes qui fabriquent les noyaux des atomes.)

La force nucléaire est à peu près *cent fois plus forte* que la force électromagnétique, mais son influence s'exerce sur des distances beaucoup plus petites. Parallèlement, il y a une différence importante entre ces forces au niveau des structures qu'elles peuvent engendrer (voir deuxième chapitre).

Les plus gros noyaux de la nature incorporent moins de trois cents nucléons. Au-delà de cette limite, ils *fis-*

sionnent. Les noyaux sont généralement sphériques. Parmi les plus lourds, certains affectent des formes de cigares ou de lentilles ; d'autres ressemblent à des poires. Malgré tout, la variété des formes géométriques des noyaux reste limitée.

A l'inverse, les possibilités structurantes et associatives de la force électromagnétique semblent illimitées. Les protéines de nos aliments regroupent quelquefois des *millions* d'atomes. Les molécules d'ADN en alignent des *milliards.*

La combinaison des espèces atomiques en molécules simples, et des molécules simples en molécules géantes, peut se poursuivre quasi indéfiniment. Ainsi en est-il de la variété des formes que ces molécules peuvent prendre. Filaments déroulés, pelotes recroquevillées, anneaux torsadés, chaque géométrie correspond à un *état* particulier, à un mode spécifique d'interaction avec l'entourage.

Vers la fin de sa vie, une étoile incorpore (distribuées en couches successives comme les pelures d'un oignon) de vastes quantités de noyaux différents, tels le carbone, l'azote, l'oxygène, le fer, etc.

Précipités dans l'espace à la mort de l'étoile, ces noyaux y trouvent des conditions bien différentes. La force nucléaire est paralysée par le froid, mais la force électromagnétique s'y trouve en terrain favorable. Dans un « bourdonnement » de chimie interstellaire, les électrons se mettent en orbite autour des noyaux, forment des atomes qui, ensuite, se regroupent pour constituer des molécules *(fig. 8).*

Nous retrouvons ici une situation qui nous est maintenant familière. La force électromagnétique se déploie dans un contexte analogue à celui de la force nucléaire. Elle mettra au monde des myriades de structures moléculaires, mais elle n'arrivera pas à exprimer *toute* sa puissance, à *épuiser* ses possibilités de liaison. C'est à l'*inachèvement* de cette œuvre que la variété des molécules de notre univers doit son existence.

Les structures nobles (hélium, néon, argon, krypton, xénon, ou encore gaz carbonique, eau, etc.) sont *les plus stables,* les plus puissamment liés par la force électromagnétique. Le gaz carbonique est l'élément dominant des atmosphères de Vénus et de Mars. L'eau (glacée) est un constituant majeur des comètes et des satellites de Jupiter et de Saturne.

Comme le carbone par rapport au fer, les molécules géantes sont des systèmes de stabilité intermédiaire.

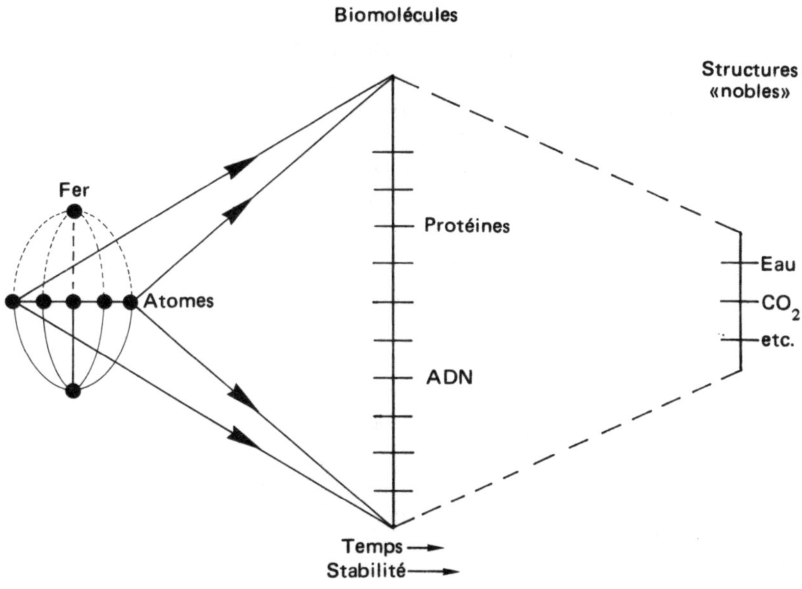

Fig. 8. Sur la variété nucléaire illustrée dans la figure précédente se greffe la variété chimique. A gauche, les atomes libres éjectés des étoiles représentent l'état de stabilité minimale par rapport à la force électromagnétique. Ils s'associent pour former l'immense variété des molécules biochimiques qui sont des états de stabilité intermédiaire entre les atomes libres et les structures « nobles » (néon, krypton, eau, gaz carbonique) à droite du dessin. La matière de la biosphère est en sursis entre ces deux extrêmes.

Ainsi la variété chimique se greffe sur la variété nucléaire pour engendrer la diversité et la richesse de notre univers.

Elles abondent dans notre biosphère colorée où la monotonie des structures nobles n'a pas imposé sa domination grise.

Le dessin illustre la « greffe » de la variété moléculaire sur la variété atomique. Le temps, maintenant, poursuit sa course de gauche à droite. A partir des noyaux éjectés dans l'espace par les étoiles, une variété quasi infinie de molécules complexes s'édifie. Les tracés divergents illustrent la multiplicité des états de stabilités intermédiaires entre les atomes simples (à gauche) et les structures nobles (à droite).

En mourant, dans cinq milliards d'années, le Soleil volatilisera la Terre. Les protéines se décomposeront en structures stables. Plus tard, peut-être, incorporées aux planètes nouvelles, retrouveront-elles leur statut de haute complexité. La nature n'impose pas, à perpétuité, l'état de stabilité maximale.

7. Un univers en sursis

RÉSUMÉ DE LA PISTE ROUGE

Les structures échelonnées sur la pyramide de la complexité doivent leur cohésion à l'existence des *forces* de la nature. Mais pour créer la variété et la diversité, l'action de ces forces doit s'exercer dans des conditions de *déséquilibre*. Les cristaux de neige nous en ont fourni un bel exemple. Hors du contexte d'équilibre, les résultats des événements de la nature sont *partiellement imprévisibles*. De là émerge l'*inédit* du présent.

Deux dates à retenir pour l'apparition des déséquilibres dans l'univers :

1) Avant la première minute, la chaleur, trop intense, désintègre immédiatement les noyaux. L'énergie nucléaire est inutilisable. *A la première minute*, la température a suffisamment baissé pour que les noyaux se forment et survivent, transformant une partie de leur masse en photons. Des captures nucléaires ont lieu qui combinent une fraction des protons en hélium, mais épargnent la majorité des nucléons primordiaux. Cet inachèvement, provoqué par le refroidissement trop rapide de la purée cosmique, rend l'énergie nucléaire disponible dans l'univers.

2) De même, avant *le premier million d'années*, aucune galaxie, aucune étoile ne peut se former. Après cette date, la matière cosmique, bien refroidie, peut se contracter et donner naissance aux astres des cieux. En brillant, les étoiles vont augmenter le désordre de l'univers.

Saluons ces heureux événements. Ils assurent aux étoiles leur existence et longévité. Grâce à eux, la vie terrestre a pu apparaître et évoluer au cours des milliards d'années de douce chaleur que le Soleil procure à la Terre.

Le mode d'expansion de l'univers instaure, à des moments précis de l'histoire cosmique, les phases de déséquilibres grâce auxquelles les forces peuvent engendrer la complexité et la variété des formes de la nature.

La physique contemporaine ne nous permet pas (en 1986) de donner une explication satisfaisante à l'instauration de ces phases de déséquilibres.

[Tout le chapitre est en piste rouge.]

La surfusion nucléaire

Grâce à la température extrêmement élevée des premiers temps de l'univers, les interactions nucléaires dans la purée cosmique sont ultra-rapides. Des noyaux se forment, qui se dissocient aussitôt, dans la stérilité de l'équilibre.

La température affecte profondément le cours des réactions de captures et de dissociations. Les durées de ces réactions s'allongent quand la purée se refroidit. Vers la première minute, quand la température passe en dessous du *milliard* de degrés, certains noyaux sont en mesure de résister à la chaleur. Des noyaux d'hélium vont durer pour la première fois dans l'univers.

Cet événement, appelé *nucléosynthèse primordiale,* a pour résultat la transmutation d'environ *un quart* de la matière cosmique en hélium. Le reste, demeuré à l'état de proton, deviendra plus tard l'hydrogène universel. La production de fer est *entièrement négligeable.*

Dans les bons manuels de chimie, il est dit que l'eau gèle à *zéro* degré Celsius. D'une façon analogue, la matière nucléaire, elle, "gèle" à un milliard de degrés *(N21)*.

A des températures plus élevées les nucléons sont libres, comme les molécules d'eau d'un liquide. En dessous de ces températures, la force nucléaire les fixe ensemble. Le noyau de fer est dans notre comparaison l'équivalent du bloc de glace.

D'où la question : pourquoi la force nucléaire n'a-t-elle pas transformé *toute* la purée cosmique originelle dès le moment où la température aurait permis le « gel » de la matière nucléaire en noyaux atomiques ?

L'univers, encore largement composé d'hydrogène en dessous du point de *gel nucléaire,* est l'analogue du lac Ladoga, toujours liquide, par cette froide nuit d'hiver 1942. Si la vague de froid était venue plus lentement, le lac aurait gelé et les chevaux auraient pu échapper à l'incendie et au tombeau de glace. Si l'expansion de l'univers avait été plus lente, la matière cosmique se serait complètement transmutée en noyaux de fer.

Dans les brasiers stellaires, la transmutation de l'hydrogène en fer exige des périodes très longues *(N22)*. Ici, on a au mieux quelques minutes. Pas étonnant que l'œuvre reste inachevée, que la force nucléaire *n'épuise pas* ses possibilités.

L'hydrogène, épargné par l'état de déséquilibre nucléaire, deviendra le principal carburant des étoiles. Il leur assurera les longues durées indispensables à l'émergence de la vie.

Dans un univers de fer, les durées des étoiles se chiffreraient en *millions* plutôt qu'en *milliards* d'années *(N23)*. L'élaboration des molécules géantes serait doublement compromise. D'abord par l'*absence* d'atomes d'hydrogène, de carbone, d'azote et d'oxygène. Et même, à supposer qu'une faible quantité de ces atomes ait été épargnée, cette gestation serait encore mise en difficulté par la trop *courte durée* des étoiles nourricières. L'univers serait bien différent et l'humanité sans doute n'y serait jamais apparue. Ce qui a coûté la vie aux chevaux russes nous l'a donnée...

L'information nucléaire

En provoquant ce déséquilibre, la rapidité de l'expansion a enrayé toute possibilité d'atteindre l'état de stabilité nucléaire maximal. Cette défaillance de la force nucléaire à se maintenir en état d'équilibre va donner naissance à l'*information nucléaire* qui existe aujourd'hui dans le cosmos. Voyons cela d'un peu plus près.

Rappelons d'abord qu'en se formant, par l'association de nucléons, les noyaux émettent des photons qui transportent au loin l'énergie et l'entropie dégagée par ce phénomène. Pour la suite du discours, il sera commode d'utiliser le terme *entropie nucléaire* pour décrire cette contribution à l'entropie cosmique.

Imaginons un instant que, dans l'univers, les événements se soient passés tout autrement. Supposons une expansion *très lente* qui aurait permis la transmutation complète de l'hydrogène en fer. Les photons émis par cette fusion se seraient aussitôt propagés dans l'espace, ajoutant ainsi à l'entropie universelle une contribution nucléaire maximale.

L'adjectif *nucléaire* rappelle que ces photons nouveaux sont nés de réactions nucléaires ; le mot *maximale* signifie que, dans ce cas, les réserves nucléaires de l'univers seraient épuisées, que le *puits nucléaire* aurait été vidé. Disons-le encore autrement : l'entropie cosmique aurait *aussitôt* gagné la valeur maximale correspondant au dégagement de la différence de masse entre le fer et les 56 nucléons dont il est constitué.

Et, maintenant, revenons au cours *réel* des événements. *Avant* la période de nucléosynthèse (un milliard de degrés environ), il fait trop chaud pour que, en liant des noyaux, la force nucléaire puisse s'exprimer et dégager des photons. L'entropie nucléaire est donc nulle. *Après* cette période, la température cosmique ne neutralise plus l'effet de la force nucléaire. Les noyaux peuvent survivre.

Les réactions nucléaires qui ont créé les noyaux d'hélium, pendant les premières minutes, ont émis dans l'espace un certain nombre de photons. Absorbés et réémis par la matière ambiante, ces photons ont effectivement accru l'entropie cosmique. Mais d'une quantité bien inférieure à celle qu'on aurait obtenue si *toute* la matière avait été transformée en fer.

La *différence* entre ces deux valeurs (la maximale possible et la réelle) mesure la *quantité* d'information nucléaire engendrée à cette époque.

Cet exemple nous aide à saisir, sur le vif, la relation entre entropie et information. *L'information apparaît dans la nature quand une source d'entropie devient disponible, mais n'est pas immédiatement dissipée.* Toujours la notion de « sursis ». L'information est proportionnelle à la quantité d'entropie *disponible* (voir *appendice 1*).

Comme l'entropie nucléaire, l'information nucléaire est *nulle* avant la première minute. Elle apparaît grâce à l'incapacité de la force nucléaire à suivre le rythme trop rapide de l'expansion et à donner libre cours à sa puissance de liaison. Elle est détenue par tous les noyaux qui *ne sont pas* des noyaux de fer — surtout de l'hydrogène, avec un peu d'hélium.

Pour utiliser l'information nucléaire dans l'élaboration de la complexité, il faudrait combiner les protons survivants. C'est-à-dire brûler le carburant hydrogène et libérer l'énergie et l'entropie nucléaire qu'il contient. Mais la température cosmique, maintenant, est trop basse pour amorcer de telles réactions dans l'espace.

Plus tard, au cœur des étoiles, les hautes températures reparaîtront et dégageront l'information nucléaire engendrée aux premières minutes du cosmos. Nous avons étudié (p. 93) le mode d'emploi de l'information et de l'entropie dans la naissance et le fonctionnement des vents et des vivants.

Nous apprendrons plus tard comment la naissance des étoiles, essentielles au dégagement de l'information nucléaire, se fait grâce à l'existence de l'*information gravitationnelle,* l'autre grande source de l'organisation du cosmos. Nous apprendrons encore que cette information trouve elle-même sa source dans une autre phase de surfusion. Toujours les déséquilibres...

Bilan nucléaire

Terminons cette section avec un bilan actuel de l'information nucléaire dans l'univers. L'ensemble de toutes les étoiles de toutes les galaxies n'a pas consommé plus de *cinq pour cent* des protons du cosmos. L'information nucléaire est à peine entamée...

Ces fusions stellaires ont engendré des photons qui se propagent dans l'espace, accroissant l'entropie universelle. Mais de si peu... Une addition d'un *million* de photons par nucléon par rapport au *milliard* de photons par nucléon déjà présents dans le rayonnement universel. Une augmentation de *un millième* en quinze milliards d'années.

Ajoutons, pour compléter le tableau, que le refroidissement continu de l'espace permet une multiplication *toujours plus grande* des photons d'origine stellaire. Bilan net : *l'information nucléaire, loin de diminuer, augmente continuellement.* Où est l' « inertie un jour définitive » de Lévi-Strauss ?

Ouf ! Nous avons fait un long trajet. Pour reprendre notre souffle, un résumé de la situation ne sera pas inutile :

Avant la première minute, la chaleur, trop intense,

désintègre immédiatement les noyaux. L'énergie nucléaire est inutilisable. L'information nucléaire est nulle.

A la première minute, la température a suffisamment baissé pour que les noyaux se forment et survivent, transformant leur énergie de liaison en photons. Des captures nucléaires ont lieu qui combinent une partie des protons en hélium, mais épargnent la majorité des nucléons primordiaux.

Cet inachèvement, provoqué par le refroidissement trop rapide de la purée cosmique, est la source de l'information nucléaire dans l'univers.

L'information électromagnétique

Les liaisons des atomes et des molécules sont beaucoup plus faibles que celles des noyaux. Aussi sont-ils beaucoup plus vulnérables aux températures élevées qui règnent aux temps anciens de l'univers. Il faut attendre près d'*un million* d'années avant que les premiers atomes d'hydrogène puissent échapper à la destruction instantanée.

Contrairement à la production du noyau d'hélium aux premières minutes, la formation de l'atome d'hydrogène se passe dans un contexte d'équilibre. *Tous* les protons et électrons libres se combinent, et l'énergie libérée par ces captures est immédiatement dispersée dans l'espace.

En analogie avec l'entropie nucléaire, on appellera *entropie électromagnétique* celle qui est transportée par les photons issus de la formation des atomes et des molécules.

Cette entropie atteint sans retard sa valeur maximale. Cela correspond au fait que protons et électrons ont atteint, *aussitôt* qu'il est devenu accessible, leur état le plus stable : l'atome d'hydrogène. Par conséquent, aucune *information électromagnétique* n'est engendrée à cette époque.

Aujourd'hui, la situation est différente. L'information électromagnétique est présente dans les réserves de pétrole des couches géologiques souterraines. Le pétrole est une substance à faible entropie électromagnétique, que carburateurs et brûleurs feront passer à des états plus stables, dégageant ainsi, pour nos voitures et chaudières, l'énergie utilisable.

Une brève pose pédagogique, histoire de s'assurer que les notions nouvelles sont bien assimilées. On aura noté que, contrairement au langage habituel, le pétrole n'est pas décrit, ici, comme une source d'*énergie,* mais comme une source d'*information.*

L'énergie est de bien peu d'intérêt si elle n'est pas utilisable. Plus l'information est élevée, plus grande est la possibilité d'utiliser l'énergie.

La mesure de cette utilisabilité, c'est, pour le pétrole, l'information qu'il détient, c'est-à-dire la différence entre son entropie présente et son entropie maximale, celle qu'il atteindra quand on l'aura brûlé.

Mais, au fait, à quel moment cette information électromagnétique est-elle apparue dans l'univers ?

A la fin de leur vie, les étoiles dispersent dans l'espace leurs moissons d'atomes lourds qui se combinent pour former les premières molécules. Grâce à la radio-astronomie, nous pouvons aujourd'hui explorer les populations moléculaires des nuages interstellaires. Ils recèlent des molécules incorporant jusqu'à *vingt* ou *trente* atomes. Fort différents des structures nobles, où la stabilité est maximale, ces systèmes fragiles sont vraisemblablement les premiers détenteurs de l'information électromagnétique du cosmos.

Plus près de nous, les molécules complexes édifiées par la vie végétale (celluloses, amidons) *peuvent* brûler. Quand on y met le feu, elles se transforment en molécules nobles (gaz carbonique, eau, etc.). Elles dégagent alors l'information électromagnétique accumulée auparavant dans les arbres ou les fougères géantes.

Pour ce stockage, rappelons le rôle fondamental joué par la différence de température des surfaces solaire et terrestre. Grâce aux photons jaunes, la biosphère s'est progressivement éloignée de l'état de monotonie chimique vers lequel elle retournerait inexorablement si le Soleil s'éteignait.

L'information gravitationnelle

Les forces nucléaires déploient leurs effets sur des distances extraordinairement petites qui ne dépassent pas les dimensions des noyaux atomiques (10^{-13} centimètre). La force électromagnétique étend son influence à la structure des molécules géantes.

La portée de la force de gravité semble sans limites. Elle retient la Lune autour de la Terre, la Terre autour du Soleil, le Soleil autour du centre de notre Voie lactée, et les galaxies à l'intérieur des amas de galaxies. De plus, dans le cadre de la relativité d'Einstein, elle gouverne le mode d'expansion de l'univers dans son ensemble.

Aussi serons-nous amenés à distinguer *deux* échelles d'activité de la force de gravité :

1. Elle intervient d'abord sur la matière cosmique dans son ensemble (échelle universelle). Cette action se manifeste dans le vaste mouvement d'expansion de l'univers.

2. Elle intervient encore, d'une façon plus locale, sur des nappes de matière dispersée qu'elle rassemble pour en faire des galaxies et des étoiles (échelle locale).

Rien, à notre connaissance, ne peut neutraliser l'effet de la gravité à l'échelle universelle. A l'inverse, la chaleur trop intense des temps antiques décourage tout effort de condensation de matière à l'échelle locale.

Toute velléité d'isolement, de morcellement, de

contraction d'une parcelle de la purée initiale, en galaxie ou étoile embryonnaire, est immédiatement réprimée et aplanie par ce qu'on pourrait appeler le « bulldozer » de la chaleur initiale. Les « grumeaux » se résorbent et la matière cosmique retrouve aussitôt sa texture homogène.

Les limbes thermiques des premiers temps de l'univers paralysent la gravité (à l'échelle locale), comme ils paralysent le nucléaire et l'électromagnétique. Les forces sont là mais elles sont incapables de rassembler, d'associer des particules pour en faire des noyaux, des molécules ou des étoiles.

C'est au moment de l'émission du rayonnement fossile que la force de gravité peut amorcer la formation des galaxies et des étoiles. La température correspondante — trois mille degrés — joue, pour la formation des grandes structures astronomiques, un rôle analogue à celui du zéro Celsius pour le gel de l'eau ou à celui du milliard de degrés pour le gel du nucléaire.

A cette période, électrons et protons de la purée cosmique se combinent et créent les premiers atomes d'hydrogène.

Cet événement s'accompagne de plusieurs effets cosmologiques. D'abord, l'émission de ce rayonnement fossile qui nous a transmis la plus vieille image du cosmos. Ensuite, un changement fondamental dans la nature même de la purée.

On appelle *plasma* un ensemble de particules électriquement *chargées* telles que nous en rencontrons, par exemple, dans nos lampes fluorescentes. Dans l'atmosphère terrestre, les molécules d'oxygène sont *neutres* (elles ne portent pas de charge électrique). On parle alors d'un gaz.

De l'état de plasma où elle se trouvait avant la capture des électrons par les protons et la formation des atomes neutres d'hydrogène, la purée à cette période passe à l'état de gaz.

Les expériences de laboratoire nous montrent que, si

la lumière interagit très intensément avec les plasmas, elle est beaucoup moins influencée par les atomes et les molécules neutres des gaz.

En conséquence, l'univers à cet instant devient *transparent* au rayonnement. Les photons émis n'ont pratiquement plus aucune chance d'être absorbés à l'avenir. D'où la possibilité pour eux de parvenir jusqu'à nous et d'être détectés par nos appareils de mesure.

Comme Samson privé de sa force quand Dalila lui coupe les cheveux, le « bulldozer » de la chaleur initiale perd pratiquement toute sa puissance quand les électrons se combinent aux protons. C'est essentiellement grâce à l'interaction entre la lumière et les électrons libres (maintenant disparus) qu'il exerçait son influence « nivelante ». Maintenant, les galaxies *peuvent* se condenser.

Comme la fusion des atomes et l'association des molécules, la formation des astres *prend du temps,* beaucoup de temps. En fait, nous rencontrons ici un des problèmes majeurs de l'astrophysique contemporaine : comment naissent les galaxies ?

Le phénomène s'amorce, du moins le suppose-t-on, sur des *fluctuations de densité* de la purée cosmique (maintenant libérée du « bulldozer » thermique). A un rythme d'abord très lent, ces « graines » de galaxie se condensent sous l'effet de leur propre gravité qui s'accroît elle-même avec la contraction. Le mécanisme s'amplifie, s'accélère et fait « boule de neige ».

Le rayonnement fossile nous a présenté l'image d'un univers parfaitement homogène. Les fluctuations, si elles existent à cette époque, sont extrêmement faibles. En conséquence, le démarrage de la condensation ne peut être que *très lent.*

Trop lent, semble-t-il, pour rendre compte de la formation des galaxies telles que nous les voyons aujourd'hui. Les théories actuelles n'arrivent pas à expliquer comment les galaxies ont trouvé le temps de « germer » entre le moment où le rayonnement fossile a été émis et maintenant.

Selon certains physiciens, notre univers contiendrait, outre les particules qui nous sont familières, des populations de particules exotiques répondant aux doux noms de « photinos », « gravitinos », dont l'effet aurait été d'accélérer, par leurs propriétés spéciales, la « germination » des galaxies.

Dans le cadre de ce livre, je ne m'étendrai pas plus longuement sur ce problème très actuel de la cosmologie contemporaine. Je me contenterai de *constater* que les galaxies existent. Il nous faut admettre que la nature a plus d'un tour dans son sac...

Après l'émission du rayonnement fossile, l'univers entre dans une période de *surfusion gravitationnelle.* La matière *pourrait* se condenser, dégager de l'énergie, se dirigeant ainsi vers des états de plus en plus stables. Mais il faudrait, pour cela, former des galaxies, des étoiles, en d'autres mots des *centres de nucléation gravitationnelle.* Et cela prend des milliards d'années...

Comme les noyaux et les atomes, les étoiles sont moins massives que la somme de leurs constituants isolés *(N 24).* La masse dégagée est émise sous forme de photons qui transportent au loin de l'énergie et de l'entropie. Selon notre convention précédente, nous appellerons *entropie gravitationnelle* celle qui est véhiculée par les photons stellaires.

D'où, bien sûr, l'apparition à cette époque d'une *information gravitationnelle.* Comme dans les cas nucléaire et électromagnétique, elle est amenée par le *retard* que mettent les étoiles à se former et à dégager leur lumière. Elle est proportionnelle à l'entropie que rend disponible la formation des étoiles.

Le fond du puits stellaire

En se concentrant sur elle-même, en brillant, l'étoile accentue progressivement le gradient thermique qu'elle provoque. Le noyau central devient de plus en plus chaud et la luminosité stellaire de plus en plus intense.

S'agirait-il d'une source inépuisable d'entropie ? d'un puits sans fond ? Non. Comme l'entropie nucléaire et l'entropie électromagnétique, l'entropie gravitationnelle n'est pas sans limites. C'est la transformation de l'étoile en *cadavre stellaire* qui va couper le courant et arrêter le débit.

Il y a plusieurs types de cadavres stellaires : les étoiles de masses comparables à celle du Soleil agonisent en *naines blanches,* pour s'éteindre ensuite en *naines noires ;* les étoiles comprises entre une et cinq masses solaires atteignent l'état d'*étoiles à neutrons.*

Pour les étoiles plus massives, la gravité devient si puissante que *rien* ne peut stopper l'effondrement qui accompagne leur mort. Passé une certaine limite, la lumière, devenue captive de l'astre, retombe sur lui comme les jets d'eau des fontaines. Pour le monde extérieur, il a cessé de briller.

Caché derrière son propre horizon, il poursuit toujours plus rapidement son effondrement vers on ne sait quelle destinée. Mais il ne disperse plus dans l'espace son rayonnement porteur d'énergie et d'entropie. Comme dans le cas du fer et des molécules nobles, on a vidé le puits.

(Je m'empresse d'ajouter que cette dernière affirmation n'est pas tout à fait exacte. Par un effet de physique quantique, les trous noirs « s'évaporent ». Ils émettent en permanence un rayonnement qui, cependant, pour un astre de masse comparable à celle du Soleil, est extraordinairement faible ; voir *appendice 3.*)

L'état d'entropie gravitationnelle maximale de l'univers serait atteint si la matière céleste existait entièrement sous forme de trous noirs. Nous en sommes très loin.

En levant les yeux vers la voûte étoilée, en regardant les myriades d'étoiles disperser leurs photons colorés, nous assistons au *gel retardé* de la matière cosmique. Depuis l'émission du rayonnement fossile, la purée initiale, en état de surfusion gravitationnelle, effectue sa lente transition vers les états stables nommés cadavres stellaires.

L'étoile utilise l'information gravitationnelle pour se contracter et créer localement les gradients de température si importants pour la vie terrestre.

Quand la température centrale atteint quelques millions de degrés, les réactions nucléaires prennent à leur compte l'émission d'énergie lumineuse, freinant ainsi la contraction et l'échauffement de l'étoile *(N25).*

Quand, dans cinq milliards d'années, notre Soleil aura transformé en hélium l'hydrogène de son noyau central, la contraction stellaire, sous l'effet de la gravité, reprendra son cours. La température atteindra les quelque cent millions de degrés requis pour la transmutation de l'*hélium* en *carbone* et *oxygène.*

Nouvel arrêt de la contraction et de l'échauffement. Tout au long de la vie stellaire, les périodes de fusion thermonucléaire s'intercalent entre les périodes de concentration gravitationnelle.

L'eau, refroidie rapidement, arrive à geler par le moyen des *centres de nucléation* (grains de sable, crinière des chevaux du lac Ladoga). Par rapport à la force de gravité, le *gel* de la matière cosmique (c'est-à-dire son passage à des états de grande stabilité) passe par la formation et l'échauffement des embryons stellaires.

Échauffement qui, à son tour, entraîne le *gel* de la matière par rapport à la force nucléaire. En amorçant la pompe du *puits gravitationnel,* les étoiles amorcent également la pompe du *puits nucléaire.*

Sans l'information nucléaire, engendrée au moment de la nucléosynthèse primordiale, les étoiles existeraient, mais elles seraient de bien courte durée. Sans l'information gravitationnelle, créée au moment de l'émission du rayonnement fossile, l'énergie nucléaire serait inutilisable faute de creusets appropriés.

Le présent est inédit

Résumons-nous. Les structures échelonnées sur la pyramide de la complexité doivent leur cohésion à l'existence des *forces* de la nature. Mais, pour créer la variété et la diversité, l'action de ces forces doit s'exercer dans des conditions de *déséquilibre*. Les cristaux de neige nous en ont fourni un bel exemple.

Ces déséquilibres proviennent du fait que l'univers aujourd'hui est dans un état de *surfusion* par rapport aux grandes forces structurantes.

On pourrait dire que la source de l'information cosmique réside dans le fait que la matière, bien que *soumise* aux forces naturelles, n'y a que *très partiellement succombé*. Au long des ères, elle y succombe progressivement mais avec des retards considérables.

Loin de se réduire, ces retards s'accroissent avec le temps. Avec eux s'éloignent indéfiniment ces états de stabilité maximale que Lévi-Strauss caractérise par les mots « inertie définitive ».

Hors du contexte d'équilibre, les résultats des événements de la nature sont *partiellement imprévisibles*. De là émerge l'*inédit* du présent.

Le nouveau est irréversible

Lorsqu'un événement se produit quelque part, l'entropie de l'univers ne diminue pas. Mais, en certains cas, elle n'augmente pas non plus.

Imaginons de filmer le mouvement annuel de la Terre autour du Soleil. Au centre de l'image : le Soleil ; plus loin : l'orbite parcourue majestueusement par notre planète. Maintenant, projetons cette bande filmée sans dire aux spectateurs si on la fait passer à l'endroit ou à l'envers (c'est-à-dire en commençant par la fin du film ; cf. *fig 9a*).

Dans la version normale, la Terre tourne dans un sens ; dans la séquence inversée, elle tourne dans l'autre sens. Mais les deux mouvements sont possibles ; d'où la difficulté de décider du sens de la projection.

En d'autres mots, le mouvement de la Terre est réversible. On dira que la « flèche du temps » n'est pas inscrite dans le mouvement. *Dans ces conditions, il n'y a pas d'augmentation nette de l'entropie de l'univers.*

L'expansion de l'univers est-elle réversible ? Une phase de contraction serait possible. Au lieu d'un rougissement des galaxies lointaines, l'astronome Hubble, en 1925, aurait observé un « bleuissement ». Mais, *a priori,* ni lui ni Einstein dix ans plus tôt n'auraient pu prévoir le sens du mouvement cosmique.

Tous les événements réversibles ont en commun de ne pas créer de nouveau : *le passé et le futur sont interchangeables.*

L'expansion est réversible, mais *les conditions qu'elle impose à la matière sont la source de l'irréversibilité et du nouveau dans la nature.* En provoquant l'avènement des déséquilibres, elle introduit l'irréversibilité et, en conséquence, rend possible la croissance de la complexité et de la variété dans l'univers.

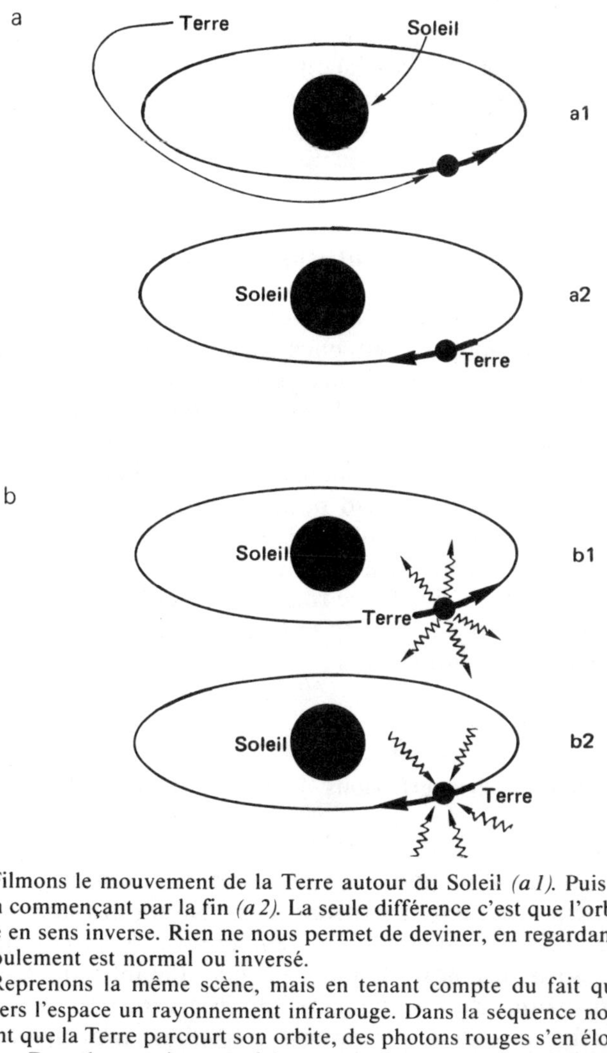

Fig. 9.

a) Filmons le mouvement de la Terre autour du Soleil *(a 1)*. Puis passons le film en commençant par la fin *(a 2)*. La seule différence c'est que l'orbite est parcourue en sens inverse. Rien ne nous permet de deviner, en regardant le film, si le déroulement est normal ou inversé.

b) Reprenons la même scène, mais en tenant compte du fait que la Terre émet vers l'espace un rayonnement infrarouge. Dans la séquence normale *(b 1)*, pendant que la Terre parcourt son orbite, des photons rouges s'en éloignent vers l'espace. Dans le sens inversé *(b 2)*, ces photons *convergent de l'espace vers la Terre*: situation extrêmement improbable. Il serait facile d'identifier le passage normal.

C'est le déséquilibre thermique entre la Terre (à 300 degrés absolus) et l'espace (à 3 degrés absolus) qui permet cette identification. L'expansion, en provoquant ce déséquilibre, inscrit dans l'univers la « flèche du temps ».

La « flèche du temps » est inscrite dans l'univers par l'expansion et les déséquilibres que celle-ci provoque. Pour illustrer la situation, revenons sur l'exemple précédent : pour le physicien du siècle passé, le mouvement de la Terre autour du Soleil est l'exemple type de la réversibilité des mouvements de la nature. Mais regardons-y de plus près :

La terre émet un rayonnement infrarouge vers l'espace. Dans la séquence réelle du mouvement orbital autour du Soleil, ces photons vont *de la Terre vers l'espace* ; dans la séquence inversée, des photons infrarouges *partent de l'espace pour se diriger vers la Terre* (cf. *fig. 9b*). De ce point de vue, les séquences ne sont nullement équivalentes. On les discerne facilement.

Pourquoi ? Simplement parce que l'espace extragalactique est trop froid pour émettre des photons infrarouges vers notre planète. Ce déséquilibre thermique est une conséquence directe de l'expansion de l'univers. Cet exemple illustre le rôle fondamental de l'expansion par rapport au sens du temps et à l'émergence du nouveau dans l'univers.

L'origine des surfusions

Ainsi allons-nous de question en question. L'avènement d'états de surfusion nous est apparu comme une condition essentielle de l'émergence de la complexité. Insatiables, nous demandons maintenant : qu'est-ce qui provoque ces avènements ? Je le dis tout de suite, nous n'avons que des réponses partielles, incomplètes. Le lecteur restera sur sa faim.

Les échelles de temps, ici, sont les données cruciales. Pourquoi l'expansion est-elle si rapide ? Plus exactement : pourquoi les réactions entre les particules qui, au début, sont plus *rapides* que le refroidissement (entretenant ainsi l'équilibre) deviennent-elles ensuite plus *lentes* que ce refroidissement, instaurant ainsi des phases de surfusion ?

Les *temps de refroidissement,* d'une part, et les *durées des réactions* entre les particules, d'autre part, sont gouvernés par des facteurs fort différents.

Qu'est-ce qui détermine le mode de l'expansion et du refroidissement ? C'est l'effet de la force de gravité (à l'échelle universelle) sur la matière cosmique.

La théorie de la relativité générale d'Einstein nous en donne la meilleure explication. Selon cette théorie, la matière influence la *géométrie* de l'espace. La vitesse d'expansion et le refroidissement qui résultent de cette influence sont proportionnels à la *quantité de matière et d'énergie dispersées dans l'espace.*

D'autre part, les vitesses de réaction entre les particules sont gouvernées par l'intensité des forces nucléaires et électromagnétiques. C'est donc au niveau d'une *confrontation* entre la force de *gravité* (qui gouverne le mode d'expansion) et les forces *nucléaires et électromagnétiques* (qui gouvernent les durées de réactions) qu'on pourrait espérer trouver les réponses à nos questions *(appendice 2).*

Depuis plusieurs années, les physiciens s'affairent à établir une *théorie unifiée* des forces de la nature. C'est-à-dire à montrer comment les quatre forces sont, en fait, des manifestations différentes d'une force *unique,* sous-jacente à tous les phénomènes de la nature.

Une telle théorie devrait, en principe, spécifier les rapports d'intensité entre les forces (telles qu'elles se présentent à nous) et ainsi expliquer l'avènement des phases de surfusion.

Si des résultats spectaculaires ont été obtenus quant aux relations entre les forces nucléaires et l'électromagnétisme, la jonction avec la gravité est encore du domaine des espérances.

Elle repose vraisemblablement sur la solution d'un problème très difficile. Aujourd'hui, nous savons très bien décrire le comportement de la matière et de la lumière. Cette connaissance est incorporée dans la « théorie quantique ». Mais cette théorie cesse de fonctionner convenablement si ces atomes et cette lumière se trouvent dans un champ de gravité très intense. Par exemple, aux abords d'un trou noir ou dans les temps les plus reculés de l'univers. Personne, jusqu'ici, n'a pu formuler une *théorie quantique de la gravité.*

Cette carence de la physique limite singulièrement notre exploration de la réalité. En particulier, elle nous enlève toute possibilité d'expliquer l'avènement des phases de surfusion. Dommage...

Voilà où nous en sommes. Les forces naturelles, telles que nous les connaissons, transforment tôt ou tard les phases d'équilibres qui régnaient au début de l'univers (limbes cosmiques) en déséquilibres de longue durée.

Ces déséquilibres se traduisent par des phases superposées de surfusion nucléaire, gravitationnelle et électromagnétique. Si la physique contemporaine n'explique pas l'existence de ces phases, elle nous montre à l'évidence que, sans elles, nous ne serions pas en train d'en chercher l'origine.

8. D'étranges coïncidences

RÉSUMÉ DE LA PISTE ROUGE (p. 141 à 163)

Le physicien sait inventer des univers théoriques. Il fait l'hypothèse que les « données initiales » de l'univers (température, densité, homogénéité, mode d'expansion) aussi bien que les nombres qui spécifient les lois de la physique pourraient être choisis arbitrairement. Qu'en d'autres mots, on pourrait leur assigner des valeurs différentes de celles qu'elles ont dans notre monde.

Il calcule l'évolution et arrive à la conclusion que, dans la quasi-totalité des cas possibles, de tels univers seraient stériles, incapables de gravir les échelons de la complexité.

[Le début du chapitre est en piste rouge.]

Dans un élan d'enthousiasme, l'écrivain Bernardin de Saint-Pierre écrivait : « ... les melons, divisés par côtes, ... sont destinés à être mangés en famille. » Pour le taquiner, ses amis ajoutaient : « Et les grands fleuves ont été tracés pour amener l'eau dans les grandes villes... »

L'homme est-il le centre et le but de l'univers ? Vieux débat, sans cesse remis sur le tapis. La notion d'*anthropocentrisme,* maintes fois valorisée, aussi souvent rejetée, piétinée et ridiculisée, remonte régulièrement à la surface, nimbée de connotations religieuses et mystiques *(NL 26).*

En découvrant l'immensité de notre cosmos, la science moderne, du moins serait-on tenté de le croire, écarte définitivement les prétentions de l'être humain. Nous habitons une planète minuscule, en orbite autour d'une étoile banale, à la périphérie d'une galaxie ordinaire, parmi des milliards d'autres galaxies.

Or, précisément, ce sont les études cosmologiques elles-mêmes qui ramènent aujourd'hui, dans la littérature scientifique, ce sujet litigieux, sous le nom de *principe anthropique.*

Tout commence avec l'observation du mouvement des galaxies, par l'astronome Hubble, vers 1920-1930. Loin de se déplacer au hasard dans toutes les directions, elles participent à un vaste mouvement d'ensemble qui les éloigne inexorablement les unes des autres. Par rapport à nous, les plus lointaines s'en vont à la vitesse de la lumière. De là émerge l'idée d'un *horizon cosmologique,* c'est-à-dire d'une distance au-delà de laquelle les galaxies ne nous sont plus visibles.

Cet horizon se situe à environ quinze milliards d'années-lumière. L'année-lumière (dix mille milliards de kilomètres) est, comme le mètre ou le pied, une unité *conventionnelle.* Utilisons plutôt une unité de longueur plus *naturelle,* comme par exemple le rayon du proton (soit 10^{-13} centimètre).

L'astronome anglais Eddington remarque, vers 1930, que si on mesure la distance de l'horizon cosmologique en unités de « rayons du proton », on arrive à un nombre qui a déjà fait parler de lui dans un autre contexte. Ce nombre : à peu près 10^{40} (un, suivi de quarante zéros), est bien connu des physiciens.

Dans un atome d'hydrogène, deux forces différentes s'exercent entre l'électron et le proton : la force électromagnétique et la force de gravité. La première est beaucoup plus puissante que la seconde. Le rapport d'intensité de ces deux forces est d'environ 10^{40}, voisin du rapport des distances évoquées précédemment.

J'emploie ici l'expression *voisin de* pour signifier que, même si ces nombres ne sont pas égaux, ils sont *semblables,* et que, à l'échelle des grandeurs dont nous parlons, la ressemblance est plus importante que la différence. On discute ici sur une base *d'ordre de grandeur.*

Ce n'est pas tout. Grâce à nos connaissances astronomiques, on peut évaluer, au moins approximativement, le nombre de nucléons qui existent à l'intérieur de cet horizon cosmologique. On arrive à 10^{80}, soit le *carré* de 10^{40}.

On peut supposer qu'il s'agit là de pures coïncidences, d'une numérologie sans intérêt. Peut-être. Mais si ça n'est pas le cas ? On risque d'ignorer un filon précieux. L'alternative ouvre la possibilité d'une connexion entre l'infiniment grand et l'infiniment petit, entre la cosmologie et le monde des atomes. Cela vaut bien qu'on s'y arrête un instant...

Plusieurs grands esprits de notre siècle se sont intéressés à cette question fascinante. On peut la reprendre sous un angle différent, peut-être plus fructueux. Mesurons cette fois l'*âge* de l'univers en une unité naturelle de temps : *le temps que met la lumière pour traverser un proton.*

On retrouve à nouveau 10^{40}. Il ne s'agit pas d'une nouvelle coïncidence, mais d'une façon différente d'exprimer le rapport entre la distance cosmologique et la dimension atomique (l'horizon s'éloigne de nous à la vitesse de la lumière).

Mais l'âge de l'univers change... Cette coïncidence ne peut donc qu'être momentanée. Aujourd'hui, cet âge, exprimé en unités de temps atomique, est égal au rapport d'intensité des deux forces de la nature. Forcément, il n'en était pas ainsi dans le passé.

Mais si les forces de la nature *changent avec le temps,* alors il en était peut-être ainsi... C'est l'idée que le physicien anglais Dirac présente vers 1938. Supposons, dit-il, que la force de gravité ait été plus intense dans le passé, de telle sorte que le rapport des forces ait *toujours été* égal à l'âge de l'univers (exprimé en unités naturelles).

Cette hypothèse, fort élégante, est malheureusement insoutenable. On montre que si, dans le passé, la gravité était plus puissante, alors le Soleil, à sa naissance, devait être *plus chaud* qu'aujourd'hui. La persistance de la vie terrestre, depuis quatre milliards d'années, est incompatible avec l'hypothèse d'un tel réchauffement. D'autres études, déjà mentionnées dans les pages précédentes (p. 106), ont montré la grande *constance* des forces de la nature au moins depuis les premières minutes de l'univers.

Vers les années 1950, le physicien Dicke découvre une piste beaucoup plus intéressante. « L'être humain, fait-il remarquer, est un nouvel arrivant dans l'univers. » La fabrication des atomes et des molécules qui le constituent est un processus de longue durée. Il faut plusieurs milliards d'années d'évolution cosmique pour engendrer un cerveau capable d'observer l'univers et de poser des questions.

L'âge de l'univers n'a pas toujours été égal aux rapports d'intensité des forces gravitationnelles et électromagnétiques ; mais, dans le passé, il n'y avait personne pour les comparer...

Dicke montre que le temps (en unités naturelles) requis pour l'apparition de ce cerveau pensant est *voisin* de ce rapport d'intensité. Ainsi l'homme revient sur la scène cosmologique tout simplement parce que *l'univers devient observable quand il y a quelqu'un pour l'observer.* Cette piste nous sera d'un grand secours dans nos pérégrinations à venir.

Le mur de Planck

Le physicien, qui veut étudier le lointain passé de l'univers, se met en route comme les explorateurs. Pour *guide,* il utilise les *théories de la physique.* Pour marquer les *étapes,* il dispose des *observations cosmologiques :* le mouvement de récession des galaxies, le rayonnement fossile, les populations relatives des atomes et des particules.

« Raconte-nous ce que tu as vu et entendu », demandait-on à Marco Polo rentrant de son périple asiatique, « et surtout pas de mensonge, tu reviens de loin. » En toute rigueur, tout ce que l'astrophysicien-explorateur peut affirmer, c'est que l'univers, dans le passé, était plus *dense,* plus *chaud,* plus *désorganisé* qu'aujourd'hui.

Demandons-lui : quelle est la température la plus élevée atteinte jadis par la matière cosmique ? Pour expliquer l'existence du rayonnement fossile, il faut supposer que cette matière a été portée à plusieurs *milliers* de degrés. Pour rendre compte des populations relatives d'hydrogène et d'hélium, il faudra faire appel à des *milliards* de degrés. Il peut aller jusqu'à 10^{28} degrés, s'il veut trouver une explication à l'absence d'antimatière *(N 27)* dans le ciel, dans le cadre des théories d'unification des forces de la nature (p. 139). Mais *il ne peut rien dire* au sujet de températures qui dépasseraient 10^{32} degrés. Pourquoi ?

Parce que, tel que mentionné page 140, *nous ne savons pas décrire le comportement des atomes et de la lumière dans un champ de gravité très intense.* Ce problème a été signalé pour la première fois par le physicien allemand Max Planck. Ces conditions litigieuses où nos théories physiques perdent pied sont atteintes quand la matière arrive à la température de 10^{32} degrés, appelée *température de Planck.* C'est l'extrême *densité* du rayonnement émis à cette température qui engendre ce champ de gravité démesuré.

Pour aller encore plus loin dans le passé, il faudrait une théorie quantique de la gravité. Cette théorie est encore à écrire. Ces conditions marquent, pour l'explorateur, les limites de son périple, *le mur de l'ignorance.* Le mur de Planck nous cache le passé plus lointain encore, nous empêche de voir ce qu'il y avait « avant ».

Pour cette raison, on ne peut pas, *en toute rigueur,* parler d'un « début de l'univers » ou d'une « création de la matière ». Il s'agit là d'expressions imagées, très utilisées aujourd'hui dans la littérature, mais dont il faut bien reconnaître qu'elles *ne sont pas* étayées sur une argumentation scientifique rigoureuse.

L'univers, à cette époque, se « planque » derrière le mur de Planck. Dans notre chronologie conventionnelle, ce mur nous servira de « temps zéro ». Les âges seront mesurés à partir de là. Mais, rappelons-le, nous sommes bien incapables d'affirmer qu'il s'agit d'un début...

La flèche de Guillaume

Devons-nous, devant cette difficulté, abandonner notre exploration et attendre (combien de temps ?) que le problème soit résolu ? Nous adopterons plutôt une autre démarche, bien connue des physiciens : la méthode des *données initiales.* C'est une excellente façon de contourner notre ignorance.

Un archer se prépare à lancer une flèche. Un physicien désire calculer, à l'avance, la forme de la trajectoire parcourue par ce projectile. Pour cela, il lui faut *deux* types de renseignements. D'une part, la connaissance des *lois* de la physique qui régissent le mouvement. (Dans le cas présent, il s'agit de la loi de gravitation de Newton : la Terre attire la flèche.) D'autre part, il lui faut encore les *données initiales* du lancer : l'inclinaison que l'archer donne à sa flèche, la tension qu'il imprime à la corde.

Ces deux types de renseignements sont de nature bien différente. Les lois de la physique représentent une réalité *fondamentale* et, en principe, immuable de l'univers. Les modalités du lancement sont, au contraire, tout à fait *anecdotiques*. Elles dépendent d'une décision arbitraire de l'archer. Pourtant, pour calculer la trajectoire de la flèche, ces renseignements sont également *indispensables*.

On pourrait imaginer que la décision de l'archer ne soit qu'*en apparence* arbitraire. Qu'une connaissance plus approfondie de son histoire personnelle et de sa psychologie nous permette de prévoir, sans erreur, la direction et la vitesse imprimées à la flèche. En ce cas, les données initiales relèveraient elles-mêmes d'*autres facteurs, d'autres lois* que, dans notre ignorance, nous choisissons de négliger.

Énonçons le problème d'une façon un peu différente : la flèche, lancée, a parcouru sa trajectoire et s'est enfoncée dans une pomme située sur la tête d'un enfant dont le père se nomme Guillaume...

Notre physicien observe, cette fois, la fin de la trajectoire. Il mesure l'angle d'arrivée de la flèche dans la pomme. Par la pensée, il peut inverser le cours du temps et calculer les données initiales. Il connaîtra alors, sans les avoir observés, l'angle de départ et la vitesse de la flèche. S'il ne connaît pas les récits traditionnels du folklore suisse, peut-être pensera-t-il qu'il s'agit, de la part de l'archer, d'un lancer parfaitement arbitraire.

Les « données initiales » de l'univers

La flèche de Guillaume illustre pour nous plusieurs aspects de notre problème. Dans notre ignorance des lois qui, derrière le mur de Planck, gouvernent le fluide cosmique, demandons-nous quelles devaient être les propriétés de la matière cosmique, en ces temps reculés, pour que, grâce à l'évolution, l'univers prenne aujourd'hui le visage que nous lui connaissons.

En fait, bien sûr, ces propriétés ne sont pas arbitraires. On devrait pouvoir en trouver l'explication, peut-être en termes d'événements encore antérieurs qui, pour l'instant, échappent à notre entendement. D'où notre choix de les négliger.

La sphère de causalité

Grâce à Einstein et à la théorie de la relativité, nous savons qu'aucune particule ne peut être accélérée à une vitesse supérieure à la vitesse de la lumière (300 000 kilomètres par seconde). Cette limite s'applique également à la propagation des « messages » entre différentes parties de l'univers, puisque ces messages se transmettent par des particules en mouvement.

On appellera *horizon cosmologique* d'un observateur ou d'une particule la distance maximale de laquelle il peut avoir reçu des messages. Il est insensible à des émetteurs (ou *causes*) situés au-delà d'une sphère, dite de *causalité,* dont l'horizon est la surface *(N 28).*

Cette sphère, naturellement, croît avec le temps. Plus le temps passe, plus nous sommes en mesure de recevoir des messages venus de loin *(N 29).*

Quand, en se combinant, les électrons et les protons de la purée primitive émettent le rayonnement fossile (quatrième chapitre), l'horloge cosmique marque un million d'années. La sphère de causalité de ces particules est d'environ un million d'années-lumière. Cette sphère est *infime* par rapport aux dimensions d'aujourd'hui. Les photons qui nous arrivent de différentes régions du ciel ont été émis par des atomes *qui n'étaient pas en contact les uns avec les autres.*

D'où la question à mille francs : pourquoi ont-ils très exactement la même température et comment sont-ils parvenus à une « unanimité » aussi parfaite ?

Depuis quelques années, ce problème épineux de la cosmologie moderne est l'objet de tentatives d'explications variées. On a fait appel à des « phases inflationnaires » où des phénomènes de « surfusion » jouent un rôle fondamental *(N 30).*

Les résultats de ces démarches demeurent, à mon avis, bien peu satisfaisants. La question reste posée : comment expliquer la *coïncidence* que représente l'uniformité, au-delà des sphères de causalité, des températures du rayonnement fossile ? Une nouvelle coïncidence à ajouter à notre collection.

Géométrie de l'univers

> « Le monde... est une sphère infinie dont le centre est partout, la circonférence nulle part. »
>
> PASCAL.

Dans cette section, nous nous intéresserons à la vitesse des galaxies, c'est-à-dire au taux d'expansion de l'univers. Les ingénieurs en astronautique savent que, pour lancer une fusée hors de l'attraction terrestre, il faut lui donner une vitesse initiale supérieure à *onze* kilomètres par seconde. Si on lui en donne moins, elle retombe sur la Terre. Si on lui en donne plus, elle s'éloigne indéfiniment.

Onze kilomètres par seconde, c'est pour la Terre la *vitesse d'échappement*. La Lune, moins massive, a un champ de gravité plus faible. Les cosmonautes y font des bonds de trois mètres. Sa vitesse d'échappement est de deux kilomètres par seconde. Chaque planète, chaque étoile a la sienne propre.

De même que la fusée est attirée par la planète d'où elle est lancée, et cette attraction ralentit graduellement son ascension ; de même, chaque galaxie est attirée par l'ensemble des autres galaxies et, par cette attraction collective, son mouvement est ralenti. Si les galaxies sont suffisamment rapides les unes par rapport aux autres, elles prolongeront indéfiniment leur récession mutuelle. On parle alors d'un *univers ouvert*. Sinon, après une période d'éloignement, leur mouvement s'inversera. Elles reviendront les unes vers les autres, comme la pierre qui retombe au sol. C'est le cas d'un *univers fermé*.

Le mouvement d'éloignement des galaxies s'accompagne d'un refroidissement progressif de l'univers. Si le mouvement devait un jour s'inverser (univers fermé), une période d'échauffement succéderait à la phase actuelle et nous ramènerait au brasier initial.

Qu'en est-il de notre univers ? Voici un premier résultat solidement étayé par les observations : la vitesse d'expansion des galaxies est *voisine* de leur vitesse d'échappement (au sens défini plus haut).

Est-elle plus élevée ou plus faible ? Les données actuelles indiquent (second résultat) qu'elle est *légèrement supérieure*, c'est-à-dire que les galaxies vont s'éloigner indéfiniment.

Si j'ai tenu à distinguer ces deux résultats, c'est pour signaler que le second n'est pas aussi bien établi que le premier. Précisément parce que la vitesse d'expansion diffère *si peu* de la vitesse d'échappement. C'est la nouvelle *coïncidence* qui va maintenant retenir notre attention.

La même coïncidence peut s'exprimer en termes de *densité moyenne* de l'univers. Dans un monde où la densité serait très grande, l'attraction mutuelle des galaxies serait très forte (la vitesse d'échappement serait élevée comme sur une planète massive) et le renversement de l'expansion en contraction se produirait rapidement (univers fermé).

Si, au contraire, la densité était faible, la gravité n'arriverait pas à stopper l'expansion (univers ouvert).

Le cas intermédiaire se produirait dans un cosmos où la vitesse d'expansion serait *strictement égale* à la vitesse d'échappement. On parle alors de *densité critique*. Dans ce cas, les galaxies ralentissent progressivement ; leur vitesse tend vers zéro sans jamais revenir en arrière.

On peut calculer quelle serait cette densité critique à la date d'aujourd'hui (elle change avec le temps). On obtient une densité d'environ *dix* nucléons (protons ou neutrons) par mètre cube (c'est-à-dire l'équivalent de la masse de dix protons dans un volume de un mètre cube).

Quelle est la densité réelle ? Les galaxies et leurs étoiles ont une densité moyenne d'environ *deux* nucléons par mètre cube. Mais, à ces objets *visibles,* il faut peut-être ajouter la contribution de matières inconnues, sous forme, par exemple, de particules exotiques qui échapperaient encore à nos détecteurs. Comment savoir ?

On le peut... Toute matière, visible ou invisible, connue ou inconnue, ralentit les galaxies. On pourrait, en mesurant cette décélération, évaluer la densité totale du cosmos.

Mais le ralentissement des galaxies est faible, si faible qu'on n'a jamais pu le mettre en évidence. Ce fait est lui-même significatif. Il nous permet de fixer une *limite supérieure* à cette densité totale de l'univers. On estime qu'elle est, en tout état de cause, inférieure à *vingt* nucléons par mètre cube. Si elle était supérieure à cette valeur, on *observerait* la décélération des galaxies.

Vraisemblablement proche de deux nucléons par mètre cube, certainement inférieure à vingt, la densité réelle est, certes, voisine de la densité critique (dix protons par mètre cube). Voilà l'expression de la nouvelle coïncidence.

Posons-nous la question suivante : quel est le nombre de protons inclus dans un univers dont la dimension est de quinze milliards d'années-lumière (c'est-à-dire 10^{40} unités atomiques de temps, voir p. 142) et dont la densité est égale à la densité critique ?

Réponse : environ 10^{80}, soit, rappelons-le, le carré du rapport d'intensité des forces électromagnétique et gravitationnelle. Nous avons là l'explication d'une coïncidence notée à la page 143. *Elle signifie que notre univers a, à peu près, la densité critique.*

Si la densité réelle est, aujourd'hui, voisine de la densité critique, on montre par calcul que ces deux densités étaient encore *plus rapprochées* dans le passé. Au moment de l'émission du rayonnement fossile, la densité réelle différait de la densité critique par moins d'une partie pour mille ! Et, au moment de la nucléosynthèse primordiale, par moins d'une partie dans un milliard de milliards ! Ici l'expression « voisin de » prend tout son sens...

Pour le lecteur habitué aux subtilités de la géométrie, ajoutons que la situation peut encore s'exprimer en termes de *courbure de l'espace-temps.* Si la densité est *supérieure* à la densité critique, la courbure est positive, à l'image de la *sphère* dans un espace à trois dimensions *(fig. 10).*

Une densité inférieure à la densité critique impose à l'espace une courbure négative, comme celle d'une *selle de cheval.* Le cas intermédiaire de la densité critique (vitesse d'expansion égale à la vitesse d'échappement) correspond à une courbure nulle : une géométrie plane.

Notre discussion indique que la géométrie actuelle de l'univers est quasi plane, vraisemblablement légèrement négative. Dans le lointain passé, elle était extrêmement voisine de la planitude absolue.

Cette longue et difficile section nous a apporté des renseignements sur les données initiales de l'univers. L'univers antique était *extrêmement isotherme,* et sa vitesse d'expansion était extrêmement voisine de la vitesse d'échappement. Autrement dit, sa densité était *extrêmement* voisine de la densité critique. Autrement dit, sa géométrie était *extrêmement* plane. Pourquoi tous ces « extrêmes » dans le choix des données initiales ?

Des univers jouets

Munis de nos équations et de nos ordinateurs, nous pouvons nous amuser à calculer l'évolution suivie par l'univers si les données initiales avaient été différentes. Des espèces d'univers jouets.

La flèche de Guillaume nous servira à illustrer la situation. Quelles doivent être, au départ, la vitesse et la direction de la flèche pour que, à l'arrivée, elle s'enfonce dans la pomme ? Quelles doivent être les données *initiales* d'un univers pour qu'il engendre la diversité et la complexité ? Rappelons que ces données devraient, en principe, être considérées comme résultant d'événements encore antérieurs, situés derrière *le mur de l'ignorance* (p. 145).

Comment se développeront nos univers jouets ? Quel y sera l'état de la matière ? Seront-ils en expansion, en contraction, stationnaires ? Combien de temps dureront-ils ? Des galaxies pourront-elles s'y former ? Des étoiles ? La nucléosynthèse stellaire va-t-elle y engendrer nos atomes familiers ? Y aura-t-il des planètes avec des océans, des réactions chimiques ? La vie, l'intelligence, la conscience vont-elles s'y développer ? Y aura-t-il des gens pour poser des questions ?

Ne dissimulons pas ici une hypothèse contestable : *nous associons l'intelligence à l'activité biochimique des molécules géantes composées d'hydrogène, de carbone, d'oxygène, etc.* Plusieurs auteurs ont envisagé la possibilité que la vie puisse apparaître dans des structures entièrement différentes comme, par exemple, des formes cristallines ou des nuages moléculaires.

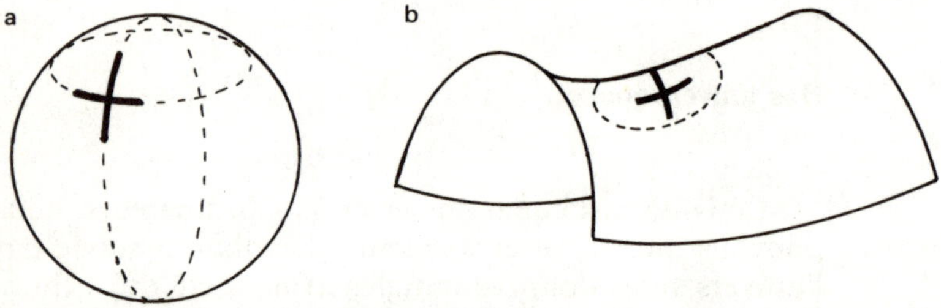

Fig. 10. Traçons deux lignes perpendiculaires à la surface d'une sphère (a). Ces deux tracés sont incurvés dans la même direction : vers le centre de la sphère. On parle alors d'une courbure positive. La surface de la sphère se referme sur elle-même, elle est de dimension finie.

Sur une selle de cheval ou sur un col de montagne (b), les deux tracés perpendiculaires sont incurvés en direction opposée. On parle alors d'une courbure négative. La surface ne se referme pas sur elle-même, elle est de dimension infinie.

Si la densité de l'univers est supérieure à la densité critique, la courbure de l'espace-temps est positive comme celle de la sphère. Le volume de l'univers est fini.

Si la densité est inférieure, la courbure est négative et le volume est infini. Si la densité est égale à la densité critique, la courbure est nulle et l'univers est infini.

Attention aux analogies : la surface de la sphère est à deux dimensions ; le volume d'espace-temps est à quatre dimensions. Pour poursuivre la comparaison, comme la surface de la sphère ou de la selle (à deux dimensions) s'incurve dans une troisième dimension, le volume d'espace-temps devrait s'incurver dans une cinquième dimension.

Ces hypothèses rencontrent des difficultés importantes. Une caractéristique essentielle des êtres vivants est la capacité non seulement de *stocker* d'immenses quantités d'informations, mais aussi de rendre cette information *disponible rapidement*. Pour vivre et survivre, il faut réagir vite et bien.

Personne, jusqu'ici, n'a montré comment des cristaux ou des nébuleuses pourraient disposer d'une telle rapidité d'action. De toute façon, l'hypothèse des cristaux vivants implique la formation *préalable* d'atomes aptes à s'insérer dans une maille cristalline. D'où, à nouveau, la nécessité d'engendrer d'abord des galaxies et des étoiles pour fabriquer ces atomes. (On peut incidemment se demander, supposant que de tels cristaux vivants soient possibles, pourquoi n'en observons-nous jamais ?)

Pour ces diverses raisons, je m'en tiendrai, dans cette discussion, à la *voie biochimique* de la conscience ; la seule qui, pour nous, ait fait ses preuves.

Nos univers jouets vont nous réserver bien des surprises. En résumé, on découvrira que des altérations, *même faibles,* par rapport aux données initiales de notre univers réel, suffisent à les rendre *stériles,* incapables d'engendrer les atomes qui s'associent en molécules organiques.

Voyons d'abord la persistance dans le temps. Elle dépend de la *densité* de l'univers. Nous avons abordé déjà la notion de densité critique (p. 151) au-dessus de laquelle l'expansion ne dure qu'un certain temps, pour se transformer en une contraction et un écrasement.

Pour faire nos calculs, il faut d'abord choisir un ensemble de données initiales, comme, dans l'histoire de Guillaume, la direction et la vitesse de la flèche. Imaginons de les tirer « au hasard ».

Pour presque tous les choix, les durées des univers seront *très brèves*. Une seconde ou moins encore... Aucune étoile n'aura le temps de s'y former. Et, en conséquence, aucun atome de carbone, d'azote ou d'oxygène, si essentiels à notre biochimie. (De la même façon, une flèche lancée au hasard a bien peu de chances de pénétrer la pomme...)

Les univers dont la densité serait inférieure à la densité critique ne rencontreraient pas le problème de la brièveté. Leur durée serait (en principe) infinie. Mais dans la quasi-totalité des cas, la puissance du bulldozer thermique serait telle *qu'aucune condensation ne pourrait s'y amorcer, qu'aucune étoile ne pourrait s'y former (N 31).*

Pas d'étoile, donc pas d'atome et surtout pas de source de rayonnement de longue durée pour veiller à la naissance de la vie.

Seul un univers, où la densité initiale est *très précisément égale* à la densité critique, peut à la fois engendrer des étoiles nourricières *et* durer suffisamment longtemps pour héberger les évolutions nucléaires, chimiques et biologiques que la vie requiert. Il faudra compter en milliards d'années...

Cette *densité fertile* correspond, à l'origine, à un univers dont l'espace ne possède aucune courbure, dont la géométrie est *extrêmement plane.* Voilà la condition initiale qu'il faut imposer à nos univers jouets pour leur donner la possibilité d'engendrer un observateur.

Les propriétés de l'univers

L'homme antique n'a aucune notion de la dimension réelle du monde. Le ciel se présente à lui comme une sphère creuse où circulent planètes et étoiles. Les astronomes de la Renaissance crèvent la sphère. L'être humain prend progressivement conscience des dimensions de l'univers qu'il habite. Se découvrant poussière infime dans un volume gigantesque, l'immensité silencieuse l'accable.

Pourquoi l'univers est-il si grand ? Les conditions initiales essentielles à l'émergence de la complexité impliquent que le cosmos se déploie pendant des milliards d'années. *Et qu'en conséquence, le volume de l'univers observable (l'horizon cosmologique) se mesure en milliards d'années-lumière !* Un monde de proportions plus modestes n'aurait jamais pu engendrer un observateur qui s'étonne de ces dimensions.

La ville de San Diego en Californie possède un jardin zoologique si grand qu'une gazelle en liberté dans le parc n'en rencontre pratiquement jamais les frontières. Elle vit et s'épanouit comme dans sa savane natale. Le parc, évidemment, offre ces conditions naturelles à un grand nombre d'autres animaux, qui profitent, chacun à leur façon, de ce territoire immense.

Ainsi, me semble-t-il, un univers assez grand pour donner naissance à *une* civilisation peut en héberger *plusieurs.* Ce qui est bon pour l'un ne nuit pas nécessairement aux autres.

Le rayonnement fossile nous montre un univers parfaitement isotherme au moment où notre horloge cosmique marque le premier million d'années. Cette isothermie, qui a posé pour nous le problème de la causalité, nous apprend que la purée cosmique était extrêmement *homogène* à grande échelle. Là aussi, nous sommes passés près de la catastrophe. Des condensations importantes, sous forme par exemple de trous noirs géants dispersés ici et là dans l'espace, auraient profondément altéré le cours de l'évolution cosmique et la formation des corps célestes qui nous sont familiers *(appendice 3).*

Homogène, oui, mais pas trop. Des galaxies se sont formées, comme des grumeaux, dans la purée cosmique. Pour cela, il fallait au départ des *graines de galaxies,* c'est-à-dire des petites *condensations de matière* qui ont agi comme des *centres de nucléation* (voir sixième chapitre). Sur le mode de naissance des galaxies, nous savons très peu de choses, sinon que l'univers initial possédait à la fois l'homogénéité à grande échelle et les condensations de matière à petite échelle qui assurèrent en leur temps la gestation galactique et stellaire *(N 32).*

Dans la section intitulée « Les chevaux du lac Ladoga » (p. 109), nous avons mis en évidence un autre facteur fondamental dans l'élaboration de la complexité cosmique. Il s'agit du *mode d'expansion* et de refroidissement de la matière cosmique. Nous lui devons la séquence des déséquilibres responsables de l'apparition de l'information nucléaires et gravitationnelle.

Les « constantes » de la physique

L'archer suisse peut, à sa volonté, altérer l'angle et la vitesse de sa flèche. Mais la loi de gravité, qui détermine l'influence de la Terre sur son projectile, échappe à son contrôle. L'intensité de cette influence est décrite par un paramètre numérique (un nombre) appelé, par les physiciens, la *constante G de la gravitaiton.*

La valeur de G a été mesurée expérimentalement. Elle est bien connue. Personne, pourtant, ne sait *pourquoi* elle a *cette* valeur plutôt qu'une autre. Pourra-t-on un jour l'expliquer dans un cadre théorique plus général ? On l'espère. Pour l'instant, son statut ressemble fort, pour nous, à celui des « données initiales ». On la prend comme elle est et on s'en sert pour calculer le mouvement de la flèche.

En plus de G, la constante de gravité dont il a été question plus tôt, il y a encore *c,* la vitesse de la lumière, *h,* la constante d'action de Planck (celui du mur), *e, m,* la charge et la masse de l'électron, etc. Ces paramètres ont été mesurés en laboratoire, quelques fois avec une très grande précision. Mais pourquoi la lumière voyage-t-elle à 300 000 kilomètres par seconde, plutôt que, par exemple, à 3 centimètres par minute ? Personne, jusqu'ici, n'en a la moindre idée.

Ainsi en est-il, en général, de l'ensemble des lois de la physique qui décrivent, localement, le comportement des particules. On peut considérer ces lois comme des données initiales, disons « microscopiques », à mettre en parallèle avec les données initiales macroscopiques (densité, température, homogénéité) utilisées auparavant dans nos calculs d'univers jouets. Les « explications » pourraient, dans les deux cas, se trouver derrière le mur de Planck.

Combien de *nombres,* ou paramètres numériques, faut-il pour décrire le cosmos ? Dans le cadre des théories présentes de la physique et de la cosmologie, il en faut plus d'une vingtaine. La situation est loin d'être satisfaisante.

Les physiciens cherchent à réduire ce nombre. C'est bien là l'espoir secret qui motive les *théories d'unification des forces.* « Unifier deux forces » consiste à montrer qu'elles représentent deux aspects d'une *même force,* et que, en conséquence, elles peuvent être décrites par un seul paramètre (au lieu de deux).

Dans cette quête, des résultats encourageants ont été obtenus ces dernières années. Une réunification partielle de la force électromagnétique avec la force nucléaire faible a reçu, en 1984, une confirmation éclatante par la détection de trois nouvelles particules appelées « bosons intermédiaires » au CERN de Genève.

La question se pose, bien sûr, de savoir jusqu'à quel point on pourra *réduire* le nombre de paramètres numériques requis pour spécifier le déroulement de l'univers. Dix ? Trois ? Un ?

Ou peut-être même *zéro,* s'il existe un *principe fondamental* à partir duquel on pourrait *calculer* ces nombres *(N 33).*

Mais d'un tel principe, s'il existe, nous sommes encore loin, très loin. En fait, nous ne savons même pas si nous avons inventorié tous les paramètres numériques de la physique.

Imaginons, par exemple, que les électrons et les quarks ne soient pas de vraies « particules élémentaires » (p. 59). Qu'ils soient eux-mêmes composés de particules plus intimes encore, dont il faudrait alors déterminer les propriétés : masses, charges, etc. D'où une nouvelle moisson de paramètres numériques à expliquer.

Ces nouvelles particules pourraient, elles-mêmes, être constituées d'*autres* éléments, comme ces poupées russes qui en hébergent toujours de plus petites en leur intérieur. La régression se poursuit-elle ainsi indéfiniment ? Bien malin qui peut répondre à ces questions.

Encore des coïncidences

Pour terminer ce chapitre, je voudrais mentionner deux éléments de la physique des forces qui, dans ce contexte, méritent notre attention.

Il existe, rappelons-le, deux espèces de force nucléaire : la « forte », qui lie les nucléons dans le noyau, et la « faible », qui transforme les protons en neutrons et vice versa. Dans cette section, nous nous intéresserons à la première et, pour la commodité du langage, l'expression « force nucléaire » sans autre spécification lui sera réservée.

La force nucléaire est beaucoup plus puissante que la force électromagnétique. Le rapport d'intensité, voisin de *cent,* joue un rôle fondamental dans la physionomie de notre monde. Il fonde la chimie et la biochimie. Il donne aux atomes et aux molécules leurs formes caractéristiques.

Au centre, un noyau massif, minuscule, puissamment soudé par la force nucléaire. A partir de ce noyau se déploient d'immenses (à cette échelle...) nuages électroniques, aux formes variées et biscornues, dont la souplesse et la versalité sont assurées par la faiblesse du lien électromagnétique qui les lie au noyau. Cette structure, hautement mobile et malléable, se prête aux innombrables combinaisons qu'exige l'activité des molécules organiques.

Dans l'esprit des chapitres précédents, reprenons nos calculs d'univers jouets. Nous avons pris le parti de considérer les « constantes de la physique » comme des données initiales. Imaginons de les varier.

Qu'arrive-t-il si on change le facteur de « cent » qui caractérise le rapport d'intensité des forces nucléaire et électromagnétique ? Avant de donner les résultats de cette enquête, il me faut introduire une note de prudence. La force nucléaire nous est encore mal connue, et les calculs restent incertains. Malgré tout, je les crois qualitativement valables.

Si on *augmente* la puissance du lien nucléaire, l'hydrogène, transmuté rapidement en noyaux lourds, *disparaît* de l'univers au moment de la nucléosynthèse primordiale et, avec lui, pratiquement toute l'information nucléaire (p. 124).

Des étoiles se forment, mais leur durée est brève faute de carburant pour assurer leur longévité. En quelques millions d'années, elles passent à l'état de cadavres stellaires, sans laisser à leurs planètes hypothétiques le temps d'accéder aux stades biologiques. Stades dont l'existence serait d'ailleurs sérieusement compromise par l'absence d'atomes d'hydrogène, un constituant essentiel des molécules géantes de la biochimie.

Dans l'autre sens, une diminution du lien nucléaire altère considérablement l'aspect de nos atomes familiers. De nombreuses espèces atomiques deviennent *radioactives*. La plupart disparaissent rapidement, par fission nucléaire, et ne sont plus disponibles à l'époque de l'évolution biologique. Bon nombre de noyaux qui survivent sont, à cause de leur radioactivité, impropres aux métabolismes des vivants.

Pour l'émergence de la complexité, le *facteur cent* est, indéniablement, un excellent choix.

Or, il semble que les théories unifiées des forces soient en mesure d'*expliquer* ce facteur cent. Depuis les premières minutes, les *forces* ne changent pas (p. 104). Mais aux températures antérieures (plus élevées), la situation était différente, même si les *lois* étaient les mêmes.

A des températures supérieures à mille milliards de degrés, la force nucléaire faible et la force nucléaire forte *faiblissent* progressivement. Cette diminution devient importante *avant la première milliseconde.* La force électromagnétique évolue d'une façon analogue, mais, à l'inverse de la force nucléaire, elle *gagne* de la puissance quand la matière s'échauffe.

Quand la température cosmique atteint environ 10^{28} degrés, la force électromagnétique et les forces nucléaires ont la *même intensité.* L'horloge cosmique marque alors 10^{-35} seconde.

Puis, par l'effet du refroidissement, elles se différencient progressivement ; les forces nucléaires *gagnant en intensité* par rapport à la force électromagnétique.

Nous avons donc la possibilité d'expliquer, de deux façons différentes, ce *facteur cent* entre la force nucléaire forte et la force électromagnétique.

Une première « explication » trouve sa source dans nos connaissances actuelles de la physique, grâce à une *théorie d'unification* encore spéculative, mais fort crédible, et qui pourrait bien être prochainement confirmée.

Une seconde « explication », très populaire aujourd'hui, est de type *a posteriori.* Dans un univers hypothétique où ce rapport aurait été différent, les molécules de la vie n'auraient apparemment pas pu se former et les organismes complexes venir au jour. Cette explication s'appuie sur l'énoncé du *principe anthropique* sur lequel nous allons bientôt revenir.

Un carbone rescapé de justesse

Je voudrais maintenant mentionner, en rapport avec la force nucléaire, une autre coïncidence qui n'en finit pas de fasciner les astrophysiciens. Cela se raconte comme une belle histoire.

Vers les années 1950, Fred Hoyle propose l'idée que les espèces chimiques se forment dans la chaleur des brasiers stellaires. Par captures successives, les nucléons s'associent pour donner naissance aux noyaux lourds qui plus tard deviendront des atomes. Quatre nucléons forment un hélium ; *trois* héliums donnent un carbone, etc.

Mais il y a un problème. L'association de *deux* héliums est instable. Le noyau de béryllium ainsi constitué se dissocie presque instantanément. Comment associer trois noyaux d'hélium pour former un carbone, ou quatre pour former un oxygène, sans passer d'abord par deux ?

Ce passage peut se faire, mais dans des conditions extrêmement spéciales. Il exige une coïncidence numérique extraordinaire entre les paramètres qui décrivent la structure des noyaux d'hélium et de carbone *(N 34)*.

A l'époque de l'hypothèse de Hoyle, ces paramètres ne sont pas connus. Constatant, comme chacun de nous, que le carbone existe en abondance dans la nature, Hoyle n'hésite pas à prédire l'existence de ces coïncidences. Les expériences de physique nucléaire ont amplement confirmé son intuition géniale.

[Piste verte.]

Un principe de complexité

Comment réagir devant ces coïncidences étonnantes ? Certains auteurs prennent la position suivante : ils admettent l'existence d'un nombre *infini* d'univers, hors de portée de notre observation, chacun caractérisé par des conditions initiales différentes. Dans ces mondes inhospitaliers, personne, évidemment, ne pose de questions. Si nous abordons, ici, ces problèmes, c'est que notre univers se trouve avoir eu, au départ, ces paramètres fertiles.

Peut-être. Pourtant cette « solution » ne me paraît pas intéressante et surtout pas économique. Pour expliquer un problème qui ne regarde que nous, on invente une infinité d'univers inobservables. Nous sommes ici, au sens propre du terme, dans le domaine de la science-fiction.

Revenons sur une hypothèse de notre discussion précédente. Imaginons que, loin d'être arbitraires, tous les paramètres numériques de nos données initiales, aussi bien macroscopiques (température, densité, homogénéité) que microscopiques (propriétés des interactions entre les particules), soient *rigoureusement déterminés* à prendre les valeurs qu'ils ont chez nous ; que cette détermination soit inscrite dans une sorte de principe universel (le rêve des physiciens). Il faudrait alors conclure que cet ultime principe contenait déjà, potentiellement, la recette de l'intelligence et de la conscience.

Nous sommes devant une alternative : 1) ou bien nous admettons que, dans un ensemble de paramètres arbitraires, les données « choisies » au départ pour notre monde sont précisément celles qui peuvent amener l'éclosion de la conscience ; 2) ou bien nous admettons l'existence d'un principe initial qui contenait, en germe, cette éclosion. Personnellement, je ne sais laquelle des deux hypothèses est la plus étonnante.

Sous l'éclairage de la cosmologie moderne, notre cosmos

paraît très « spécial ». Sommes-nous, à nouveau, victimes de notre naïveté ? Qui sait ? Pourtant, il me paraît difficile de ne pas reconnaître que cet ajustement des paramètres de la physique et de la cosmologie *n'est pas banal.* Qu'il y a lieu de s'étonner, sans pour autant savoir ce qu'il *signifie.*

« L'univers est né sans l'homme », écrit Lévi-Strauss. Si on prend cette affirmation au sens chronologique, elle va de soi. La chaleur de la purée initiale est incompatible avec l'existence des structures biochimiques.

Pourtant, la discussion qui s'achève nous invite à une autre lecture de la réalité. *La séquence temporelle des chapitres d'évolution nucléaires, atomiques, moléculaires et biologiques relie l'existence de l'être humain aux conditions physiques du plus lointain passé de l'univers.*

Mais cette affirmation ne me paraît pas justifier le terme de « principe anthropique » largement utilisé dans la littérature. Les rouges-gorges, s'ils avaient la parole, pourraient nous accuser de chauvinisme. Les mêmes *ajustements fins* sont nécessaires à leur apparition dans l'univers.

Ainsi, un chœur, formé d'amibes, de méduses, de melons, etc., serait en droit de revendiquer l'existence d'un « principe amibien, médusien, melonique... ». Pour faire taire ces protestations (parfaitement justifiées par notre vanité humaine), il me paraît plus judicieux d'employer le terme de *principe de complexité.*

On l'énoncerait de la façon suivante : *« L'univers possède, depuis les temps les plus reculés accessibles à notre exploration, les propriétés requises pour amener la matière à gravir les échelons de la complexité. »* Dans cet énoncé, melons et familles se trouvent à égalité.

Un principe fructueux ?

Un tel principe est-il stérile et inutile ? Peut-il être fructueux ? Je le crois, si on en fait bon usage. Voici un exemple intéressant.

Pour les lecteurs de la piste verte, il me faut revenir ici sur un sujet déjà mentionné auparavant. Constatant, d'une part, la grande abondance du carbone dans l'univers, et, d'autre part, la grande difficulté de fabriquer cet atome dans les étoiles, l'astrophysicien Hoyle suppose l'existence d'un ajustement très fin des propriétés de ce noyau qui faciliteraient considérablement la production de cet atome. Cet ajustement est plus tard confirmé en laboratoire.

Hoyle a, d'une certaine façon, « découvert » l'existence des propriétés spéciales du noyau de carbone requises pour expliquer cette abondance. Mais il aurait été inacceptable de s'en tenir là. Il fallait encore passer au laboratoire et confirmer expérimentalement la valeur de cette intuition. Le raisonnement *a posteriori* a été fructueux en ce qu'il a guidé la planification de l'expérience. Mais il fallait encore mesurer et vérifier.

De même, le principe de complexité devient fructueux si on respecte la dualité de la situation : 1) intuition par l'*a posteriori ;* 2) vérification expérimentale.

Un physicien va au laboratoire. Il veut faire une expérience pour accroître notre connaissance de la réalité. Le principe de complexité lui apprend que sa simple présence est porteuse d'énormément de renseignements sur la réalité. Elle lui dit que toutes les conditions nécessaires à l'émergence de l'intelligence sont rassemblées dans notre cosmos. Mais il ne suffit pas de s'en tenir là. Il faut, comme dans le cas du carbone, aller plus loin.

La force nucléaire forte est cent fois plus intense que la force électromagnétique. On « explique » ce facteur cent *a posteriori* en montrant qu'il est essentiel à l'émergence de la complexité. Dans le cadre des théories de la physique contemporaine, on espère montrer comment ce facteur découle des propriétés de la matière très chaude en refroidissement.

Ces deux *explications* du facteur *cent* entre l'intensité de la force nucléaire forte et la force électromagnétique peuvent être considérées comme une application fructueuse du principe de complexité.

9. L'avenir de la vie dans l'univers

[Piste verte jusqu'à la fin du livre.]

Le physicien résiste mal à la tentation de jouer au prophète. Dans la mesure où les lois de la nature lui permettent de comprendre le passé et le présent, elles peuvent aussi, au moins dans ses grandes lignes, lui dévoiler l'avenir. Que devient l'énergie, l'entropie, l'information ? La vie reste-t-elle possible, et pour combien de temps ?

Un mot de prudence avant de commencer. Notre discussion se fait à partir de la *science connue à ce jour.* Or, rien ne nous autorise à penser que nous avons répertorié toutes les forces naturelles.

Rappelons-nous qu'à la fin du siècle dernier, deux forces seulement étaient connues des physiciens : la gravité et l'électromagnétisme. En moins d'un siècle, ils en ont ajouté deux autres : la nucléaire forte et la nucléaire faible. En ont-ils épuisé la liste ? La découverte d'une nouvelle force pourrait remettre en question nos pronostics pour le futur. (Plusieurs résultats expérimentaux, d'une interprétation contestée, laissent peut-être entrevoir une telle possibilité.)

Le futur de la galaxie

La question de la densité universelle et de son influence sur le cours de l'expansion a été présentée aux p. 148 à 152. Les meilleurs bilans indiquent que la densité du cosmos est *inférieure* à la densité critique. Le champ de gravité du fluide cosmique semble trop faible pour freiner jusqu'à l'arrêt l'expansion du cosmos. Il ne ramènera pas les galaxies vers elles-mêmes, en un vaste mouvement de contraction, accompagné d'un réchauffement de la matière cosmique.

Si cette conclusion n'est pas définitive (certaines vérifications, certains recoupements manquent encore), la perspective d'un univers « fermé » (avec recontraction) paraît de plus en plus improbable. Pour notre discussion, nous nous situerons, en conséquence, dans le cadre d'un cosmos « ouvert » (en expansion et refroidissement ininterrompus).

Les étoiles durent longtemps, mais pas indéfiniment. Quand elles ont épuisé leur carburant nucléaire, elles meurent. Notre Soleil achèvera sa vie dans cinq milliards d'années environ. D'autres étoiles durent beaucoup plus longtemps. Les plus petites peuvent atteindre un trillion (mille milliards) d'années. Puis elles s'éteignent.

De nouvelles étoiles se forment sans cesse à partir de la matière nébulaire des galaxies. Mais cette matière se raréfie, et le rythme des naissances s'amenuise. Si, aujourd'hui, le taux de natalité ne dépasse pas une à deux étoiles par année dans notre Voie lactée, alors que, dans le passé, il a été dix fois plus élevé, c'est que la masse nébulaire s'est déjà largement transformée en astres variés.

A leur mort, les étoiles retournent à l'espace une fraction importante des atomes dont elles sont constituées. Mais le cœur de l'étoile s'effondre sur lui-même, pour former, selon la masse de l'astre, soit une naine blanche, soit une étoile à neutrons, soit un trou noir.

Le nombre de cadavres stellaires s'accroît régulièrement au cours des années. Dans un trillion d'années, le ciel sera faiblement illuminé par des étoiles âgées (naines rouges et naines blanches), qui s'éteindront lentement parmi les étoiles à neutrons et les trous noirs.

A cette époque, l'espace extra-galactique sera beaucoup plus vide qu'aujourd'hui. La distance moyenne entre les galaxies sera passée, à cause de l'expansion, de *un* à *vingt* millions d'années-lumière.

Les fermes cosmiques

La vie est-elle destinée à disparaître faute de sources d'énergie, d'information et d'entropie ?

Nos ancêtres lointains vivaient de chasse, de pêche et de la cueillette des fruits. Au gré des saisons, ils se contentaient de prendre ce que la nature leur offrait. Limitées et imprévisibles d'une année à l'autre, ces sources alimentaires se prêtaient mal aux besoins des populations toujours croissantes. De la pénurie, des disettes et des famines sont nés l'agriculture et l'élevage des bêtes.

La question s'est posée, sans doute assez rapidement, de la taille optimale d'un troupeau. L'entretien de deux bêtes n'est guère plus difficile que celui d'une seule bête, mais le rendement (viande, peaux) est double. On peut adapter le nombre d'animaux aux besoins de la tribu. Au rythme de l'accroissement de la population, on peut capturer dans la forêt de nouvelles bêtes à associer au cheptel.

A cette époque, située il y a huit ou dix mille ans, l'être humain cesse d'être un *prédateur passif* de la nature. Il organise lui-même la disponibilité de ses sources d'alimentation. Cette transformation (passage du Paléolithique au Néolithique) permet une augmentation prodigieuse des effectifs humains sur notre planète.

Comme l'homme antique, nous sommes, par rapport au ciel, des prédateurs passifs. Nous nous contentons de recueillir l'énergie et l'information en provenance des objets célestes.

Mais, déjà, notre passage au néolithique céleste est amorcé. Des astronautes ont arpenté la Lune et nous ont rapporté des centaines de kilos de pierres lunaires. Des laboratoires automatisés, déposés à la surface de la planète Mars, ont analysé le sol pour nous en communiquer la composition chimique.

Les projets ne manquent pas. Certains astéroïdes, qui passent près de la Terre, renferment d'importantes quantités de métaux technologiquement précieux. Les mines terrestres s'épuisent. Détourner ces astéroïdes de leur orbite naturelle, les ramener doucement sur notre planète, est un objectif des décennies à venir. Au rythme des progrès technologiques, les difficultés pourraient être rapidement résolues.

D'autres projets ont pour but d'accroître notre butin de photons solaires par des capteurs en orbite. Le vent solaire est l'objet d'une convoitise semblable. Son énergie et ses atomes seraient d'une grande utilité. Comment s'y prendre ? Je fais confiance à nos ingénieurs ; ils ne manquent pas d'imagination.

De l'imagination, il en faudra dans mille milliards d'années quand les étoiles seront éteintes. Mais nous savons déjà où nous adresser.

Pomper l'énergie des trous noirs

Les trous noirs, après tout, ne sont pas si noirs que cela *(appendice 3)*. Ils s'évaporent en émettant de l'énergie et de l'information. Pour un trou noir de la masse du Soleil, le phénomène dure très longtemps (bien au-delà des durées stellaires). Il s'étend sur 10^{64} ans. La luminosité en est *excessivement faible.*

A l'inverse, un trou noir de petite masse émettra, pendant moins de temps, un rayonnement beaucoup plus intense. Comme les gardiens des troupeaux antiques, chaque biosphère devra choisir *judicieusement* la masse des trous noirs à capturer dans le ciel pour les mettre en orbite à distance appropriée.

Il y a encore un problème : en réduisant la masse du trou noir, l'évaporation accroît sa température et l'intensité du flux émis. On peut contrôler le flux en compensant les pertes de masse, c'est-à-dire en *nourrissant* continuellement la bête.

Des étoiles, des planètes, des astéroïdes ramenés vers sa « gueule béante » feront notre affaire. Pour les déchets, c'est la solution écologique idéale. Radioactives ou non, ces matières indésirables disparaîtront de notre habitat pour reparaître... sous forme de rayonnement.

Et d'où vient l'information ? De l'inépuisable source acquise par l'instauration de la surfusion gravitationnelle au moment de l'émission du rayonnement fossile (voir p. 129).

« Capturer des étoiles. » « Mettre des trous noirs en orbite. » Voilà, certes, des projets grandioses qui relèvent aujourd'hui de la science-fiction. On les trouve pourtant publiés dans des revues scientifiques sérieuses. Comme Léonard de Vinci et ses modèles d'avion, nous en connaissons les principes, même si nous n'avons pas les moyens de les réaliser.

Et ensuite ? D'autres menaces se profilent à l'horizon. Dans le cadre des théories d'unification des forces de la physique, on envisage la possibilité de désintégration des nucléons en particules plus légères (électrons, neutrinos, photons) après une période moyenne d'environ 10^{32} ans. (Les efforts de vérification de cette hypothèse ont jusqu'ici échoué, mais les travaux se poursuivent.) L'intelligence pourrait-elle encore se manifester dans une matière cosmique dénuée de nucléons ?

Les physiciens du XIXe siècle, ignorant tout de l'énergie nucléaire, estimaient à quelques millions d'années la durée totale du Soleil (s'attirant ainsi les protestations véhémentes des géologues et des paléontologues).

En étudiant le comportement de certains sels d'uranium, Henri Becquerel découvre, en 1898, les phénomènes nucléaires. Grâce aux travaux de Rutherford, Perrin, Joliot et son équipe, Fermi, etc., une source d'énergie s'ajoute à notre connaissance et prolonge considérablement notre estimation de la durée habitable du cosmos. Le phénomène d'évaporation des trous noirs, découvert il y a moins de vingt ans, nous permet encore d'allonger cette durée.

Nul ne sait *combien de temps* l'univers, ainsi aménagé par nos descendants lointains, restera habitable. Dans cette entreprise, ils ne feront que reprendre, mais à une échelle combien plus grandiose, l'exemple de leurs ancêtres du Néolithique.

« Plutôt qu'anthropologie, il faudrait écrire une entropologie, le nom d'une discipline vouée à étudier, dans ses manifestations les plus hautes, ce processus de désintégration », dit le texte de Lévi-Strauss (p. 70). A la suite des discussions précédentes, on serait tenté de dire plutôt que l'anthropologie est l'étude de l'aménagement, par les êtres humains, de nouvelles sources d'information et d'entropie pour *retarder* ce processus de désintégration.

« Le monde s'achèvera sans l'homme », affirme encore notre texte. L'objectif, à long terme, serait d'*éloigner cet achèvement de l'habitabilité de l'univers.*

Au premier chapitre de ce livre, nous avons rencontré la *pulsion de mort,* manifestée par le développement inexorable des techniques guerrières, jusqu'à rendre possible l'extinction de notre espèce. Si, selon la vision cosmologique du siècle dernier, l'activité humaine ne tend qu'à précipiter la désintégration de l'univers, la construction de l'arsenal nucléaire devient le prototype de toutes les œuvres humaines, celle dont le but même, et non pas seulement le caractère nécessaire, est d'accélérer cette dissociation.

Nous savons maintenant que l'univers met à notre disposition des quantités toujours croissantes d'*informations,* nous laissant la tâche de découvrir comment les utiliser et les gérer. Le suicide nucléaire amènerait la fin de cette gestion et l'abandon de nos efforts pour prolonger la vie dans l'univers.

TROISIÈME PARTIE

PÉCHÉ ORIGINEL

La pulsion de mort est inscrite dans la pulsion de vie

10. La sortie du paradis

A la vitrine d'une librairie, j'ai vu l'autre jour un *Album d'Auschwitz*. Mon cœur s'est serré. Je n'ai pas pu entrer pour le feuilleter. Je me suis éloigné rapidement. Plus tard, dans une revue littéraire, j'ai lu à son sujet le commentaire auquel je m'attendais : « l'horreur totale ».

L'horreur n'est pas confinée aux vitrines des librairies. Elle est intimement mêlée à la réalité. Au moment où j'écris ces lignes, où vous les lisez, elle sévit. Dans les prisons d'Afrique du Sud, dans les goulags ; près de nous, des gens comme vous et moi la vivent au quotidien.

Un lecteur de *Patience dans l'azur* m'a reproché d'avoir restreint mon intérêt aux aspects « sympathiques » de l'univers. Il a raison. Une « vision du monde » digne de ce nom doit intégrer *toutes* les facettes de la réalité.

Quand et comment, dans cette matière bourdonnante de gestation cosmique, la pulsion de mort est-elle entrée ? Est-elle indissolublement liée à la pulsion de vie ? Peut-on espérer, en sauvegardant la seconde, éviter les effets de la première ?

En premier lieu, il faut tenter de comprendre. Dans ces pages, nous allons essayer de démonter les articulations de la complexité. Nous serons alors en mesure de retracer jusqu'à leur origine les éléments par lesquels la pulsion de mort s'introduit dans l'édification de la pyramide.

La complexité coûte très cher. Elle ne s'épanouit pas sans dégâts. Sans toutefois éviter complètement ces dégâts, il est possible de les limiter. Ainsi pourrons-nous minimiser les menaces que la complexité fait peser sur elle-même. *Comprendre* nous aidera à *prévenir* ou du moins à *agir*.

Les articulations de la complexité

Il nous faut d'abord revenir en arrière et reprendre certains éléments des chapitres précédents.

La matière se présente à nous sous des formes diversifiées que l'on peut disposer sur une échelle de complexité (p. 54). On y rencontre successivement les particules dites élémentaires (quarks, électrons, photons), les nucléons (protons, neutrons), les noyaux atomiques, les atomes, les molécules, les cellules et les organismes.

Entre les échelons, il y a des analogies, des rappels. La méthode des *alphabets* s'y retrouve de bas en haut. Mais il y a aussi des différences. Certains aspects, pratiquement absents aux niveaux inférieurs, apparaissent progressivement et jouent au cours de l'ascension un rôle de plus en plus grand. La complexité croissante s'y articule et les utilise comme moteur pour passer d'un échelon au suivant.

Dans cette section, nous allons tenter de reconnaître ces notions charnières qui nous permettent de comprendre un peu mieux comment la pyramide s'est édifiée au cours du temps.

Cet éclairage nous permettra de reformuler et de réexaminer une question toujours populaire : y a-t-il des civilisations extraterrestres ? Nous demanderons d'abord : l'émergence de l'intelligence est-elle une étape « normale », « naturelle » de la complexité croissante ?

Si la réponse est *positive,* on peut penser qu'il y a « beaucoup » de planètes habitées et de cultures interstellaires. Si, à l'opposé, l'apparition de l'intelligence nous paraît se situer *hors* des sentiers ordinaires de la tendance organisatrice, alors nous pourrions bien être seuls au monde.

Notre analyse nous permettra de plaider la *première* cause. L'argumentation, en résumé, est la suivante : de même que la notion de *stabilité* guide les pas de la complexité croissante aux échelons inférieurs, la notion de *compétitivité* prendra le relais aux niveaux plus élevés, pour baliser le sentier vers les hauts sommets.

C'est en tant que *stratégie de survie* particulièrement *efficace*, que l'intelligence s'introduira, tout naturellement, dans la pyramide.

L'état fondamental

En raison de la stabilité qui leur est assurée par les forces de la nature, les systèmes des échelons inférieurs (nucléons, atomes, molécules) jouissent d'une relative *invulnérabilité*. Il faut, pour les détruire, y injecter d'importantes quantités d'énergie.

Un apport plus modeste leur permet d'*interagir* avec le monde extérieur sans, pour autant, risquer la désintégration. Ils quittent alors leur *état fondamental* pour accéder à une collection d'états *excités* dont le nombre croît à mesure qu'on s'élève dans l'échelle de la complexité. (On trouvera, en *appendice 4*, une illustration de ces spectres d'états nucléoniques, nucléaires, atomiques et moléculaires.)

L'absorption ou l'émission de rayonnements fait glisser les systèmes d'un état à un autre. L'accès aux états excités s'accompagne généralement de l'acquisition de propriétés nouvelles, inexistantes dans l'état fondamental. Par exemple, si on excite un noyau de carbone d'une façon appropriée, il entre dans une phase de *vibration collective* de grande amplitude appelée « résonance géante », dans laquelle tous les nucléons coordonnent leurs mouvements.

Quand l'interaction avec le rayonnement est interrompue, le noyau ou l'atome retourne à son état fondamental. Il se replie sur lui-même, prêt à recommencer à la prochaine occasion.

En ce sens, les systèmes du bas de l'échelle de complexité sont *immortels*. Leur identité est assurée par la simple juxtaposition des éléments constituants.

Un noyau de carbone est engendré par la combinaison, en un espace restreint, de six protons et de six neutrons. Lui enlever un proton ou un neutron suffit à changer sa nature. Mais aucune *activité* n'est requise pour la préserver. Il ne *dépend* pas, pour son existence, de son interaction avec le monde extérieur.

Cette situation va changer complètement aux échelons supérieurs. Les êtres vivants sont essentiellement dépendants de leurs échanges. Comment s'effectue ce passage ? Une règle quasi universelle de l'évolution cosmique paraît être l'*absence* de sauts brusques, de *coupures radicales*.

Il y a toujours transformations, évolutions, émergences à partir de formes, de comportements plus primitifs, plus rudimentaires, qui se développent, s'enrichissent, se diversifient, mais n'oublient jamais tout à fait leur origine. On retrouve, en cherchant bien, des filiations ancestrales, jusqu'aux niveaux les plus humbles de la réalité *(N 35)*.

En fait, la dépendance n'est pas confinée aux organismes vivants. Le monde physique, à notre échelle, regorge de systèmes qui *dépendent* d'un apport d'énergie pour exister, qui n'ont pas un état fondamental où se replier, qui s'*éteignent* quand la source est tarie.

Chaque automne voit naître, sur la mer des Antilles, une redoutable collection d'ouragans. On se souviendra longtemps d'Elena, qui, après avoir dévasté l'Alabama et la Floride, est venue mourir lentement sur l'Atlantique.

Un ouragan peut être considéré comme un état collectif d'une masse d'air dans lequel les molécules sont préférentiellement orientées dans une direction (voir *appendice 2*). Quand le vent tombe, l'ouragan cesse d'exister. Faute d'agir, Elena est morte.

Vulnérabilité et dépendance

L'être vivant est un lieu d'échange. Par ses orifices variés, des molécules, des photons pénètrent en lui sous forme de nourriture, de respiration, de chaleur. Il faut accommoder ces livraisons, en extraire ce qui convient, l'intégrer à sa structure et rejeter les déchets.

Contrairement aux atomes et aux molécules, les organismes vivants s'identifient non pas à la somme des particules qui les composent, mais à l'ensemble intégré des fonctions qui effectuent ces échanges. Perdez vos cheveux, perdez un bras ou une jambe, vous demeurez vous-même. Si vos échanges s'arrêtent, vous régressez dans l'échelle de la complexité, vous n'êtes plus qu'un ensemble de molécules.

Vu sous cet angle, on pourrait considérer la vie comme un état excité de la matière dans lequel des particules, normalement inertes et indépendantes, entrent dans un état collectif qui leur permet de coordonner leur action et de poursuivre des échanges avec le milieu environnant.

Des états collectifs, nous l'avons vu, existent déjà dans la matière inerte (résonances géantes des noyaux, ouragans sur l'Atlantique), mais à un niveau beaucoup plus rudimentaire. Chez les êtres vivants, ils se manifestent par un ensemble de prouesses extraordinaires que nous appelons le *comportement* : se mouvoir, se reproduire, écrire des symphonies, etc.

Mentionnons, à cet égard, le statut ambigu du virus de la mosaïque du tabac. On peut, comme n'importe quel sel, le cristalliser. On le maintient alors dans un état inoffensif, tout à fait *indépendant* du monde extérieur. Mais si on le met en solution, il retrouve à la fois sa *dépendance,* sa virulence et sa condition de mortel.

Mort et filiation

Un atome excité peut transmettre son énergie à un autre atome. D'une façon analogue, par la *filiation,* un animal nouveau apparaît, qui perpétue l'animal mortel dont il est issu. C'est la *lignée,* constituée par cette filiation, qui assure la permanence des structures vulnérables caractéristiques des échelons supérieurs de la complexité.

Aux premiers temps, cette filiation s'effectue par la division cellulaire : une cellule se divise en deux individus prêts à recommencer. Plus tard, pour des raisons d'efficacité, la filiation débutera par la rencontre de deux individus et le mélange de leurs gènes.

La lutte pour la vie

L'énergie nécessaire à la vie n'est pas toujours disponible. Il faut alors aller la chercher. La nécessité des échanges vitaux introduit la notion de *prédation.*

C'est dans l'océan primitif que, vraisemblablement, sont apparus les premiers systèmes complexes contraints à la prédation. A cette époque, la nourriture ne manque pas. Depuis des centaines de millions d'années, le jeu des associations moléculaires — provoquées par les photons jaunes du Soleil et par les éclairs violets des orages atmosphériques —, engendre et accumule, dans l'eau, des molécules riches en énergie : sucres, graisses, acides aminés.

Grâce aux simulations en laboratoire effectuées par les chimistes Urey et Miller, nous savons que la mer primitive regorgeait de substances nutritives. Il suffisait de les prendre.

C'est Malthus qui, le premier, a perçu le problème de la nutrition dans un espace où les réserves ne sont pas infinies. Quand les conditions sont bonnes, toutes les vingt minutes environ, chaque cellule se dédouble et donne ainsi naissance à deux cellules identiques. A ce rythme, combien faudrait-il de temps pour que la masse des cellules soit comparable à la masse de la Terre ? Le calcul est facile : environ une semaine !

Stratégies de compétition

Pour se dédoubler, chaque cellule commence par se diviser en deux parties identiques. Chaque moitié cherche ensuite à se compléter en puisant les éléments requis dans les substances nutritives accumulées dans l'océan.

Les premières cellules trouvaient en abondance dans la mer la nourriture dont elles avaient besoin. Aussi, leur population s'accrut-elle rapidement. Mais bientôt, comme pour les marins du petit navire, « les vivres vinrent à manquer ». La famine et la disette limitèrent alors cette multiplication insensée. La vie, à cette époque, sortit du Paradis terrestre.

La nourriture devint rare. Il fallut tailler sa part de gâteau. Tous voulaient manger. Mais tous ne pouvaient manger. D'où l'apparition d'une notion qui allait jouer un rôle prépondérant aux échelons supérieurs de la pyramide : la *compétitivité.*

A cette époque, d'innombrables stratégies s'inventent et se développent par lesquelles les organismes cherchent à se nourrir. Les uns investissent dans le mouvement — la vitesse étant un atout précieux, aussi bien pour capturer sa proie que pour échapper aux prédateurs —, d'autres utilisent la carapace protectrice, les poisons chimiques, etc. Chaque famille, chaque genre, chaque espèce définit ainsi les modalités de son dur *métier de vivre.*

Avantages et mutations

Dans un gaz, les réactions chimiques ont tendance à favoriser la formation des molécules les plus *stables* (cinquième chapitre). Aux échelons plus élevés de la complexité, le rôle de la stabilité s'estompe (entre les molécules géantes, les différences de stabilité sont négligeables).

Un nouveau facteur prend alors la relève. La poursuite efficace des stratégies de survie met en relief l'importance des *avantages adaptatifs.*

Une peau dure, des dents acérées, un long bec favorisent (comme la stabilité aux niveaux inférieurs) la multiplication des individus, en améliorant les chances de survivre et d'avoir des enfants.

Péché originel

D'où viennent ces avantages ? Comment les organismes en font-ils l'acquisition ? La génétique moderne répond en termes de *mutations.* Les gènes, qui renferment l'information requise pour la vie et la reproduction, sont passibles de *modifications.* Stockés dans le noyau des cellules, ils sont en permanence soumis à des influences extérieures (rayonnements) ou intérieures (erreurs de transcription) qui en altèrent le contenu.

Ces altérations, à leur tour, peuvent changer les propriétés ou le comportement de l'organisme visé (couleur de la peau, résistance au froid, etc.). Dans certaines conditions, ces changements sont avantageux (par exemple, si la nouvelle couleur permet un camouflage). La lignée, mieux protégée contre les prédateurs, se multipliera plus rapidement.

La nature à ce stade invente la *sexualité.* Deux êtres se rencontrent et mélangent leurs gènes. De cette combinatoire émerge une formidable source de nouveautés et de diversités. Les individus ne se contentent plus de fournir, avant de disparaître, des répliques exactes d'eux-mêmes (comme dans la division des cellules). Ils engendrent des *êtres nouveaux,* issus d'une combinaison génétique jamais réalisée auparavant, passible d'une mise en commun des avantages adaptatifs.

Mort et complexité

Les lichens se nourrissent de roches ; ils puisent leurs substances à même les surfaces pierreuses délavées par les pluies. Quand, après une éruption volcanique, toute vie disparaît à des kilomètres à la ronde, la première forme vivante à réapparaître est constituée de ces minuscules organismes qui savent s'accommoder des atomes des pierres et de l'eau qui tombe du ciel.

Avec les années, les strates de lichens s'additionnent, se décomposent et forment un bon terreau pour les graines de plantes apportées par les vents. Progressivement, la végétation s'installe : plantes basses, arbustes, arbres de grande taille.

Les animaux peuvent alors revenir. D'abord, les herbivores

qui se satisfont d'une diète végétale. Plus tard, les animaux carnivores retrouveront le type de nourriture qui leur est indispensable.

Cette simple narration illustre un point qui deviendra fondamental. Au cours des âges, la prédation se *spécialise*. Contrairement aux lichens et aux plantes, les animaux ne peuvent pas se contenter de puiser dans la matière inerte. Ils doivent tuer. Les herbivores tueront des plantes ; les carnivores tueront des animaux.

Les plantes sont incapables de se défendre. Les troupeaux de vaches qui paissent dans les champs nous paraissent moins cruels que les lionnes qui déchirent une gazelle. Mais, à la réflexion, la différence est-elle si grande ?

En un sens, oui. La nutrition carnivore introduit et valorise la notion d'*agression*. Un loup ne peut pas se permettre d'être pacifique. Il ne suffit pas au tigre d'avoir de longues dents tranchantes, il doit savoir s'en servir.

Agresser, tuer, émergent tout naturellement de la spécialisation progressive de la nourriture tout au long de la chaîne alimentaire.

On peut rêver d'une situation différente. La vie serait infiniment plus douce si chaque vivant, à l'image des lichens, se nourrissait de pierres et d'eau. Mais cette diète ne saurait suffire aux besoins des organismes évolués. La mort est le prix de la complexité.

11. L'intelligence est-elle un cadeau empoisonné ?

La perception

Par la structure de leurs mailles, les cristaux reconnaissent et écartent les atomes indésirables. Les anticorps du sang identifient à coup sûr les corps étrangers introduits dans l'organisme. Une forme rudimentaire de *perception* apparaît déjà aux échelons inférieurs de la pyramide. Chez les êtres vivants, elle s'inscrit parmi les stratégies de compétition les plus efficaces.

Les canaux de la perception sont multiples et variés. Chez les plantes, comme dans nos narines, ils impliquent l'identification de *substances chimiques.* L'oreille perçoit les *vibrations de l'air,* tandis que les yeux détectent les *photons* issus du monde extérieur.

Par ces voies entrent des informations (nourriture en vue, agression à prévoir, partenaire sexuel à proximité) qui demanderont une décision : se terrer quand un rapace plane au zénith, replier les feuilles quand il fait trop chaud, émettre un signal à la femelle en chaleur.

Où se prend la décision ? Chez les plantes, chez les espèces animales peu évoluées, cette opération n'est pas localisable en un point particulier de l'organisme. Une plante bouturée, un ver de terre coupé en deux continuent à *percevoir* et à *décider* dans chacun de leurs membres. Ainsi en est-il des ruches et des termitières. Après une agression, les ouvrières s'affairent à reconstruire l'édifice sans que (à notre connaissance) la décision provienne d'une instance localisée.

A ce niveau, les comportements sont dits *réflexes.* La bactérie répond, automatiquement et sans délai, à la stimulation lumineuse. Même si les phénomènes impliqués dans cette migration sont infiniment plus complexes que la déflexion d'un électron dans un champ électrique, ils nous semblent se dérouler d'une façon tout aussi *mécanique,* sans possibilité de choix ou d'alternative.

Aux niveaux supérieurs de l'évolution, la situation change rapidement. Quand plusieurs modes de perception (ouïe, vue, toucher, odorat) coexistent dans un même organisme, on voit apparaître un *centre d'intégration des données,* appelé plus familièrement un *cerveau.*

Les informations véhiculées par ces canaux y sont rassemblées, comparées, intégrées. De là, émerge une *image* : une représentation intérieure du monde extérieur. Le comportement *instinctif,* moins automatique que le comportement réflexe, peut être identifié à l'ensemble des réactions provoquées par ces images.

Sans stimuli apparents, comme pour s'amuser, certains vertébrés explorent le monde autour d'eux. L'animal, ainsi, enrichit sa connaissance de l'extérieur et collectionne des images qu'il stocke dans sa mémoire.

Ces données lui permettent d'accroître son efficacité et de s'assurer une vie plus confortable. L'oiseau connaît les lieux susceptibles de lui fournir des vivres. Les abeilles explorent leur territoire à la recherche de fleurs à nectar. Elles transmettent à leurs congénères, par des mouvements codifiés, la direction à suivre et la distance à parcourir pour retrouver le champ fleuri. Les images, les signes sont, avant tout, des stratégies de survie dans un monde où les êtres sont vulnérables.

Au niveau des mammifères, on *associe les images.* Réalisant que la banane est hors de sa portée, le singe se voit en train de la cueillir avec un bâton et se met à la recherche dudit bâton. La juxtaposition des images pour résoudre un problème est la forme la plus élémentaire de l'intelligence *(NL 36).*

Notons, en passant, que la séquence évolutive, jalonnée par les notions de *perceptions,* d'*images* et d'*associations d'images,* est en quelque sorte illustrée par la structure du cerveau.

On distingue chez les mammifères trois cerveaux superposés

nommés : cerveau *olfactif,* cerveau *reptilien* et *néocortex.* Chez les vertébrés (non mammifères) n'existent que les deux premiers. Les stimuli arrivent dans le cerveau olfactif, tandis que le cerveau reptilien est le lieu du comportement instinctif. Là sont prises les décisions relatives à la vie et au maintien de l'espèce (assurer la nourriture, protéger le territoire, attirer le partenaire sexuel, couver les petits).

Le néocortex est le lieu des associations d'images (l'intelligence). Les prouesses intellectuelles des primates (singes et hommes) proviennent du *lobe temporal,* une région apparue plus récemment dans le néocortex.

(Il convient, cependant, de se méfier d'une interprétation trop littérale de cette division des cerveaux. Loin de travailler indépendamment, les sections sont en interactions continuelles. Les opérations mentales sont beaucoup moins localisables qu'on l'a longtemps laissé croire.)

La conscience du moi

Le lapin « sait » qu'il est une proie pour l'aigle et qu'il doit se cacher. La « perception du moi », confuse d'abord, puis de plus en plus explicite, apparaît, on peut le supposer, à partir de comportements instinctifs liés à la survie. Mais il est bien difficile d'en dire plus. Les mots, sans doute, nous font ici défaut.

On a montré récemment à la télévision un chimpanzé dont on avait, pendant le sommeil, barbouillé la figure en rouge. Regardant le miroir qu'on lui tend à son réveil, il porte immédiatement la main à sa figure... Cet animal, non seulement *sait* que l'image du miroir est la sienne, mais possède une idée suffisamment *précise* de son apparence normale pour réagir au barbouillage.

Preuve que la conscience du moi n'est pas confinée aux hommes. Preuve aussi que nos comportements humains émergent de manifestations analogues, même si elles sont plus rudimentaires chez nos ancêtres animaux. Les végétaux nous en fournissent également de nombreux exemples *(N 37).*

Un sentier bien balisé

On peut dégager des discussions précédentes trois points majeurs qui nous serviront de résumé :

A) Les systèmes complexes sont vulnérables. Leur existence exige des échanges avec le monde extérieur. Les vivres sont limités. Il faut, par des stratégies appropriées, faire face à l'âpre compétition.

B) La perception du monde par l'image mentale est une stratégie particulièrement efficace.

C) De l'association des images émerge l'intelligence.

Le point A vaut pour tous les systèmes complexes, des virus, aux orchidées, aux êtres humains. Le point B est de portée plus restreinte. Les plantes (à notre connaissance) n'ont pas investi dans la stratégie de l'image mentale. Elles atteignent, quand même, de hauts sommets d'organisation et de sophistication, aussi bien dans leurs structures que dans leurs comportements (*N 38).*

Le point C est d'application encore plus restreinte. Pourtant, le sentier de l'intelligence, balisé par la compétitivité et par les précieux avantages que procure l'association des images mentales, a été emprunté par *plusieurs* lignées animales.

L'être humain y côtoie ses cousins primates (chimpanzés, gorilles), mais aussi les cétacés (dauphins, baleines, morses) et bien d'autres mammifères (rats, éléphants, chiens). A l'encontre des idées reçues, on découvre aujourd'hui que certains oiseaux (les corneilles) et certains insectes (les abeilles) manipulent habilement les images mentales.

La multiplicité des lignées intelligentes est, me semble-t-il, hautement significative. Loin d'être rare et improbable, cette stratégie nous apparaît comme une voie fréquentée de l'ascension de la complexité. De nombreuses espèces s'y sont engagées, provenant en certains cas de chemins évolutifs fort différents.

Ces réflexions nous ramènent au *principe de complexité*. De l'analyse qui précède, deux remarques s'imposent : *a)* l'intelligence n'est pas la seule voie de la complexité ; le règne végétal s'en passe allégrement ; *b)* l'homme n'est pas le seul animal à s'être engagé sur la voie de l'intelligence. Il est, au mieux, celui qui a progressé le plus loin. Mais son avantage est relativement faible. Sur les autres coureurs, il a à peine quelques millions d'années d'avance, soit environ *un millième* de la durée de l'évolution biologique (voir p. 68).

Ces remarques sont, à mes yeux, deux raisons de plus pour préférer le terme « principe de complexité » à l'expression « principe anthropique ».

Les risques

Aux niveaux inférieurs de la pyramide, l'ascension, rappelons-le, est dirigée par la quête de stabilité (cinquième chapitre). Mais cette quête est également porteuse d'une menace envers la complexité. Poussée trop loin, elle instaure la monotonie.

Cette menace a été circonvenue par le mode particulier de l'expansion de l'univers. Dominé par l'action de la gravité à l'échelle universelle, le refroidissement rapide entraîne la matière cosmique dans une succession d'états de déséquilibre nommés « surfusions ». Plus tard, à l'échelle locale, la gravité engendre les étoiles chaudes dans un univers de plus en plus glacé.

Ces déséquilibres freinent les aspirations hégémoniques de la stabilité, permettant ainsi l'apparition et la survie de la fabuleuse multiplicité des structures aux formes infiniment variées.

Aux échelons supérieurs de la complexité apparaissent la vulnérabilité et l'obligation de prédation, mettant en relief l'importance de la compétitivité et des avantages adaptatifs.

Poussée à ses limites, la compétitivité provoquerait des dégâts analogues à ceux de la quête acharnée de stabilité. Un être suprêmement avantagé éliminerait *tous* ses adversaires et ferait renaître, au niveau biologique, le spectre de la monotonie.

Mais, heureusement, telle n'est pas la situation dans la nature. L'avènement de nouvelles espèces n'implique pas forcément la disparition des lignées déjà présentes.

Les tortues sont toujours là. Elles n'ont pas beaucoup changé depuis trois cents millions d'années. Elles s'accommodent très bien de la coexistence avec les reptiles et les mammifères. Ainsi en est-il des oursins, des mousses et des fougères.

La très grande diversité des conditions climatiques sur notre planète limite les tendances hégémoniques de la compétitivité. Le désert, la plaine, la montagne, la mer, les régions tropicales, les zones polaires exigent des stratégies de survie fort différentes.

Une constitution physique avantageuse ici peut être ailleurs un sérieux handicap. Une fourrure épaisse est indispensable dans la toundra ; dans la savane, il vaut mieux s'en passer. La variété des niches écologiques entraîne la diversité des êtres vivants.

Notons que l'éventail des climats trouve son origine ultime dans l'avènement des déséquilibres thermiques de la matière cosmique (sixième chapitre). L'air chaud, l'air froid, la pluie, la neige sont les effets du rayonnement solaire sur notre planète. Ils proviennent de la différence de température entre la surface solaire et la surface terrestre.

Il est intéressant de rappeler que ces déséquilibres thermiques sont causés par la séquence de surfusions du lointain passé de l'univers, et que, grâce à elles, les noyaux, les atomes, les molécules ont pu conserver leur diversité malgré les tendances des forces à introduire la monotonie.

Ainsi, les surfusions cosmiques, qui, aux niveaux inférieurs de la pyramide de complexité, limitent les dégâts de la stabilité (septième chapitre), limitent encore, aux niveaux supérieurs, les dégâts de la compétitivité.

La dimension humaine

La sensibilité de la nature n'est pas la nôtre. La vie exige la mise à mort. Les animaux se nourrissent de la chair d'autres animaux. Manger, éviter d'être mangé. *Avoir* des proies, ne pas *être* une proie : voilà les deux pôles de la vie animale. Même les plantes se font la guerre *(N 39)*.

Une escalade dans l'art de tuer et de se protéger, d'attaquer et de se défendre, voilà un angle sous lequel on peut envisager l'évolution animale. Chaque progrès dans la panoplie offensive entraîne un progrès dans la panoplie défensive, et vice versa.

Les requins ont de longues dents, mais les oursins sont bardés de pointes. Les troglodytes ont un long bec pour fourrager dans les bois morts, mais certains insectes leur répondent en éjectant des matières toxiques *(N 40)*. Le camouflage et le leurre sont des techniques largement répandues dans le monde animal.

Notre analyse des *articulations de la complexité* (dixième chapitre) nous a révélé les raisons de cette situation conflictuelle. La fragilité inhérente à la complexité des systèmes évolués, leur vulnérabilité, associée à la nécessité d'obtenir une nourriture spécifique, leur interdit de dormir sur leurs deux oreilles. Exister devient une occupation à plein temps.

Un dosage approprié d'agressivité et d'astuce, voilà le cadeau de naissance idéal pour une nouvelle lignée animale. Mais aussi, un sens de la famille, de la protection et du soin des rejetons.

Si la bataille des phoques mâles (premier chapitre) n'entraîne pas la mort du perdant, c'est que, dans le comportement instinctif des animaux, des inhibitions sont inscrites qui ménagent l'espèce. La biologie moderne interprète ces inhibitions en termes de sélection naturelle et d'élimination des erreurs. Une lignée de phoques qui ne respecterait pas la vie de ses membres s'éteindrait rapidement.

Avec l'être humain, la situation prend une autre dimension.

Dans son cas, l'avantage, n'est plus dans la puissance physique, mais dans l'intelligence, grâce à laquelle il devient (à notre connaissance) le système le plus efficace et le plus performant de la nature.

Compétiteur redoutable, il peut s'adapter à toutes les conditions climatiques. Il n'a pas de griffes, pas de dents acérées. Il n'a pas la vitesse du tigre ou la cuirasse protectrice de la tortue. Mais il fabrique des armes : les épées sont ses griffes et les boucliers ses carapaces.

Depuis longtemps déjà, il a vaincu ses adversaires naturels. Nulle bête ne le menace plus. Même les stratégies des bactéries et des virus, protégés par leurs tailles microscopiques, sont déjouées par son astuce (sauf, pour l'instant, le virus du Sida...).

Aucun autre organisme ne possède un tel contrôle sur la matière qui l'entoure. L'homme pose des ponts, creuse des canaux, assèche des lacs, inonde des provinces entières. Il change le visage de sa propre planète et se prépare à exploiter les richesses de l'espace (neuvième chapitre) *(NL 41).*

Les problèmes naissent de l'*ampleur* de sa puissance. Les prouesses adaptatives de l'être humain ont largement dépassé leur objet. C'est lui qui menace maintenant l'équilibre de la nature et, par là même, sa propre existence.

Sous l'effet de son activité, des espèces animales disparaissent sans laisser de descendants. On mentionne le cas du dodo de l'île Maurice ou celui du cygne-trompette. On connaît moins les noms des quelque *deux cents* espèces de mammifères et d'oiseaux, des *quarante* variétés de papillons exterminés depuis deux siècles. Il faut encore ajouter plus de *mille* animaux et *trente mille* sortes de plantes déjà quasiment disparus *(fig. 11).*

La puissance de l'être humain se tourne contre lui-même. Les agressions qu'il fait subir à son environnement remettent en cause sa propre situation. La coupe massive des arbres transforme en déserts des régions autrefois fertiles. Le nord de l'Inde, le sud des États-Unis en sont autant d'exemples dramatiques.

Plus tragique encore est le comportement de l'être humain vis-à-vis de ses congénères. Comme moteur de progrès, la compétition atteint ici un régime de surpuissance. Mais le train déraille.

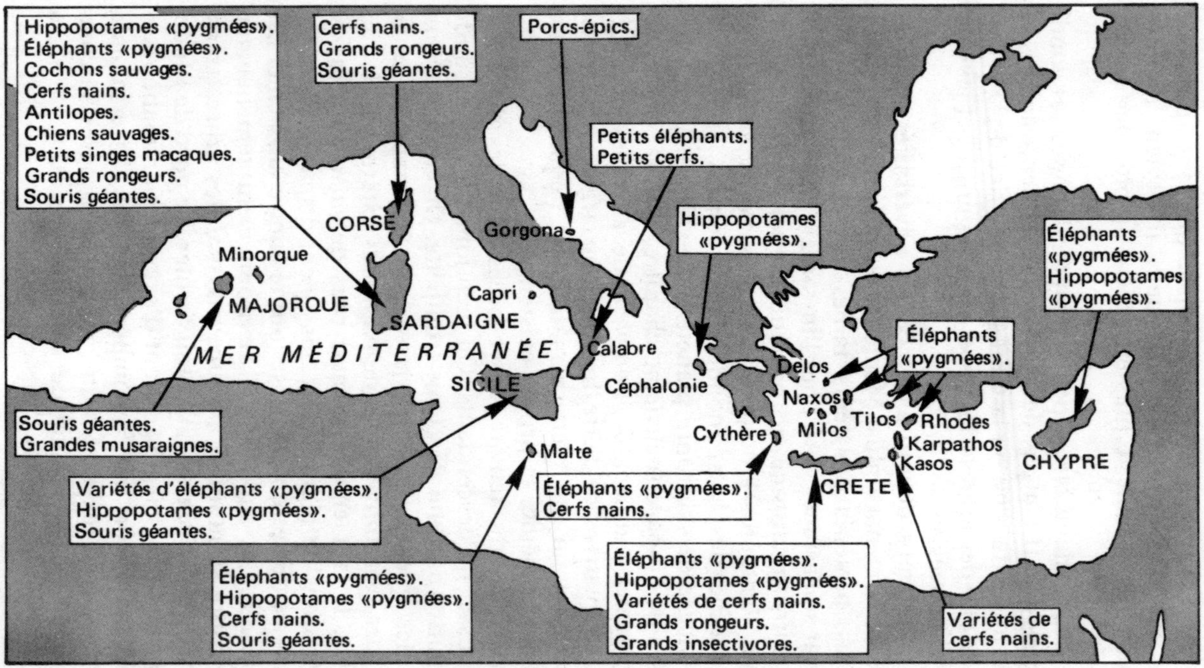

Fig. 11. Il y a environ huit mille ans, les îles de la Méditerranée étaient peuplées d'une quantité d'animaux étranges. Ils ont probablement été éliminés par nos ancêtres. On y trouvait des souris géantes, des éléphants nains, des hippopotames nains, des petits macaques, des antilopes et bien d'autres espèces dont les noms apparaissent sur la carte (*New Scientist,* janvier 1985, p. 29).

En annulant l'automatisme des comportements instinctifs, l'intelligence neutralise le jeu des défenses naturelles et déjoue les mécanismes de protection mis en place au cours de millions d'années. Contrairement aux phoques ou aux loups, les hommes s'entretuent. C'est même une de leurs principales activités. L'histoire humaine est une séquence monotone de guerres, de massacres et de carnages. (S'il y a des espèces animales qui s'entretuent, elles y dépensent infiniment moins de temps et d'énergie que nous.)

L'art de tuer est un champ d'intérêt privilégié de l'intelligence humaine. Au cours des siècles, les techniques s'améliorent et les guerres font de plus en plus de victimes. On passe des *milliers* aux *millions* et récemment aux *dizaines de millions*. L'espèce humaine est prolifique. « Une nuit de Paris comblera nos pertes », disait Napoléon au lendemain des batailles. Après une attaque nucléaire en règle, aucune nuit ne suffirait...

Je me demande quelquefois s'il n'aurait pas mieux valu que l'évolution s'arrête au niveau des papillons...

La pyramide de Sisyphe

Qu'avons-nous appris ? La matière, dès le chaos primordial, possède les propriétés nécessaires à l'émergence de la complexité. Guidé, au début, par la quête (inachevée) de stabilité et, ensuite, par la compétitivité, l'univers édifie patiemment la pyramide de la complexité.

Dans certains îlots privilégiés (systèmes planétaires), la vie émerge et se développe. Chez certaines espèces animales apparaît l'intelligence ; certaines cultures inventent la science et la technologie. Ces fleurons de la complexité mettent en cause sa propre permanence.

Pour illustrer l'absurdité fondamentale — selon lui — de l'existence humaine, Albert Camus évoque l'image du malheureux Sisyphe condamné à pousser, indéfiniment, sa pierre au sommet d'une montagne pour, ensuite, inéluctablement, la voir dévaler la pente. Si chaque fois qu'elle s'élève jusqu'au niveau de la conscience et de l'intelligence, notre pyramide se tronque de quelques étapes, ne serait-elle pas mieux dénommée *pyramide de Sisyphe ?*

Ainsi, toutes ces *coïncidences* merveilleuses, tous ces *ajustements* fins des conditions initiales (constantes de la physique, isotropie, densité, homogénéité), ces *surfusions* en chaîne, ces *combinatoires* infiniment fertiles, cette *activité nucléaire* des étoiles, ce *bourdonnement électromagnétique* des nébuleuses interstellaires, cette *fièvre biochimique* exubérante de l'océan primitif, ces *combats sélectifs* à la façon des phoques, TOUT n'aurait d'autre sens que de préparer l'holocauste nucléaire ? L'intelligence n'émergerait — en quinze milliards d'années — que pour s'éliminer en quelques minutes ?

Le « sens » ne serait que déplorable illusion. Et Dieu, un minable trompeur.

Des pions sur un damier

L'image d'un dieu dérisoire n'est pas nouvelle. On la retrouve un peu partout dans la littérature. Il ne s'agit pas d'athéisme. On admet l'existence d'un dieu. Mais on le perçoit sous les traits d'un personnage léger, irresponsable, bien en deçà des attentes humaines. Un être indigne de nos « angoisses métaphysiques ».

Héraclite d'Éphèse, surnommé « l'Obscur », vivait en Grèce au ve siècle avant notre ère. Son surnom est assez bien mérité. Certains passages de ses écrits ont été fort diversement interprétés au cours des siècles sans que l'on s'entende sur leur sens véritable. A cela s'ajoute, pour nous, le problème d'une traduction contestable à partir d'une langue grecque archaïque.

Héraclite écrit *(N42) :*

Le Temps est un enfant
qui joue au tric-trac
Royauté d'un enfant

Le tric-trac est un jeu de dés. Les joueurs font avancer des pions sur un tableau selon les indications des dés. D'où une interprétation populaire des mots d'Héraclite : « Nous ne sommes que des pions. Les événements de nos vies, les drames et les catastrophes de la nature ne reflètent que l'activité irresponsable d'un enfant-roi qui joue aux dés. »

Poète et astronome islamique du XIIe siècle, Omar Khayyam est, comme Ronsard (« cueillez, cueillez, votre jeunesse »), un chantre de la vie qui passe ; mais avec combien plus d'amertume... Inexorablement, la mort nous attend. Elle porte avec elle la preuve de l'ineptie de nos existences. A nous de jouir de la vie, sans poser de questions, de peur de découvrir que :

Nous sommes des marionnettes
et le Ciel est le marionnettiste.
En réalité, et pas seulement en métaphore.
Pour un bref moment,
nous passons sur la scène.
Puis, un par un, nous retournons
dans la boîte du
néant.

Un enfant qui déplace des pions à coups de dés, un marionnettiste qui anéantit ses propres marionnettes après trois tours sur la scène. Pour illustrer le cynisme absurde d'un univers destiné à détruire ses plus hautes réussites, ces images ne détonneraient certes pas.

Sens et non-sens

La question du « sens » est présente tout au long de la vie et de l'œuvre de Carl Gustav Jung. Pour nous, il a le grand mérite d'avoir sondé et exploré les facettes les plus obscures de la réalité. A quatre-vingt-trois ans, dans son autobiographie (1961), il présente en quelques phrases le bilan de ses interrogations :

« Le monde dans lequel nous entrons à notre naissance est brutal et cruel, et, en même temps, d'une divine beauté.

« Croire à ce qui l'emporte, du sens et du non-sens, est une question de tempérament. Si le non-sens dominait en absolu, l'aspect sensé de la vie, au fur et à mesure de l'évolution, disparaîtrait de plus en plus. Mais cela n'est pas, ou ne semble pas être, le cas.

« Comme dans toute question métaphysique, les deux sont probablement vrais. La vie est *sens et non-sens,* ou elle possède sens et non-sens. J'ai l'*espoir anxieux* que le sens l'emportera. »

J'ai mis moi-même en italique les mots *espoir* et *anxieux.* Qu'ajouterait Jung aujourd'hui, vingt-cinq ans plus tard ? Les données cosmologiques qui nous ont menés au principe de complexité étaient inconnues de lui. Sans doute, à ses yeux, auraient-elles confirmé « l'aspect sensé de la vie ». Mais l'aggravation terrifiante de la menace nucléaire depuis l'époque de sa mort ne peut que souligner « l'aspect non-sens ».

Un point pour l'espoir, un point pour l'anxiété...

QUATRIÈME PARTIE

UNE NOTE D'ESPOIR

« Mais de l'homme, quand sera-t-il question ? »

SAINT-JOHN PERSE.

12. Le regard de l'homme sur l'univers

« Où suis-je ? » « Pourquoi suis-je ici ? » Voilà des questions toutes naturelles que les gens se posent depuis toujours, partout sur la planète (et peut-être aussi ailleurs). « Est-ce que la science nous apprend à mieux mourir ? » demandait un romancier célèbre, interviewé à l'émission « Apostrophes ». « Est-ce que découvrir une nouvelle particule ou disséquer une grenouille nous apprend le sens de la vie ? »

La science, bien sûr, est incapable d'aborder de front ces questions fondamentales. Mais elle fournit, sur la réalité, des éléments de savoir que *toute recherche de sens doit reconnaître et intégrer.* Ces connaissances se sont accumulées au cours des siècles, et notre façon de voir le monde en a été profondément altérée. Dans les pages qui suivent, je voudrais essayer de retracer les grandes étapes de cette transformation.

Ce parcours sera l'occasion d'une présentation simplifiée des chapitres précédents. Le lecteur peu habitué au langage scientifique trouvera ici les éléments essentiels à notre discussion.

Pour la commodité de l'exposé, je distinguerai arbitrairement trois périodes majeures dans l'histoire du regard de l'homme sur l'univers. On les appellera : *a)* le dialogue antique ; *b)* l'univers ne répond plus ; *c)* ébauche d'une vision nouvelle.

Le dialogue antique

Dans la quasi-totalité des cultures primitives, comme dans la plupart des grandes sagesses traditionnelles, la Terre est le centre du monde. Au-dessus se trouve le Ciel, la voûte étoilée qui héberge le Panthéon. L'univers n'est pas très grand. Les planètes et les étoiles sont tout juste au-delà de la portée de nos mains, sans être au-delà de la portée de nos voix.

Dans les cieux habitent des figures paternelles qui, d'une façon directe et personnelle, s'occupent de nous. Leurs demeures, souvent, se situent au sommet des hautes montagnes.

L'être humain ne souffre pas de solitude. Constamment surveillé, il doit agir en conséquence. Les manifestations du Ciel (tonnerre, éclairs, comètes) sont les éléments d'un langage de l'Au-delà, souvent terrifiant. Les ancêtres sont là-haut. Ils sont entrés dans le Panthéon et deviennent les intermédiaires entre le Ciel et l'humanité.

Dans plusieurs traditions, les personnages célestes sont les *parents* des êtres humains, au sens *génétique* et non pas seulement au sens symbolique du terme. Cette relation, manifestée par le récit de la naissance divine des hommes, donne un sens à l'existence. L'homme est *responsable de sa destinée.* S'il respecte les commandements, il a accès au pays des ancêtres. Dans le cas contraire, il est puni.

Mon but dans cette présentation, forcément simpliste, de notre première période, est de mettre en relief certains éléments communs à nombre de traditions religieuses :

1. le monde est petit ;
2. les humains sont en contact direct avec l'Au-delà ;
3. l'humanité est fille de la divinité ;
4. la vie a un sens, et les responsabilités sont claires.

L'univers ne répond plus

Le choc astronomique

Les Grecs ont perçu, les premiers, la véritable dimension du ciel. A Héraclite prétendant que le Soleil n'est pas plus gros que le pied humain, Anaxagore répond : il est plus grand que le Péloponnèse...

Avec la Renaissance et le développement des télescopes, le ciel prend brusquement des proportions gigantesques. La Terre n'est plus le socle immobile autour duquel tournent les étoiles. Comme la Lune et les planètes, *elle est elle-même un corps céleste.* Tous ces astres tournent autour du Soleil, qui, à cette période, devient le nouveau centre du monde.

Pas pour longtemps. Bientôt on comprend que *le Soleil est une étoile,* comme celles qui foisonnent dans le ciel par les belles nuits sans Lune. En fait, une étoile tout à fait banale, perdue quelque part dans la banlieue de notre Voie lactée. Si les autres étoiles ne sont pas aussi brillantes que notre Soleil, c'est, tout simplement, qu'elles sont beaucoup, beaucoup plus lointaines. (Anaxagore, déjà, avait eu cette intuition.) La lumière nous arrive du Soleil en huit minutes ; pour nous parvenir des étoiles de la nuit, il lui faut de nombreuses années.

Aux XVIIIe et XIXe siècles, on identifiait l'univers à ce que nous appelons aujourd'hui notre galaxie : la Voie lactée. Puis, au début de notre siècle, une nouvelle révélation : *notre galaxie n'est pas unique*! On en découvre sans cesse de nouvelles, plus ou moins semblables à la nôtre. Des centaines de millions de galaxies ont déjà été détectées, dispersées sur des milliards d'années-lumière. Dans le contexte de la cosmologie contemporaine, on envisage sérieusement la possibilité que leur nombre soit infini, que *l'univers soit sans limites.*

L'étourdissement face à ces dimensions et la prise de conscience de notre insignifiance dans l'abîme de l'espace ont progressivement influencé la pensée philosophique.

Une note d'espoir

Déjà, au milieu du XVIIe siècle, Blaise Pascal réagit. Il est à la fois scientifique — donc tout à fait au courant des révélations de l'astronomie — et philosophe — donc en mesure d'en apprécier l'impact.

Sa phrase célèbre : « Le silence éternel de ces espaces infinis m'effraie », résume en quelques mots le drame de cette époque. Dans cet univers immense et glacé, l'homme est un étranger. L'espace vide est muet.

Grâce à sa foi chrétienne et à son profond attachement au « Dieu d'Abraham, d'Isaac et de Jacob, plutôt qu'à celui des philosophes et des savants », Pascal n'a pas subi le traumatisme des penseurs ultérieurs, confrontés à la solitude de l'être humain dans l'immensité sidérale. Pourtant, il a durement accusé le choc provoqué par le développement de l'astronomie sur la vision traditionnelle de la relation homme-cosmos.

Le choc biologique

Un second choc allait venir des sciences biologiques avec la découverte de l'évolution des êtres vivants. C'est maintenant la filiation céleste des humains qui est mise en cause.

Adam et Ève ne sont plus engendrés par Dieu, dans le Paradis terrestre, au sixième jour de la Création. Et les brillants Athéniens ne sortent pas tout casqués de la cuisse de Jupiter. Notre filiation est beaucoup moins noble. C'est au sortir des vagins d'une lignée de primates que nos ancêtres voient le jour.

En *remontant* dans le passé, à la recherche des ancêtres de nos ancêtres, on *redescend* vers des espèces animales de plus en plus primitives, rencontrant tour à tour les primates, les reptiles, les amphibiens, les poissons, les invertébrés, pour aboutir au monde microscopique des cellules primitives, à l'image des amibes qui nagent dans les eaux croupies de nos pots de fleurs depuis longtemps fanées. On comprend que la théorie de Darwin soit restée longtemps impopulaire...

Pour ajouter à la déconfiture, la recherche biologique, en explorant les mécanismes de l'évolution des êtres vivants, met en évidence le rôle fondamental du *hasard*. Le bagage génétique de chaque être vivant, stocké dans le noyau des cellules, est soumis en permanence à des mutations aléatoires qui affecteront l'avenir de la lignée.

Ces deux acquis de la biologie — *descendance animale* des humains et intervention des *phénomènes aléatoires* dans l'évolution de la vie terrestre — vont porter un nouveau coup à l'ancien dialogue. L'homme n'est plus le fils des dieux mais l'enfant du hasard. Peut-on converser avec le hasard ?

Le choc psychologique

Au cours du XIXe siècle, la traditionnelle alliance entre l'homme et l'univers devait recevoir encore deux coups majeurs sur le plan de la psychologie et de la sociologie.

En explorant les couches profondes de la psyché humaine, en découvrant l'existence de l'inconscient, Freud et ses disciples altèrent considérablement notre perception de la responsabilité humaine. Handicapés que nous sommes par les conflits de la petite enfance, notre marge de manœuvre est beaucoup plus étroite que prévu.

De surcroît, la psychanalyse met en évidence l'existence de processus mentaux par lesquels l'image du père est projetée, bien au-delà de la sphère familiale, sous la forme de figures divines.

Ni père génétique, ni père spirituel, Dieu devient un *produit de la fantasmagorie enfantine.* « Dieu n'existe pas puisqu'on comprend maintenant *comment* il a été inventé par l'être humain », écrit Nietzsche.

Quelques décennies avant la naissance de la psychanalyse, Marx remet en cause l'image de Dieu comme chef spirituel des nations. Le pouvoir social ne vient pas du ciel, comme l'affirment les monarchies. Le droit de gouverner est, avant tout, le droit du plus fort. L'histoire des hommes n'est pas la réalisation d'un projet divin, mais la narration des péripéties de la lutte des classes.

Ces multiples chocs ont engendré l'*angoisse de l'homme moderne* face au silence des cieux et à sa propre solitude.

Une note d'espoir

« L'absurde, disait Camus, naît de la confrontation de l'appel humain avec le silence déraisonnable du monde. » Sans contact avec aucun « au-delà », l'homme occidental occupe une position unique dans l'histoire de l'humanité : celle d'un *solitaire essentiel.*

Ébauche d'une vision nouvelle

Pendant longtemps, les différentes sciences ont œuvré de façon indépendante, chacune dans sa sphère, sans échange, sans contact apparent.

Loin d'élargir leurs horizons et de se rencontrer aux frontières, ces disciplines se spécialisaient de plus en plus, rétrécissaient leurs intérêts, se concentraient sur des domaines de plus en plus étroits de la réalité. Un expert des coléoptères n'avait pas plus d'échanges avec son collègue spécialiste des araignées qu'avec un vulcanologue ou un thermodynamicien. Selon le mot de George Bernard Shaw, si « l'humaniste classique est celui qui *ne connaît rien sur tout,* l'expert scientifique est celui qui *connaît tout sur rien* ».

C'est au XXe siècle que, grâce à l'accumulation des connaissances, par un vaste retour sur elles-mêmes, les sciences sont en mesure d'accomplir leur jonction. Elles redécouvrent ce que, dans leur zèle, elles avaient un peu oublié : *leur objet commun est l'univers, habité par l'homme, auteur de la science.*

En juxtaposant les acquis des différentes disciplines, on peut dresser une vaste fresque de la connaissance. De même qu'en s'éloignant d'un grand tableau, on arrive parfois à percevoir des figures, des mouvements, des lignes directrices qui, de plus près, semblaient n'avoir aucune cohérence, la fresque des connaissances met en relations et situe, les uns par rapport aux autres, les résultats des différentes disciplines scientifiques (deuxième chapitre).

Le bal de l'histoire

L'harmonisation des différentes branches de la connaissance scientifique se fait autour du thème de *l'histoire de l'univers.* Les « savants » des siècles passés étudiaient une réalité qui leur paraissait éternelle et inchangeante : les lois des étoiles, les lois des atomes.

Puis, progressivement, la dimension historique s'introduit en science et joue un rôle de plus en plus important. Cela commence avec la géologie et l'étude des couches profondes du sol. Les squelettes des animaux d'il y a deux cents millions d'années ne ressemblent guère à ceux d'aujourd'hui.

En tentant d'expliquer cette diversité, la biologie « rencontre » l'histoire avec la théorie de l'évolution : les espèces se sont ramifiées à partir des cellules primitives d'il y a quatre milliards d'années.

L'astronomie, la chimie et la physique entrent dans le « bal de l'histoire » en découvrant que les atomes n'ont pas toujours existé, qu'ils apparaissent à un instant donné, grâce au jeu combiné des forces gravitationnelle, électromagnétique et nucléaire.

La cosmologie étend la vision historique à l'ensemble de l'univers. Ce ne sont pas seulement les habitants de l'univers qui sont soumis au changement. La *structure même du cosmos est en évolution.*

Il y a quinze milliards d'années, l'univers n'était que chaos : température, densité, inorganisation extrêmes. Il n'hébergeait aucune structure, aucun système organisé : ni étoiles ni galaxies, pas même de molécules, d'atomes ou de noyaux atomiques.

Sa constitution d'alors était une purée homogène et isotherme de particules élémentaires dans laquelle le physicien contemporain reconnaît les électrons, les photons, les quarks, les neutrinos et bien d'autres particules plus exotiques qui hantent les grands accélérateurs d'aujourd'hui.

La fresque de la connaissance

Les sciences modernes nous enseignent comment, chapitre par chapitre, la matière s'est organisée à mesure que la température cosmique, en régression continuelle grâce à l'expansion universelle, laissait le champ libre aux diverses forces de la nature.

L'*astronomie* nous parle de la formation des galaxies et des étoiles par l'action de la force de gravité sur la purée initiale.

La *physique* essaie de comprendre comment, dans le centre incandescent des étoiles, les particules élémentaires entrent en fusion et engendrent les noyaux atomiques.

La *chimie* reconstitue les étapes par lesquelles les noyaux et les électrons, éjectés des astres moribonds, s'associent dans l'espace interplanétaire en atomes, molécules et grains de poussière.

A nouveau à l'œuvre, la gravité rassemble ces petits grains et donne naissance aux planètes solides. Ces événements encore mal expliqués sont l'objet de la *planétologie*.

Certaines de ces planètes ont des atmosphères et des nappes liquides où la *biochimie*, avec le concours de la *géologie*, tente de comprendre la formation des premières cellules vivantes.

A ce point, la *biologie* rejoint la *paléontologie* pour nous amener, par la voie arborescente des lignées animales, jusqu'aux organismes supérieurs et à l'apparition des hominiens.

Le comportement des hommes, y compris le développement de l'activité scientifique elle-même, constitue le domaine des sciences *psychologiques*.

Ainsi l'homme de science, loin d'observer une réalité éternelle et inchangeante, se transforme progressivement en *historien* de la nature, pour se rendre compte qu'il écrit sa propre histoire, son *autobiographie*.

L'idée maîtresse de chacun de ces chapitres, c'est l'*organisation de la matière*. La science nous enseigne que tout ce qui existe — pierre, étoile, grenouille ou être humain — est fait de la même matière, des mêmes particules élémentaires. Seul diffère l'état d'organisation de ces particules les unes par rapport aux autres. Seul diffère le nombre d'échelons gravis dans la pyramide de la complexité.

Au niveau le plus bas, les grands nuages diffus de matière qui hantent les espaces sidéraux sont dans un état voisin du chaos initial. Les étoiles, formées à partir de ces nébuleuses, se situent déjà un peu plus haut. La gravité les a façonnées en forme de sphères, mais leur organisation interne est encore bien rudimentaire.

Encastrés dans une maille cristalline rigide, les atomes des pierres, des astéroïdes et des planètes solides sont beaucoup plus structurés que les atomes d'une étoile gazeuse, mais incomparablement moins que les atomes d'une patte de grenouille. Le cerveau humain, avec ses milliards de neurones interconnectés, constitue l'échantillon de matière le plus formidablement structuré de notre connaissance.

Les activités, les œuvres, les performances des systèmes organisés sont à la mesure de leur degré de complexité et d'organisation interne. Les étoiles se contentent de briller, les bactéries se meuvent et se reproduisent, mais l'être humain accomplit la plus haute performance jamais réalisée dans l'univers : prendre conscience de sa propre existence et de celle du monde extérieur. La science émerge de cette activité du cerveau pensant et questionnant dans son effort pour comprendre comment il en est arrivé là.

Géographiquement, la quasi-totalité de la matière cosmique possède un niveau d'organisation rudimentaire, sinon inexistant. Mais, dans cet océan chaotique, en certains lieux privilégiés, en certains îlots favorisés par des conditions physiques appropriées, la matière a pu « céder » à ses pulsions organisatrices et accoucher des merveilles dont elle possède le secret.

La place de l'homme dans l'univers

On voit maintenant comment la synthèse des progrès scientifiques — et leur insertion dans la trame cohérente d'une vaste fresque des connaissances — nous amène à redéfinir la place de l'homme dans l'univers et sa relation avec la nature.

A l'échelle de la *masse* et du *volume,* l'homme n'est *rien* : une poussière infime dans un espace sans bornes. Mais, selon le critère beaucoup plus significatif de l'*organisation,* il se situe *très haut.* A notre connaissance, il occupe l'échelon le plus élevé, celui duquel on peut voir l'univers et se poser des questions sur son origine et sur son avenir. Personne avant nous (du moins sur notre planète) n'a pu accéder à ces interrogations.

Avec les nébuleuses, les étoiles, les pierres et les grenouilles, avec tout ce qui existe, nous sommes engagés dans cette vaste expérience d'organisation de la matière. Loin d'être étrangers à l'univers, nous nous insérons dans une aventure qui se poursuit sur des distances de milliards d'années-lumière. Nous sommes les enfants d'un cosmos qui nous a donné naissance après une grossesse de quinze milliards d'années. Comme dans la tradition hindouiste : *les pierres et les étoiles sont nos sœurs.*

Nouvelle lecture des trois chocs

Comment la situation a-t-elle pu, à ce point, s'inverser ? Comment la science, après avoir apparemment répudié l'ancienne alliance, peut-elle maintenant présenter un point de vue aussi différent ?

En reprenant un par un les chocs décrits auparavant, en intégrant les données scientifiques dans le contexte élargi de la cosmologie contemporaine, nous serons amenés à les apprécier autrement, à leur donner des significations nouvelles. En bref, ces chocs ont provoqué un *assainissement* de la vision homme-univers. Ils nous débarrassent d'un infantilisme primitif, nous font accéder à une maturité nouvelle, à la hauteur des attributs du cosmos.

Considérons d'abord le choc astronomique causé par la prise de conscience de l'immensité de l'espace. Cette dimension, nous le savons maintenant, n'est pas un luxe inutile (p. 157). Dans un monde plus petit, à l'échelle de celui de Dante ou des cosmologies antiques, la matière n'aurait jamais pu donner naissance à la vie et à la conscience.

Pour faire des atomes, il faut des noyaux atomiques. Ces noyaux se constituent au sein d'étoiles massives. Pour engendrer suffisamment d'atomes, il ne suffit pas d'une seule étoile, il en faut des générations qui se succèdent, pendant des milliards d'années, au sein de galaxies semblables à notre Voie lactée. D'innombrables explosions stellaires ont éjecté et dispersé leurs moissons d'atomes fertiles dans l'immensité des espaces sidéraux.

Il nous apparaît maintenant évident que l'expansion de l'univers est une condition essentielle à l'émergence de la vie sur la Terre. Pour plusieurs raisons :

D'abord, parce qu'elle provoque le refroidissement cosmique, laissant aux particules la possibilité de s'associer. De plus, en accroissant sans cesse l'espace entre les galaxies, elle dilue efficacement l'entropie dégagée dans la nature (p. 75) et permet aux systèmes complexes de s'agencer.

La vie met plusieurs milliards d'années à émerger. Pendant cette durée, l'expansion étale les galaxies sur des milliards d'années-lumière. Le choc astronomique a remplacé un ciel minuscule, peuplé de personnages anthropomorphes, par un espace gigantesque, bourdonnant de la fièvre de la gestation cosmique à laquelle nous devons notre existence. Le rôle de l'espace n'est pas seulement, comme le croyaient nos ancêtres, d'*héberger* l'humanité, mais aussi de l'*engendrer*. Et cela prend beaucoup, beaucoup de place...

La découverte de l'*évolution biologique* a provoqué le second choc. En lui juxtaposant l'*évolution chimique* dans l'océan primitif et l'*évolution nucléaire* dans les étoiles, nous découvrons progressivement les étapes de notre gestation cosmique.

Loin de descendre des dieux, nous sommes le résultat d'une longue ascension. Nous émergeons d'une lignée d'ancêtres où nous reconnaissons, tour à tour, et en ordre chronologique inversé, les primates, les reptiles, les poissons, les cellules, puis, auparavant, les molécules géantes, les molécules simples, les atomes, les noyaux, les nucléons et les particules élémentaires du Big Bang. La combinatoire des lettres et la superposition des alphabets sont les recettes favorites de la nature pour engendrer la complexité.

Cette remontée, jusqu'à l'origine de notre arbre généalogique, nous révèle notre insertion dans le grand mouvement d'organisation de la matière universelle et notre parenté profonde avec tout ce qui existe.

En même temps, nous comprenons un peu mieux *comment l'organisation et la complexité ont pu émerger du chaos primordial.* Entre les particules de la purée cosmique, des forces s'exercent qui vont façonner la matière dès que la température décroissante leur en donnera l'opportunité. Le hasard aura sa place dans ce jeu des forces, mais son rôle sera réinterprété.

Il y a quelques décennies, l'existence de phénomènes aléatoires dans l'évolution animale semblait être une bonne preuve de l'absence de « projet » dans la nature. Dans le cadre de l'évolution, le hasard nous paraît jouer un rôle essentiel dans l'actualisation des immenses potentialités de la matière.

La richesse et la diversité des formes dans le royaume des vivants proviennent du fait que les lois de la physique permettent l'existence d'un très grand nombre d'êtres différents.

Les collisions des noyaux dans les brasiers stellaires, les captures moléculaires dans l'océan primitif, l'impact des rayons cosmiques sur les gènes dans les cellules vivantes sont autant de phénomènes aléatoires qui engendrent en permanence du nouveau et de l'inédit. C'est par eux que la nature va trouver l'occasion de manifester ses fantastiques possibilités. *Un univers sans hasard, une matière où tous les événements seraient déterminés n'offrirait au regard que grisaille et monotonie.*

Ici s'inscrivent de nombreuses caractéristiques encore mystérieuses de notre univers. Notre analyse nous a révélé un « ajustement fin » des paramètres numériques qui gouvernent le comportement de la matière. Notre attention a été attirée en particulier par l'avènement de phases de déséquilibre qui jouent un rôle essentiel dans l'émergence de la complexité.

L'organisation est constamment menacée par la « mort thermique », c'est-à-dire par l'instauration d'états d'équilibre. Fort heureusement, grâce au mode particulier d'expansion de notre univers, la matière s'éloigne de plus en plus de ces états mortifères. Nous sommes en sursis, mais un sursis qui s'allonge continuellement, laissant une place toujours plus grande à l'innovation, à la création.

Voilà donc notre nouvelle lecture des éléments qui ont provoqué le choc biologique. Nous sommes les manifestations des potentialités d'une matière extrêmement riche et inventive, dont l'actualisation requiert l'intervention du hasard.

Ce mode de développement nous place tout naturellement non pas dans la descendance des dieux, mais dans l'ascendance des singes et des animaux dits inférieurs. Tout au long de cette évolution, la matière manifeste un comportement dont la finalité nous échappe encore, mais dont nous pensons que, s'il avait été différent, nous ne serions pas ici pour en discuter.

Le choc psychologique a largement contribué à assainir notre conception du cosmos en nous éclairant sur les processus inconscients qui nous amènent à projeter dans le ciel les personnages de nos conflits intérieurs. Mais cette explication ne nous a guère éclairés sur les problèmes qui nous préoccupent dans ce livre.

Quand les enfants se querellent trop durement, le père de famille intervient avant que la lutte ne dégénère. Nous savons maintenant que, en cas de conflit, aucun dieu issu de nos projections ne viendra intercepter les ogives nucléaires. Rien n'interrompra l'holocauste que nous aurons amorcé.

13. L'accouchement du sens

> « Fierté de l'homme en marche
> sous son fardeau d'humanité.
> Fierté de l'homme en marche
> sous sa charge d'éternité. »
>
> SAINT-JOHN PERSE.

Le sens n'est pas donné

L'univers engendre la complexité. La complexité engendre l'efficacité. Mais l'efficacité n'engendre pas *nécessairement* le sens. Elle peut aussi engendrer le *non-sens.* En peu de mots, voilà le résumé des chapitres précédents.

Pour accéder au sens, et éviter le non-sens, il faut un élément nouveau, arbitraire : une *décision,* consciente et active, dans cette direction.

Ni les algues bleues ni les mésanges charbonnières ne sont en mesure de prendre une telle décision. Si cette décision devait attendre l'avènement des humains, c'est que le problème lui-même n'existait guère avant notre arrivée.

Potentiellement, le conflit est inscrit, depuis les temps les plus reculés, dans le déroulement de l'univers et l'édification de la complexité. Avec l'homme, il prend sa tragique dimension, mais en parallèle, une solution devient possible. *Il revient à l'être humain de donner un sens à la réalité.*

Nous (notre génération) sommes les témoins et les acteurs de cette période de l'histoire où ce problème entre dans sa phase décisive.

Si nous avons un rôle à jouer dans l'univers, c'est bien celui d'*aider la nature à accoucher d'elle-même.* L'être le plus menaçant est aussi le seul qui puisse faire réussir l'accouchement.

La nature nous indique la voie

Rappelons ici que, malgré la puissance des forces, l'univers ne contient pas que des atomes de fer, des molécules nobles et des trous noirs. De la variété des espèces nucléaires, chimiques et stellaires, nous avons conclu à l'inachèvement de l'œuvre des forces. Pédale douce... Les surfusions cosmiques ont freiné leurs ambitions hégémoniques. Ainsi, la matière a échappé au spectre menaçant de la stérilité et de la monotonie.

Les atomes durent. Ils sont invulnérables. Les organismes vivants, à l'inverse, sont menacés perpétuellement. Pour survivre, il leur faut combattre. Mais, à plus long terme, ils sont condamnés. L'espoir de survie est tout entier dans la progéniture. Pour perpétuer la lignée, pour permettre aux rejetons d'atteindre l'âge nubile, il faut les protéger, les entourer de soins, leur enseigner le dur métier de vivre.

La mort est une réalité cruelle du monde des vivants. Cela peut avoir un sens. *L'amour filial émerge de la volonté de survie face à la mort individuelle.*

Dans la reproduction sexuée, la nature déploie son activité favorite : *créer du nouveau.* Le mélange des gènes est une formidable source de combinaisons nouvelles, d'expériences biologiques inédites.

Pour faire l'amour, il faut d'abord séduire. Dans la rencontre et l'échange affectif plus ou moins élaboré qui s'ensuit, les sentiments trouvent une place de choix. La famille, stable ou éphémère, est le cadre naturel des rapports affectifs, sexuels et sociaux. Ce mode de vie existe chez un grand nombre d'espèces animales, surtout chez les oiseaux et les mammifères.

En cueillant le nectar des fleurs, les papillons véhiculent le pollen fertilisateur offrant ainsi aux plantes le moyen de leur reproduction. Les symbioses, les écosystèmes fondés sur des échanges mutuellement favorables, sont fréquents dans la nature.

Ainsi, en parallèle avec la lutte pour la vie, se sont instaurées des relations d'entraide. La stratégie d'*opposition,* qui valorise *la puissance et l'agressivité,* se double dans la nature d'une stratégie de *coopération* où s'épanouit l'*affectivité.*

Pédale douce, donc, à la compétition guerrière, accent sur l'échange et l'entraide. La nature a déjà engagé le mouvement. A nous de le poursuivre. Gérer sagement notre héritage de stratégies vitales est la seule façon d'assurer à la nature ses chances de continuer à se dépasser elle-même.

Hominisation et humanisation

On nomme *hominisation* l'événement historique par lequel nos ancêtres primates se sont progressivement transformés en *homo sapiens (N 43).* L'intelligence, en tant que stratégie de survie (au sens darwinien du terme), a joué un rôle essentiel dans ce passage.

Pour sauver l'homme contre lui-même, elle doit maintenant transcender ce rôle antérieur et engager l'*humanisation* de notre espèce *(N 44).*

Devant l'ampleur du problème et l'urgence de la situation, on se sent bien démuni. Entre les pieuses généralités et les mots d'ordre inapplicables, que dire ?

Jouer les moralisateurs n'est pas vraiment dans ma nature. Pourtant, selon le beau mot de René Dubos, il importe de *« penser globalement et d'agir localement ».*

Les synthèses ne sont pas suffisantes, et il est vain de vouloir « changer la société » par des actions d'éclat de nature politique. Notre sphère d'influence est restreinte, mais elle n'est pas nulle. Seuls les gestes à l'échelle personnelle ont, à mon avis, quelque chance de contribuer efficacement à ce projet.

Je voudrais ébaucher quelques éléments de réflexion. Les solutions sont à inventer et chacun peut, à titre égal, apporter ses suggestions.

Le sujet se traite mieux par touches légères. Il y aura forcément des redites. De toute façon, je ne prétends ni à la nouveauté ni à l'originalité. On reconnaîtra des idées mille fois répétées. Peut-être, dans le contexte plus vaste des thèmes de ce livre, prendront-elles une dimension nouvelle.

J'ai conscience, en plusieurs endroits, de m'être avancé sur des terrains glissants. Mes opinions ne sont, en aucun cas, définitivement arrêtées. Si le lecteur n'est pas d'accord, si son interprétation diffère de la mienne, tant mieux. Une discussion fructueuse peut s'ensuivre, qui nous aide à repenser, dans un cadre plus général, ces problèmes concrets et pressants.

Darwin au bûcher

La montée de la violence gratuite est, sans doute, un des phénomènes les plus déconcertants de ces dernières décennies.

Les agressions brutales ne sont pas confinées aux régions défavorisées, là où l'instinct de survie pourrait expliquer, sinon justifier, l'emploi de la force. Probablement la mieux nantie du monde, la société californienne est également un des hauts lieux de la violence et de l'illégalité meurtrière.

Des familles sont massacrées dans leurs salons par des jeunes gens de bonnes familles, pas même soucieux de cambrioler. Dans certains parcs d'université, il est fortement déconseillé de se promener, même le jour.

Les enseignants, pourtant, utilisent les meilleures techniques de la psychologie moderne. Malgré l'importance des moyens mis en œuvre sur le plan personnel, familial et social, la société libérale semble impuissante à contenir le flot de la violence gratuite.

Les éducateurs s'interrogent sur les raisons profondes de ce problème et sur les moyens de promouvoir un comportement plus moral. « Il me paraît évident que les gens devront éventuellement trouver une raison morale pour leur vie, raison morale qui, dans le passé, leur était fournie par les gouvernements, les monarchies et autres institutions toutes-puissantes », disait le Dr Daniel Robinson, professeur à l'université de Georgetown, dans une interview à la revue *US News World.*

On assiste, depuis quelques années aux États-Unis, à la résurrection de la « théorie du créationnisme ». Les défenseurs de cette théorie contestent le schéma darwinien. Sur le sujet de l'origine humaine, ils demandent que la théorie de l'évolution ne soit pas la seule à être enseignée dans les écoles. On devrait présenter également la vision biblique (selon eux tout aussi scientifique) de la naissance d'Adam et d'Ève dans le Paradis terrestre.

Ronald Reagan, président des États-Unis, donne le ton dans une interview musclée : « La théorie de l'évolution est une théorie scientifique comme une autre. Les biologistes ne la considèrent plus comme aussi infaillible que dans le passé. Mais si on doit l'enseigner dans les écoles, je crois que la version biblique de la création doit aussi être enseignée dans les écoles. »

Si les procès, intentés dans plus de quatorze États américains, n'ont pas toujours eu le succès escompté par les « fondamentalistes », leur victoire morale a été considérable. Plusieurs enseignants présentent sur le même pied les deux « théories ». D'autres, plus prudents, préfèrent s'abstenir entièrement. L'enseignement des sciences en prend un sérieux coup.

Comment peut-on mettre en parallèle, *en tant qu'explication scientifique,* le schéma évolutif des biologistes et le récit symbolique de la Bible (ou de toute autre mythologie traditionnelle) ? De toute évidence, au-delà de ce faux débat, il y a un enjeu autrement passionné.

Dans un élan de haute rhétorique, un juge de l'État de Géorgie met le doigt sur le vrai bobo : « Cette mythologie de singe, inventée par Darwin, est la cause de la permissivité, des pilules, des préservatifs, des perversions, des grossesses, des avortements, de la pornographie, des empoisonnements et de la prolifération des crimes de toutes espèces. »

Ou, pour citer une autre personnalité américaine : « La théorie de l'évolution est une idée immorale qui mène à une conduite immorale. »

Soyons plus explicites. Dans cette optique, la dégradation des comportements humains serait la conséquence de la vision scientifique contemporaine qui réduit l'univers à une immense machine physico-chimique soumise à des lois aveugles. L'homme est le résultat hasardeux d'un ensemble de processus incohérents.

L'égoïsme absolu est le seul comportement « raisonnable » si l'existence humaine n'a aucune signification. Un seul objectif valable : tirer son épingle du jeu. Les gens, les choses sont à *utiliser* ou à *consommer.*

Sous l'affolement et l'agitation dérisoire des créationnistes se cache un véritable problème : sur quoi fonder notre comportement moral ?

Pour l'homme antique, les impératifs de la conduite sont intimement reliés à la vision du monde. Les attitudes sont empreintes de révérence vis-à-vis de la nature et de ce qu'elle représente. Les gestes de la vie — se nourrir, faire l'amour, chasser, guerroyer — sont accompagnés d'un sentiment de communion profonde avec les ancêtres et les divinités.

Les grandes religions ont codifié, chacune à leur façon, les enseignements et les lois. D'où vient le monde ? Quels sont les rapports entre le Ciel et la Terre ? Comment faut-il, en conséquence, se comporter ? La morale chrétienne, par exemple, est fondée sur la rédemption de l'homme pécheur par le fils de Dieu. C'est en s'intégrant à ce mouvement que le chrétien perçoit les attitudes qu'il convient de prendre.

Depuis quelques siècles, l'influence des religions a considérablement diminué. Les « vérités religieuses » ont cédé la place aux connaissances scientifiques, porteuses d'aucune motivation morale. D'où le vide que déplorent les tenants du créationnisme *(fig. 12).* D'où leurs efforts passéistes pour réintroduire, par l'intimidation sinon par la persuasion, les récits bibliques aux cours de sciences naturelles.

Le problème ne se restreint pas, à mon avis, au seul domaine moral. L'expérience d'une relation avec l'*au-delà* — dans le sens le plus vague et le plus général du terme — semble être un des besoins les plus fondamentaux de l'être humain. *Un animal qui rit,* disait-on autrefois pour définir l'homme. Il faudrait plutôt dire : *un animal qui cherche à se relier.* Les anthropologues nous

Fig. 12. Dessin J.-F. Batellier extrait de l'album *Y'à quelqu'un ?*, auto-édité par l'auteur, janvier 1983.

l'enseignent : il n'est pas un groupe humain aussi isolé soit-il, pas une tribu aussi primitive soit-elle, qui n'ait établi et codifié ses rapports avec une réalité divine non tangible.

Le désarroi de l'homme moderne privé de cette relation, son besoin de combler ce vide douloureux se manifestent par une prolifération de religions nouvelles, sectes, ésotérismes, nés généralement — et cela est significatif — dans la région californienne, un haut lieu de la science mondiale.

Après Galilée et Newton, l'astrologie aurait pu, comme sa sœur l'alchimie, s'éclipser pour ne garder qu'un intérêt historique. Le formidable renouveau qu'elle connaît aujourd'hui inquiète certains scientifiques qui partent en guerre sans, apparemment, en percevoir le véritable enjeu.

Les entreprises passéistes sont vouées à l'échec. Les portes du Paradis terrestre sont closes. On ne peut plus se cacher la tête dans le sable des certitudes traditionnelles.

Notre effort pour penser la réalité doit, sous peine d'échec, *intégrer tous les acquis de la science moderne.* La survie de l'être humain, la victoire de la « pulsion de vie » sur la « pulsion de mort », tel est l'objectif que détermine pour nous l'analyse de la réalité présentée dans les pages de ce livre. Cet objectif pourrait être la base de notre code moral.

Hymne national et dignité humaine

Quand un jeune homme se conduit mal, la honte, souvent, éclabousse toute la famille. Les scènes de violence contre les Noirs d'Afrique du Sud ou contre les Cambodgiens, à la télévision ou au cinéma, provoquent chez moi un sentiment de honte nauséeuse. Honte d'appartenir à une espèce capable d'en venir là.

Extraite des archives de la dernière guerre, on a publié récemment la photo d'une scène particulièrement cruelle. Une tête brûlée émerge sous une palissade en bois, à demi calcinée. Au moment où les Alliés vont libérer les prisonniers d'un camp d'extermination, les SS mettent le feu aux baraques avant de décamper. Ce supplément d'horreur gratuite repose la question tragique : comment un être humain peut-il en arriver là ?

Dans leur lutte contre le sexisme, les féministes se sont attaquées d'abord à ses racines. Elles les ont traquées dans des sols souvent insoupçonnés : les mots, le langage courant, les phrases apparemment anodines prononcées sans méfiance dans le cadre familial ou scolaire. Pour notre problème, il faut suivre leur exemple.

Certaines expressions fondent, structurent et consolident au cours des ans des attitudes détestables. Quand les circonstances s'y prêtent, ces attitudes provoquent ces comportements qui nous font honte.

Il m'est arrivé, quand mes enfants étaient à l'école, d'assister aux cérémonies de fin d'année. J'en garde le souvenir de tièdes matinées de juin, parmi les lilas et les cerisiers fleuris. Après la traditionnelle remise des prix, les enfants, accompagnés de leurs professeurs et de leurs parents, entonnent avec ardeur *la Marseillaise* et souhaitent, d'un seul cœur, *qu'un sang impur abreuve leurs sillons...*

Plus, peut-être, que le racisme de l'expression « sang impur », c'est la légèreté avec laquelle ces mots étaient prononcés qui, chaque fois, me mettait mal à l'aise. Enrobé de la présence approbatrice des parents et des instituteurs, une sorte de poison était injecté aux enfants.

N'exagérons rien. Des millions de petits Français ont chanté *la Marseillaise* sans pour autant devenir des monstres sanguinaires. Pourtant, l'histoire nous rappelle — douloureusement — combien, en certains contextes politiques, les « braves gens » prêtent facilement l'oreille aux apôtres du racisme. Témoin les vagues d'antisémitisme qui ont déferlé sur le pays pendant l'occupation allemande, ainsi que la résurgence actuelle des tendances fascisantes et xénophobiques.

Des connaissances scientifiques contemporaines émerge une nouvelle image de l'être humain. Détrôné de ses prétentions à être le « centre du monde », il trouve une nouvelle *dignité.* Il se situe très haut dans l'échelle des êtres organisés de la nature. Là où l'a conduit cette longue gestation dans laquelle sont impliqués tous les phénomènes cosmiques.

Cette dignité, il la partage avec tous les humains, quelle que soit leur origine. Le respect des droits de l'homme, c'est aussi la prise de conscience de l'importance de chaque individu dans l'histoire de l'univers.

L'air de *la Marseillaise* est entraînant, mais les paroles sont d'une autre époque. Au ministre de l'Éducation nationale, j'aimerais faire une proposition : on laisserait aux lycéens, dans le cadre d'un concours national, le soin de rédiger de nouvelles paroles, en harmonie avec *la déclaration des droits de l'homme,* un des beaux fleurons de la culture française.

La déclaration des droits de l'animal

Les esclaves, au temps de l'Empire romain, n'avaient aucun droit, aucune possession. Soumis aux fantaisies et aux caprices du maître, même leur corps ne leur appartenait pas. Certains furent mutilés dès l'enfance, pour être exhibés au cirque.

Sénèque, un humaniste de l'époque, tolère cette institution. « Idéalement, aurait-il dit, l'esclavage devrait être aboli. Mais soyons réalistes. Les citoyens romains tiennent à leurs privilèges et la main-d'œuvre gratuite est essentielle au bien-être de l'Empire. »

L'homme de la rue aurait eu un point de vue plus simple encore : « Il y a les esclaves et les hommes libres, comme il y a les chats et les chiens. C'est une question de naissance. »

Qui, dans ces conditions, défend la cause des esclaves ? Où est, pour eux, l'espoir d'en sortir ? Juge et partie à la fois, le citoyen libre a le droit du plus fort. Crucifié sur la Voie romaine, avec des milliers de compagnons rebelles, le malheureux Spartacus l'apprend à ses dépens.

Pourtant l'esclavage *a été aboli.*

Tous les hommes ne sont pas libres pour autant. Notre siècle a vu proliférer les camps de concentration et les goulags. Mais il y a eu, du moins j'aime à le croire, une amélioration. Les Nations unies ont signé et ratifié la Charte des droits de l'homme. Les violations (nombreuses) sont connues et réprouvées.

Une *sensibilité collective* s'est éveillée, qui s'indigne du sort des Cambodgiens soumis aux sévices de Pol Pot, du sort des Chiliens sous Pinochet. Cette sensibilité n'existait pas, me semble-t-il, sous les empires assyriens, égyptiens ou romains.

Dans une calanque corse, l'autre été, un père de famille enseigne à ses deux garçons comment manier un fusil de chasse sous-marine. C'est le cadeau d'anniversaire du plus jeune. Avec discipline et application, le trio explore systématiquement tous les récifs, toutes les anfractuosités des rochers.

Une belle pêche. Les pieuvres transpercées sont admirées un instant, puis jetées au loin, aux applaudissements sympathiques des autres vacanciers. Qui aurait pris le parti des poulpes ? De leur bonheur de vivre et de vaquer à leurs occupations ?

Sensibilité exagérée ? Peut-être. Les pieuvres s'affairent surtout à chercher leurs proies. La vie est dure et la nature nous impose le meurtre. Au cimetière, les vers nous boufferont tous.

Nous sommes, pour l'instant, les plus forts et, en principe, les plus intelligents. Dans notre relation avec les animaux, cette intelligence nous a surtout servi à les exploiter au maximum. Visitez, pour votre édification, un élevage d'oies. Apprenez avec quelle technique raffinée on obtient un excellent foie gras. Et reprenez-en encore une tranche, si le cœur vous en dit...

« Pourquoi la nature fait-elle naître la race hideuse des animaux féroces, ennemis acharnés des humains ? » demandait Lucrèce au Ier siècle avant notre ère. Aujourd'hui, on cherche à les protéger pendant qu'il en reste.

Comme envers les esclaves, la sensibilité à l'égard des animaux a évolué. L'écologie préoccupe nos concitoyens. On admet qu'une bonne gestion du milieu naturel est indispensable au confort et au bonheur des hommes.

Cette prise de conscience donne généralement à l'écologie sa justification et sa limite. Récemment, dans un communiqué officiel, l'Union soviétique s'exprimait clairement sur cette question. « Les préoccupations écologiques n'ont de sens que par rapport au bien-être de la société humaine. » Mais qui parle pour les animaux ?

La reconnaissance, grâce aux acquis des sciences contemporaines, du vaste mouvement d'évolution cosmique dans lequel les étoiles, les grenouilles et les humains apparaissent comme autant de manifestations des merveilleuses potentialités de la matière, fonde, pour *chaque* être, le droit à l'existence et à la dignité.

Remettre en cause des privilèges acquis pour accéder à un niveau supérieur d'objectivité est un signe de véritable intelligence.

La législation du meurtre

Plusieurs pays possèdent déjà un code légal sur la mise à mort des animaux. Ailleurs, au contraire, les comportements les plus cruels sont admis. L' « extraction » à la main des cuisses de grenouilles encore vivantes, en Asie du Sud-Est, nous scandalise. Il me semble qu'une *déclaration des droits de l'animal* pourrait sensibiliser les populations et fonder une législation acceptable pour tous.

Dans quels cas et dans quelles conditions peut-on disposer de la vie d'un animal ? Il importe, au départ, de reconnaître qu'il s'agit d'un *meurtre*. Donc d'un geste qui *demande une justification*. Le meurtre des animaux devient, en certaines circonstances, une nécessité. Il s'apparente alors à la « légitime défense » de la loi humaine. Manger, se protéger contre le froid sont des exigences incontournables de notre existence. Elles peuvent justifier la mise à mort des animaux.

Et les plantes ? On en parle moins dans ce contexte. Certains prétendent qu'elles peuvent souffrir. Les preuves de cette affirmation ne me paraissent pas très convaincantes. Mais la question n'est pas là. Au même titre que les animaux, elles ont droit à l'existence. Manger « végétarien » ne fait que déplacer le problème.

Notre « législation » contiendrait, je le suppose, des énoncés comme ceux-ci : « Tuer pour manger est acceptable, torturer pour accroître les délices du palais est répréhensible. Gaver les oies, enfermer les veaux dans des étables sans lumière, etc., sont des pratiques indignes des êtres humains. »

La mort d'un ours blanc est justifiée s'il s'agit de vêtir une Esquimaude sur la banquise arctique. Elle ne l'est plus pour une Parisienne. Dans nos sociétés industrialisées, la protection contre le froid n'exige plus le dépouillement des bêtes.

Les Romains étaient friands des jeux du cirque. Les combats des gladiateurs, les esclaves livrés aux bêtes féroces, faisaient les beaux dimanches d'automne. Le « goût du sang » n'est, certes, plus ce qu'il était. Mais les corridas, avec ou sans mise à mort, ne manquent pas d'hémoglobine sous les cieux ensoleillés du Midi.

« Soucis futiles et dérisoires ; il y a tant d'autres urgences », objecte-t-on parfois aux âmes sensibles quand elles s'opposent à la chasse à courre, ou à Brigitte Bardot quand elle se révolte contre la tuerie des bébés phoques. « Occupez-vous plutôt des enfants réfugiés dans les camps palestiniens. »

Animaux et humains : même combat. La sensibilité devant *l'acte de tuer* évolue globalement. Comment réagira le chasseur-qui-tire-sur-tout-ce-qui-bouge, quand son sergent lui ordonnera de liquider les prisonniers ?

La peine de mort

Selon les meilleures enquêtes, près de la moitié de nos concitoyens verrait d'un bon œil le retour dans nos institutions légales de la peine de mort. J'ai eu maintes fois l'occasion d'en parler avec des gens de différents milieux sociaux ; l'argument qu'on invoque généralement est celui de la *dissuasion*. Contre les agressions meurtrières, l'ombre de la guillotine à l'aube nous protégerait plus efficacement que la prison.

Peut-être. Mais à court terme seulement. Refuser de guillotiner, c'est miser sur l'évolution de la sensibilité humaine. L'abolition de l'esclavage nous montre que cet investissement n'est pas nécessairement illusoire.

L'abandon de la peine de mort, en dépit de la protection qu'elle semble apporter, est un geste de longue portée, non seulement contre les crimes individuels, mais aussi contre l'extermination de l'humanité.

« Ayez l'obligeance de laisser cet endroit aussi propre que vous l'avez trouvé »

Étudiant, j'ai plusieurs fois participé à des débats sur l'utilisation pacifique de l'énergie nucléaire. J'étais du côté des « pour ». A cette époque, on caressait encore le rêve d'une source d'énergie illimitée, propre et quasi gratuite : la fin de la pauvreté dans le monde...

Vers la fin de mes études, on m'a proposé un travail auprès d'un surrégénérateur en construction, à Detroit aux États-Unis. Situé sur un îlot dans le lac Saint-Clair, l'appareil était pratiquement terminé. Les grandes usines de voitures : Ford, General Motors, inquiétées par la présence de cette centrale nucléaire dans leur voisinage, avaient intenté un procès, demandant l'arrêt des travaux.

C'est là que je devais intervenir. Il me fallait, dans un rapport détaillé, montrer que les probabilités d'accident étaient entièrement négligeables. « Et si mes conclusions sont différentes ? » ai-je ajouté semi-ironiquement. « Impossible », m'a-t-on, très sérieusement, répondu.

Totalement désorienté, j'ai refusé le poste. Bien m'en a pris. Quelques années plus tard, un grave accident s'est produit. Le réacteur est resté hors de contrôle pendant plusieurs heures, pendant lesquelles on a dû envisager sérieusement l'évacuation de la ville de Detroit. Le bâtiment fut condamné. Contaminé pour des décennies, entouré de fils barbelés, l'îlot est maintenant inabordable.

On peut évaluer les probabilités d'un accident technique, mais non celles d'une fausse manœuvre humaine. L'accident de la centrale de Three Miles Islands nous en a fourni un bel exemple. Les fausses manœuvres ne sont pas réservées aux centrales nucléaires. Mais elles y prennent une importance démesurée.

Quand une centrale hydro-électrique tombe en panne, les effets n'ameutent pas l'Europe entière et ne provoquent pas l'avènement de milliers de leucémies supplémentaires.

Je pense que le nucléaire est *trop dangereux* pour les humains. Il y a un abîme entre les vertus héroïques requises pour sa sécurité et la pratique de la vie humaine. Les humains sont ce qu'ils sont. Quand la routine, la bureaucratie, le « fonctionnarisme » s'installent, adieu la prudence et la compétence.

Invité à l'émission *Droit de réponse* sur la tragédie de Tchernobyl, un jeune physicien nucléaire de Strasbourg a raconté une anecdote aussi exquise que significative. S'étant procuré des épinards contaminés par le « nuage radioactif », les chercheurs de son laboratoire ont étudié l'effet du lavage (recommandé par les autorités officielles) sur la radioactivité du feuillage. Résultat : après des lavages répétés, *diminution de moins de vingt pour cent.* « Lavez, lavez, il en reste toujours beaucoup plus que vous ne pensez. »

Réaction naïve du spectateur : ce fait est-il connu, ou non connu, des autorités européennes responsables de notre sécurité ? Je laisse au lecteur la tâche d'explorer par lui-même les implications des deux branches de cette alternative...

A mon avis, ce fait on ne *veut* pas, ou mieux, on ne *peut* pas l'entendre. Les vers de Virgile que je transcris ici illustrent bien la situation présente : « Ainsi quand de leurs loges ils se sont élancés, les quadriges [de chevaux] augmentent tour à tour leur vitesse ; en vain le cocher tire sur les guides ; ses chevaux l'emportent et l'attelage reste sourd à ses rênes » (Virgile, *Les Géorgiques*).

L'expérience des dernières décennies a montré que l'énergie nucléaire ne remplit *aucune* des promesses qui la rendaient au début tellement séduisante. Elle n'est ni illimitée, ni propre, ni quasi gratuite. (Les réserves d'uranium sont très limitées, même au niveau des trop dangereux surrégénérateurs. Et les questions d'indépendance nationale se posent avec acuité ; les mines ne sont pas également distribuées entre les nations.) Mais l'industrie nucléaire a pris une telle ampleur, un tel élan, que, comme pour les quadriges de Virgile, on a perdu le contrôle. On préfère s'accrocher au mythe du lavage des épinards...

Dans certaines toilettes publiques, on lit l'inscription suivante : « Ayez l'obligeance, après usage, de laisser cet endroit aussi propre que vous l'avez trouvé. » Avec l'augmentation du nombre de réacteurs sur la planète, les accidents du type Tchernobyl risquent de se répéter, de se multiplier jusqu'à se banaliser, n'attirant même plus l'attention publique. Dans quel état laisserons-nous notre planète à nos enfants ? A nous l'énergie, à eux la saloperie...

Il y a soixante ans, le plutonium était totalement absent de notre Terre. Aujourd'hui, grâce à l'opération des réacteurs, il y en a des milliers de tonnes. Dix kilos suffisent à faire une bombe atomique. Plus grave encore que la pollution radioactive, il y a la prolifération de l'armement nucléaire sur la planète (voir p. 43).

C'est à long terme qu'il faut planifier l'utilisation des énergies naturelles. Seule l'énergie solaire peut satisfaire les exigences de l'humanité pendant des milliards d'années. Il faudra y venir tôt ou tard. Le plus tôt sera le mieux. Alors que le coût du kilowatt nucléaire s'accroît au cours du temps (et l'accident de Tchernobyl n'arrangera rien à cet égard), celui du kilowatt solaire est en diminution constante. C'est là, me semble-t-il, qu'il faut concentrer les efforts.

Paris-Dakar

La mort de Thierry Sabine a remis en cause l'institution du rallye annuel dans les sables africains. « Quel est le sens de cette course absurde entre casse-cou invétérés incapables de vivre sans la drogue du risque et du danger gratuit ? » disent certains. « A quoi riment ces entreprises aussi coûteuses qu'inutiles, ce gaspillage éhonté face aux populations sahariennes appauvries et affamées ? » ajoutent les autres.

On oublie facilement que le goût de l'aventure et du dépassement, profondément inscrit dans la nature humaine, a joué un rôle de premier plan dans l'émergence et la survie de notre espèce. L'esprit de conquête, l'agressivité, la violence n'ont pas que des connotations négatives. Notre analyse des moteurs de la complexité a mis en évidence leur participation à l'émergence de l'organisation. Inutile de se voiler la face, ils sont omniprésents dans la nature.

Ignorer, nier ces pulsions profondes, est la meilleure façon de les voir revenir par la porte arrière. Une bonne gestion de la libido humaine passe d'abord par une reconnaissance de la virulence de ces pulsions. Canaliser cette puissance me paraît être une hygiène saine et réaliste de l'âme humaine.

Nonobstant ces arguments, je verrais avec plaisir disparaître cette course. La pollution du désert me choque. Aventure pour aventure, mes sympathies vont plutôt du côté de l'alpinisme ou de la planche à voile, plus respectueux du milieu naturel. Mais à chacun ses démons...

A quel prix la connaissance ?

Qui ne se souvient des expériences médicales du Dr Mengele sur les prisonniers des camps d'extermination de l'Allemagne hitlérienne ? A la fin de la guerre, personne n'a protesté, au nom de la connaissance médicale, contre l'arrêt de ces recherches. Aujourd'hui, l'expérimentation sur les animaux, dans les facultés de médecine, est sérieusement remise en cause par bon nombre de nos concitoyens.

Le goût d'explorer est une pulsion fondamentale, aussi bien chez l'être humain que chez le petit chat. Sa justification première est de l'ordre du pur plaisir de découvrir.

Jusqu'où peut-on aller au nom de la connaissance ? Peut-on la considérer comme un but en soi ? Comme une fin ultime, justifiant tous les moyens ? Sinon, où convient-il de mettre la barre ? Quels risques, quelles imprudences sont justifiés ?

La même interrogation se pose par rapport aux prouesses techniques. On appelle « folie technologique » la thèse, défendue par certains scientifiques, selon laquelle tout ce qui *peut* être fait, *doit* être fait.

La question est tout à fait à l'ordre du jour dans le domaine des *manipulations génétiques*. Sur les implications à long terme, sur les risques de jouer à l'apprenti sorcier avec les gènes humains, certains se contentent du commentaire traditionnel : « Si vous ne le faites pas, quelqu'un d'autre le fera. »

Le problème n'est pas nouveau. Lucrèce en parle à propos des animaux féroces dressés pour la guerre. Les stratèges de l'armée carthaginoise avaient imaginé de lancer dans la bataille des taureaux ou des éléphants furieux bardés de ferrailles tranchantes. Mais, surprise ô combien désagréable, dans le feu de l'action, les bêtes affolées confondent allégrement amis et ennemis. On a mis rapidement fin à cette « folie technologique ». De la même façon, et pour des raisons analogues, on a arrêté l'utilisation des gaz assez tôt pendant la guerre de 1914.

Il existe aujourd'hui entre les grandes puissances de la planète un « moratoire » sur le développement des armes bactériologiques. Les représentants de ces nations ont mis au point et signé un traité où chacun s'engage à interrompre définitivement toutes recherches visant à étudier et à perfectionner ces armes redoutables.

Ces traités sont-ils respectés ? En gros, oui, même s'il y a des infractions. Là encore, il en va de l'intérêt mutuel de tous les participants. Pas plus que les éléphants carthaginois, les virus ne sauraient distinguer les « bons » et les « méchants ».

Ces exemples donnent une première limite à la folie technologique : la survie de l'expérimentateur en tant qu'espèce. Cette dimension du problème est nouvelle.

La possibilité pour l'humanité de s'exterminer elle-même, inexistante jusqu'à très récemment, est un des (rares) effets positifs de la puissance des moyens de destruction. Le technicien le plus téméraire est acculé à réfléchir. L'éthique est entrée *de force* dans le domaine aseptisé de la recherche scientifique.

L'exploration, pour le petit chat, n'est que bénéfice. La connaissance du territoire est un avantage précieux pour la conduite de sa vie. Vis-à-vis de la science, l'homme, aujourd'hui, se trouve dans une position beaucoup plus ambiguë.

« Ce qui importe, écrivait Nietzsche, ce n'est pas tellement ce qui est vrai, c'est ce qui aide à vivre. » Cette belle phrase contient, je crois, la réponse à nos interrogations. Le but ultime de la connaissance et de l'expérimentation n'est-il pas, en définitive, de rendre pour *chacun* la vie un peu plus vivable ? *Ce chacun inclut tous les êtres vivants.* Une législation de l'expérimentation doit respecter les droits de *tous* les intéressés.

Diffuser les connaissances

« Grâce à vos émissions à la télévision, à vos articles de vulgarisation, je me suis découvert une vocation de scientifique », m'a dit, un jour, un jeune homme en entrant dans mon bureau. « Voulez-vous me guider dans le choix de mes études ? » J'ai suivi de près le déroulement — fort brillant — de ses années académiques.

En recevant son diplôme, il m'annonça son intention d'accepter un poste très alléchant dans un laboratoire d'armements nucléaires.

En toute bonne foi — mais l'irresponsabilité n'est guère une excuse — j'avais apporté une belle pierre à l'édifice de la guerre.

L'intérêt est grand, aujourd'hui, pour la vulgarisation scientifique. Celui qui veut diffuser les connaissances trouve un vaste auditoire. Le prestige qu'on lui confère implique une lourde responsabilité. La vulgarisation n'est *pas une tâche innocente.*

Un homme de science, bien connu du public, s'est fait pendant plusieurs années le garant du développement de l'énergie nucléaire. « Maintenant, je commence à avoir des doutes », dit-il, un jour, à une réunion de scientifiques. J'ai pris la parole : « Les gens vous font confiance, allez-vous leur communiquer votre nouvel état d'âme ? » Ma question est restée sans réponse.

Sur le rôle de la vulgarisation, j'ai en tête deux mots clefs. Elle doit *responsabiliser,* elle ne doit pas *infantiliser.*

On a récemment présenté au public, au moyen d'une exposition itinérante, la théorie de la relativité d'Einstein. J'avoue n'avoir pas compris quelles étaient les intentions des auteurs de ce projet. J'ai interrogé plusieurs visiteurs ; la réponse était unanime : « C'est trop fort pour nous », avouaient-ils, déprimés d'avoir été confrontés à leurs limites. De là à l'abdication, il n'y a qu'un pas. C'est la porte grande ouverte aux technocrates. « Dormez en paix, nous pensons pour vous. »

Le « triomphalisme scientifique » est l'autre versant de l'infantilisation vulgarisatrice. « Le grand bonheur du progrès est inévitable », écrivait Victor Hugo, il y a plus d'un siècle. « Les réalisations de la technique nous permettront de résoudre tous les problèmes de l'humanité. Et de mettre quelque chose derrière le mot Dieu », ajoutait récemment, sans sourciller, un vulgarisateur connu.

Dans le même esprit, on peut citer ce slogan scientiste par excellence : « Seule la science peut résoudre les problèmes posés par la science. »

« Apportez-nous la vérité »

Les grenouilles de La Fontaine suppliaient le Ciel de leur envoyer un roi. Aujourd'hui, on demande des gourous. « Dites-nous ce que nous devons croire et comment nous devons agir. »

Devenir adulte, c'est reconnaître, sans trop souffrir, que le Père Noël n'existe pas. C'est apprendre à vivre dans le doute et dans l'incertitude.

Il ne suffit pas d'apporter la connaissance, le vulgarisateur doit encore signaler les *limites de la démarche scientifique.* « Telle théorie est *modérément* crédible. » « Telle affirmation est encore largement spéculative et ne doit être acceptée qu'avec prudence. » « A telle question, il y a plusieurs réponses possibles, entre lesquelles nous ne pouvons pas encore choisir. »

Il importe également de signaler les limites et les dangers du *discours simplifié* utilisé par le vulgarisateur : « Telle image est ambiguë ; telle comparaison peut prêter à confusion. »

« Quel plaisir de comprendre ! Je me sens intelligent. Je

croyais ces notions bien au-dessus de mes capacités intellectuelles. » Ces propos, les vulgarisateurs scientifiques les entendent souvent. Ils signalent, à mon avis, une grave déficience de nos systèmes d'éducation.

Loin de donner envie d'apprendre et d'accroître l'aptitude à penser, les institutions, trop souvent, privent les étudiants du plaisir de la connaissance et injectent, en prime, un sentiment d'incompétence.

« Quel dommage que l'astronomie ne soit plus enseignée au lycée ! » disent quelquefois les spectateurs après une projection de photos astronomiques. « En êtes-vous bien sûr ? » est ma réponse habituelle. « Pourriez-vous encore y prendre du plaisir ? »

Les dommages causés par l'école ne sont pas (nécessairement) irréparables. Redonner confiance, ressusciter le goût d'apprendre, le plaisir de connaître, voilà certes une des plus hautes missions de la vulgarisation scientifique.

« Où en est la recherche aujourd'hui ? Quelles sont les questions à l'ordre du jour ? Sur tel sujet, quelles sont les hypothèses, les théories rivales ? » Personne n'aime se sentir « hors du coup ». Quoi de plus valorisant que cette intégration, que ce sentiment d'appartenir à la culture contemporaine ?

Si la science ne peut pas répondre aux questions telles que : « Dieu existe-t-il ? La vie a-t-elle un sens ? Y a-t-il une vie après la mort ? », les connaissances scientifiques nous permettent néanmoins de nous *situer* dans le cosmos par rapport aux étoiles, aux plantes, aux animaux. La science retrace notre passé, retrouve nos racines cosmiques et décrit l'aventure de la matière qui s'organise, où notre existence s'insère.

Pour vivre, pour se comporter parmi ses semblables, pour prendre les décisions qui s'imposent, chacun de nous développe sa propre philosophie de la vie (philosophie avec un petit p), sa propre *vision du monde.* C'est dans l'élaboration de cette vision du monde que les connaissances scientifiques jouent un rôle primordial.

L'armement nucléaire et la démocratie

Dans un monde de plus en plus dominé par la technique, les décisions importantes, très souvent, sont prises par des technocrates. Par l'ignorance et l'insuffisance où il se trouve (ou croit se trouver), le citoyen est dépossédé de ses moyens de contrôle. (Il suffirait d'une pointe de paranoïa pour imaginer que l'effet démobilisant de l'enseignement public soit le résultat d'une volonté machiavélique.)

Les discussions parlementaires se prolongent quand il s'agit du budget de la Sécurité sociale, mais le projet de fabriquer une nouvelle bombe est à peine mentionné à la Chambre. Que, dans les pays totalitaires, les décisions relatives à l'armement nucléaire soient prises sans débat démocratique n'étonne personne. Que la situation soit, en tout point, analogue dans nos démocraties occidentales *(N45)* reflète bien la démobilisation de nos concitoyens pour les questions scientifiques. Jusqu'ici, la question de l'armement nucléaire semble, partout, échapper au contrôle démocratique.

« Parlez-moi de moi, y a que ça qui m'intéresse »

Cette phrase de Guy Béart contient la recette de la véritable pédagogie. Pourquoi l'astrologie est-elle tellement plus populaire que la chimie ? Une part importante du succès des astrologues vient, à mon sens, du fait qu'ils s'adressent à vous en tant que personne. Vous êtes Verseau, Cancer ou Capricorne.

Il n'est pas dans mon intention dans cet ouvrage de faire le procès de l'astrologie. Je veux simplement signaler cette relation personnelle qu'elle entend établir entre le *moi* et le cosmos.

Une note d'espoir

Le message le plus signifiant de la science moderne, c'est, peut-être, le rapport qu'elle montre entre l'être humain et l'univers. Fondé sur des données vérifiables, ce rapport nouveau me paraît plus satisfaisant, plus facilement acceptable pour un esprit critique.

Les mathématiques sont le langage de la nature. Les atomes et les molécules sont notre substance même. Découvrir comment ils s'associent, c'est étudier notre passé et aussi notre présent. C'est comprendre un peu mieux ce vaste mouvement d'organisation qui nous a donné naissance.

« Je pense que rien d'humain ne m'est étranger », écrivait Sénèque, il y a deux mille ans. On ajouterait : *« Rien de physique, de chimique, de biologique ne m'est étranger. »* Voilà, en résumé, le grand pas accompli depuis l'Empire romain. Les bêtes féroces, honnies de Lucrèce, sont nos sœurs.

De la jubilation

« Il y a dans les bois
Des arbres fous d'oiseaux. »
ELUARD.

Étudiant, il m'arrivait pendant les vacances de voyager en « bateau-stop ». « Quelle est votre destination ? Acceptez-vous des passagers ? » Deux questions qui m'ont mené, d'escale en escale, tout au long du Saint-Laurent, de Montréal à la mer.

J'ai passé des nuits entières, étendu dans les cordages, sans perdre des yeux le balancement des feux de hauts-mâts parmi les étoiles de la Voie lactée. Je n'ai pas manqué une seconde du déroulement de l'aube, depuis les premières lueurs grises jusqu'à l'embrasement du ciel en filaments écarlates.

Des dauphins souvent nous accompagnaient, nous prenant de vitesse, pour revenir en volte-face. Leurs ventres retournés reflétaient la lumière dorée du Soleil sur la mer bleue, blanchie par l'écume des vagues.

Un jour, enthousiasmé par la beauté du spectacle, j'alerte un des marins avec lequel j'avais, la veille, longuement conversé. Il descend dans le bateau, en ressort avec trois hommes portant des fusils de chasse... Malgré mes protestations, l'eau devient rouge. Adieu les dauphins...

J'ai revu ce marin plus tard dans la journée. Je lui ai rappelé notre conversation de la veille. Il m'avait parlé de son enfance malheureuse, de son père ivrogne et de la tristesse de sa situation actuelle. Il avait ajouté : « De partout, il ne m'arrive que des emmerdes. »

Avait-il conscience d'avoir détruit une source de plaisir ? Manifestement, ces mots n'évoquaient en lui aucune résonance. Son vrai malheur était peut-être là. Comment retenir la pulsion de tuer quand la *jubilation* est absente.

« J'ai eu très tôt, enfant, écrit Annie Leclerc dans *Épousailles,* l'idée — mais c'était aussi l'étreinte d'un désir — qu'il fallait connaître et affirmer de là où c'était le plus fort, le plus puissant, que notre faculté d'accès au vrai désirable n'était ni l'entendement, ni la raison, ni l'intelligence mais la seule *jubilation.* »

Elle fait ainsi écho au mot de Goethe : « Les théories sont grises, mais les feuilles sont toujours vertes. »

« Plus on comprend l'univers, plus il nous apparaît vide de sens », écrit dans *les Trois Premières Minutes* le physicien Stephen Weinberg. Je le mets au défi de répéter ces mots en écoutant — comme je le fais en ce moment — *les Noces de Figaro* de Mozart.

« La musique, souvent, me prend comme une mer. » Quand, avec Beethoven ou Wagner, je m'embarque pour une croisière, ces vers de Baudelaire quelquefois me reviennent en mémoire. Guidé par ces timoniers géniaux, charrié, bousculé par les lames profondes, je sens monter en moi un irrésistible sentiment d'exaltation et de reconnaissance pour la vie et pour l'univers qui l'a engendrée.

Les sons, les couleurs, les mots sont les alphabets des artistes. De leurs combinaisons naissent des émotions nouvelles qui nous révèlent en nous-mêmes des océans inconnus, des cavernes d'Ali Baba inexplorées.

Il est difficile d'imaginer qu'il y a trois siècles à peine les œuvres de Bach, de Haydn, de Schubert, les tableaux de Turner, de Monet et de Van Gogh n'existaient pas. Il faudrait célébrer leur apparition comme autant de révélations des merveilleuses potentialités de la matière primordiale.

Grâce au labeur des artistes, la réalité acquiert de nouvelles dimensions, l'univers gagne en splendeur et en richesse. Des voies nouvelles s'ouvrent pour transformer les moments de notre existence en instants d'exultation.

Sur un poster, Baudelaire me regarde. Dans ses yeux douloureux, je lis un message ; celui du *Spleen de Paris* :

« Si quelquefois, sur les marches d'un palais, sur l'herbe verte d'un fossé, dans la solitude morne de votre chambre, vous vous réveillez, l'ivresse déjà diminuée ou disparue, demandez au vent, à la vague, à l'oiseau, à l'horloge, à tout ce qui fuit, à tout ce qui gémit, à tout ce qui roule, à tout ce qui chante, à tout ce qui parle, demandez quelle heure il est ; et le vent, la vague, l'étoile, l'oiseau, l'horloge, vous répondront : “ *Il est l'heure de s'enivrer !* ” Pour n'être pas les esclaves martyrisés du Temps, enivrez-vous ; enivrez-vous sans cesse ! »

Mais de quoi ? De vin, de poésie ou de vertu : à votre guise. Mais enivrez-vous !

Appendices

A 1. Les jeux du hasard

Les notions d'entropie et d'information ont joué un rôle de premier plan tout au long de notre histoire. Des définitions imagées en ont été données qui, forcément, demeurent approximatives. On peut les appréhender de beaucoup plus près en scrutant la structure mathématique sur laquelle elles sont établies. Des exemples simples, étudiés en détail, nous permettront de saisir ce qu'elles signifient et ce qu'elles ne signifient pas, c'est-à-dire de les démystifier.

Le nombre de particules élémentaires impliqué dans le moindre événement de la vie réelle est toujours extraordinairement élevé. Voilà un point crucial de notre discussion. Une tache de couleur sur le dos d'un papillon, un filet de fumée s'élevant d'une cigarette sont le résultat de l'agencement de milliards de milliards d'atomes.

Il est, bien sûr, impossible de décrire le comportement individuel de chacune des particules dans de tels ensembles. Aussi fait-on appel, comme au moment des sondages électoraux, au *calcul des probabilités.*

On peut se familiariser avec ces notions et ces calculs en les appliquant à des ensembles beaucoup plus petits et, en conséquence, beaucoup plus faciles à manipuler. Le dé des joueurs possède *six* faces et la roulette du casino a *trente-sept* cases (si ma mémoire est bonne). L'étude de ces jeux suffit à relier mathématiquement les notions de hasard et de probabilité au duo entropie-information.

On verra que les systèmes à haute information (faible entropie) sont des systèmes très « improbables ». A l'inverse, plus l'entropie est élevée, plus grande est la probabilité que le système soit engendré par des phénomènes non dirigés, c'est-à-dire laissés au hasard.

Pile ou face

La pièce de monnaie projetée en l'air peut retomber soit en pile **P**, soit en face **F.** Nous dirons qu'il y a deux *configurations* possibles : le **P** et le **F.** Si la pièce n'est pas truquée, les probabilités de ces deux configurations sont égales. La probabilité de chaque configuration est donc de 1 sur 2, c'est-à-dire un demi (0,5).

On admet qu'il est *impossible* de savoir *a priori* quelle configuration, de P ou de F, se réalisera. Cet exemple nous servira à *définir* le hasard. On dira qu'un événement se passe « au hasard » s'il n'est pas *prédéterminé* à donner un résultat plutôt qu'un autre.

[Je n'aborderai pas ici la question de savoir si le hasard existe vraiment ou s'il n'est pas simplement un alibi à notre ignorance. Je rappellerai seulement que la physique moderne *admet* et *incorpore* dans sa structure la notion de hasard authentique. A la notion de *déterminisme absolu* de la physique classique, on a substitué la notion de *causalité statistique.* La réalité n'est que *partiellement* déterminée par les lois de la nature.]

Avec **deux** pièces de monnaie, on peut obtenir les **quatre** (2 fois 2) événements suivants :

PP PF FP FF

La probabilité d'obtenir un de ces quatre événements est de 1/4 ou 0,25.

Avec **trois** pièces de monnaie, on peut obtenir les **huit** (2 fois 2 fois 2) événements suivants :

PPP PPF PFP PFF FPP FPF FFP FFF

La probabilité de chaque événement est maintenant de 1/8 ou 0,125.

Avec **quatre** pièces de monnaie, on peut obtenir **seize** (2 fois 2 fois 2 fois 2) événements. Je laisse au lecteur la tâche de les écrire. La probabilité d'obtenir un de ces résultats est de 1/16, soit 0,0625.

Ces quatre exemples nous suffisent pour tirer quelques lois générales. On a appris à calculer la probabilité de chaque événement. Le jeu consiste à *primer* un événement parmi N événements possibles. La probabilité de cet événement primé est de 1 sur N. Le problème est de calculer ce nombre N.

Petit rappel de notions mathématiques à l'usage de ceux qui auraient un peu oublié :

Le chiffre 4 s'écrit aussi 2^2. Cela se lit : (2×2) ou « deux à la puissance deux » ou « deux exposant deux ».

Le chiffre 8 s'écrit 2^3 ou $(2 \times 2 \times 2)$ ou « deux exposant trois ».

Le chiffre 16 s'écrit 2^4 ou $(2 \times 2 \times 2 \times 2)$ ou « deux à la puissance quatre ».

Dans ces exemples, le chiffre 2 est appelé la *base*, tandis que les nombres portés en haut et à droite sont les *puissances* ou les *exposants*.

Notons que le chiffre 2 (la base) est ici le nombre de configurations possibles d'une seule pièce de monnaie (pile ou face). Le chiffre 4 (l'exposant), dans le dernier exemple, est le nombre de pièces requises pour que le nombre d'événements soit de seize.

Si on jouait avec dix pièces, le nombre d'événements serait de 2^{10}, soit 1024.

Remplaçons la pièce de monnaie par un dé. Chaque lancement peut amener six configurations : **1** ou **2** ou **3** ou **4** ou **5** ou **6.** Combien d'événements peut-on obtenir avec deux dés ? Réponse : 6 fois 6 ou 36 ou 6^2. Avec trois dés ? Réponse : 6^3 ou 216.

On en tire une règle simple : pour calculer la probabilité d'un événement dans un jeu de hasard, il faut d'abord connaître le nombre de configurations assignées à chaque élément du jeu : deux pour la pièce de monnaie, six pour le dé, etc. Ce nombre sera utilisé comme *base.* Le nombre de pièces différentes sera pris comme *exposant.* Le nombre total d'événements possibles, N, sera obtenu en portant cette base à cet exposant. L'inverse de ce nombre, 1/N, nous donne alors la probabilité de chaque événement.

Mine de rien, en nous amusant avec des jeux innocents, nous venons d'établir un résultat fondamental qui va nous mener très loin dans la compréhension de la physique du cosmos.

Encore un peu de terminologie : la notion de *logarithme.* D'abord un exemple : le nombre 16 peut s'écrire 2^4. **Quatre** est l'*exposant* qu'il faut donner à la *base* **deux** pour obtenir le résultat **seize.** Cela peut aussi se dire de la façon suivante : **quatre** est le *logarithme* à *base* **deux** de **seize.** Par définition, le logarithme est l'exposant qu'il faut assigner à un nombre (la base) pour obtenir un nombre choisi. Encore un exemple : **trois** est le logarithme à base **dix** de **mille,** puisque $1\,000 = 10^3$.

Et quel est le logarithme à base deux de soixante-quatre ? Réponse : six.

Revenons à nos jeux de hasard. Pour augmenter le nombre d'événements possibles, il suffit d'augmenter le nombre d'éléments (dés ou pièces) utilisés dans le jeu. Le nombre d'événements s'accroît avec le (logarithme du) nombre d'éléments. Cette augmentation est très rapide.

Nous apprendrons, dans peu de temps, que l'entropie assignée à une substance physique est proportionnelle au nombre total de configurations dans lesquelles cette substance peut se trouver.

Comme les dés et les pièces de monnaie chaque particule de la physique possède un certain nombre d'états différents (p. 177) dans lesquels elle peut, à un moment donné, se trouver. D'où la possibilité d'utiliser, en étudiant le comportement des ensembles de particules, les notions développées dans les paragraphes précédents. On comprendra sans peine que le nombre total de configurations que peut prendre une substance est proportionnel au (logarithme du) nombre de particules constituantes.

D'où notre règle d'or : *pour augmenter l'entropie, il suffit d'augmenter le nombre de particules.*

C'est, très exactement, le rôle que joue la Terre par rapport à la lumière solaire : elle accroît le nombre de photons (voir le cinquième chapitre). Cette multiplication est à l'origine de toute vie terrestre.

Jeux de dés

Les événements (complexes) de notre vie s'analysent en termes d'une grande quantité d'événements (simples) à l'échelle des atomes et des molécules. Il convient donc de distinguer l'échelle macroscopique (celle à laquelle nous avons accès) et l'échelle microscopique (dont nous ne percevons que les effets). Ici, notre guide sera l'analyse des résultats de jeux de dés.

On lance deux dés en même temps et on fait la *somme.* Le résultat peut aller de **2** (si chaque dé montre le **1**), jusqu'à **12** (si chaque dé montre le **6**). On demande quel est le résultat le plus probable ?

Au moyen du carré illustré ci-contre, on peut analyser la situation.

La première ligne et la première colonne donnent les résultats possibles de chaque dé : tous les nombres de **1** à **6.** Dans le carré central, on trouve la somme des résultats correspondants. On remarque que le chiffre **7** est le plus fréquent (il revient 6 fois), suivi du **6** et du **8** (5 fois), etc.

La notion centrale ici, est que la probabilité de tomber sur l'un ou l'autre des carrés individuels est la même ; les résultats **(1 + 1 = 2),** ou **(1 + 6 = 7)** ou **(6 + 6 = 12)** ont exactement la même chance de sortir.

Second dé

Premier dé	1	2	3	4	5	6
1	2	3	4	5	6	7
2	3	4	5	6	7	8
3	4	5	6	7	8	9
4	5	6	7	8	9	10
5	6	7	8	9	10	11
6	7	8	9	10	11	12

On constate qu'il y a 36 carrés (6 × 6). On dira que la probabilité d'un carré quelconque est de 1/36.

Distinguons maintenant deux types d'événements qu'on appellera événements *simples* et événements *composites*. Un événement *simple* correspond à un seul petit carré. C'est, par exemple, le résultat (3 + 4). On constate qu'il y a 36 petits carrés et donc 36 résultats simples. La probabilité d'un résultat simple donné est de 1/36.

L'événement *composite* est défini par le fait qu'on s'intéresse à la *somme* des deux nombres, sans se demander *quels* sont les nombres eux-mêmes. Sur notre dessin, un événement composite peut correspondre à plusieurs petits carrés. Par exemple le **(7)** correspond à toute une diagonale (6 petits carrés). La probabilité de l'événement composite **(7)** est donc de 6/36 = 1/6. Pour les événements **(5)** et **(8)** on a 5/36, tandis que les plus rares, le **(2)** et le **(12)** ont une probabilité de 1/36 seulement.

Ici, pour la suite de cette étude, nous allons altérer un peu le langage. Les résultats des événements deviendront des *configurations*. Au lieu de « simple » on dira « microscopique » ; au lieu de « composite » on dira « macroscopique ». La probabilité d'une configuration macroscopique sera la somme des probabilités des événements microscopiques individuels. Finalement, on appellera « espace d'échantillonnage » le grand carré qui contient toutes les configurations possibles.

On va maintenant attribuer à chacune des configurations macroscopiques une certaine entropie. *Par définition* cette entropie sera proportionnelle au nombre de configurations microscopiques qui engendrent cette configuration macroscopique. (Plus exactement elle sera proportionnelle au logarithme de ce nombre.) Ainsi la configuration macroscopique **(7)** possède la plus grande entropie tandis que les **(2)** et **(12)** possèdent la plus petite. (Notons que l'entropie est associée seulement aux événements macroscopiques.)

On voit ainsi approcher la relation entre la probabilité et l'entropie. Plus l'entropie d'une configuration est élevée, plus grande est la probabilité de la voir apparaître au cours du jeu.

Pour illustrer la situation, imaginons maintenant que, dans notre casino moderne, une machine appropriée lance les dés à chaque seconde et que le résultat composite soit affiché sur un écran. Les spectateurs voient défiler les chiffres. Le plus souvent c'est le **(7)** qui passe. Mais aussi les autres. A toutes les 36 secondes environ, on note le passage du **(2)** ou du **(12)**.

Recommençons le même jeu, cette fois avec 3 dés. L'espace d'échantillonnage est maintenant un cube. Il y a 216 petits cubes individuels qui représentent les configurations microscopiques. Chacune se voit assigner la probabilité 1/216. Les événements vont de **(3)** à **(18)**. Les plus probables sont le **(10)** et le **(11)** avec chacun une probabilité de 27/216 (soit environ 12 %) (vous pouvez facilement faire le calcul), tandis que le **(3)** et le **(18)** ont la probabilité minimum de 1/216.

En augmentant le nombre de dés, on rencontrerait des événements de plus en plus improbables. Avec 10 dés, par exemple, la probabilité de la somme **(10)** ou **(60)** n'est plus que d'un soixante millionième environ. Sur notre écran, le chiffre **(60)** apparaîtra tous les deux ans environ, en supposant que les dés soient jetés une fois par seconde comme auparavant. Imaginons qu'en arrivant le matin dans la salle de casino, les joueurs voient sur l'écran le chiffre **(60)**. La question se poserait de savoir s'il s'agit du dernier numéro tiré la veille, ou si les croupiers facétieux ont décidé de placer volontairement ce chiffre pour exciter la curiosité des joueurs. La première hypothèse ne peut pas être exclue *a priori*, mais la seconde paraît beaucoup plus vraisemblable... On remet la machine en marche. Le **(60)** pourrait ressortir à nouveau. Mais, dans la réalité, on doit plutôt s'attendre à un chiffre autour de la trentaine par exemple. Si le chiffre laissé la veille est le **(33)** on a beaucoup plus de chances de rester au voisinage de ce chiffre que de voir apparaître le **(60)**.

On résumerait cette étude en disant que les états de plus grande entropie (les mieux représentés) sont ceux qui reviennent le plus souvent au cours du temps. Que si on observe un état improbable, il y a de bonnes chances qu'il ait été « préparé ». Que l'on a beaucoup plus de chances d'aller d'un état improbable à un état probable que l'inverse. Mais que l'inverse n'est nullement impossible ; si on attend suffisamment longtemps, il se produira tôt ou tard.

Le vent du nord

Ces propos peuvent décrire non seulement le comportement des dés et des roulettes de casino, mais aussi les phénomènes de la nature.

L'air est fait de myriades de molécules en mouvement. En l'absence de vent, ces mouvements vont dans toutes les directions possibles, c'est-à-dire « aléatoires » ou « au hasard ». L'expression « le vent se lève » signifie que les mouvements des molécules sont de plus en plus orientés dans une direction particulière. Quand le vent tombe, les directions redeviennent aléatoires.

Quel rapport avec les dés et leurs configurations ? On comparera chaque *molécule* à un *dé* et chaque *direction* du mouvement à une *facette* du dé. La comparaison n'est pas idéale ; le dé n'a que six facettes, tandis qu'il y a une infinité de directions possibles. On pourrait améliorer la situation en jouant avec de nouveaux dés dotés d'un grand nombre de facettes numérotées...

Associons maintenant le phénomène *vent du nord* (les mouvements dans *une* direction) à une configuration dans laquelle *tous les dés* tomberaient sur le *même* chiffre (le 1 par exemple). La quasi-totalité des autres configurations correspond alors à l'état calme.

Le vent représente une sorte d'*organisation* de l'air, alors que l'air calme se caractérise par l'absence d'organisation. Une masse d'air laissée à elle-même, sans influence extérieure, sans source d'*information*, a une probabilité beaucoup plus grande de rester à l'état *calme* que de passer à l'état *vent*. La montée du vent sans cause extérieure n'est pas un événement *impossible* (aucune loi n'est violée). C'est seulement un événement *extrêmement improbable*.

A l'usage des météorologistes, je dois reconnaître que, pour simplifier l'exposé, j'ai un peu déformé la situation. Un vent dans lequel toutes les molécules seraient orientées dans le même sens soufflerait à près de mille kilomètres à l'heure. Ce « plus terrible des enfants que le nord *ait* porté jusque-là dans ses flancs » déracinerait à la fois chênes et roseaux.

Les vents de nos vies quotidiennes n'ont heureusement pas cette violence. Même les ouragans les plus dévastateurs de la mer des Antilles ne correspondent qu'à une *légère orientation* de la vitesse des particules.

Cet exemple nous aura quand même servi à illustrer les rapports entre les notions de probabilité, d'entropie et d'organisation dans une manifestation de la nature à notre échelle.

La goutte d'encre

On jette une goutte d'encre noire dans un verre d'eau. Progressivement, l'encre se propage dans le liquide, qui se teinte légèrement.

Imaginons de filmer cette scène et ensuite de passer le film à l'envers. On verrait une eau légèrement teintée se purifier elle-même tandis qu'une goutte d'encre se concentrerait quelque part à la surface. La séquence inversée peut paraître impossible. Ce n'est pas tout à fait vrai. Rien n'empêche les mouvements moléculaires d'avoir exactement les vitesses et les directions qui les amèneraient à se reconcentrer en une bulle. Seulement, parmi tous les mouvements possibles, cela paraît excessivement improbable...

On dira de l'état initial : « goutte d'encre dans l'eau », que son entropie est beaucoup plus faible que celui de l'état final. Le premier état est restreint. Toutes les molécules d'encre doivent se trouver en un lieu minuscule. Dans le second état, cette restriction tombe. Ici les « configurations microscopiques » sont les dispositions détaillées des molécules ; les macroscopiques se réfèrent au coloris du fluide. Il y a beaucoup plus de façons de disposer les molécules d'encre dans tout le volume que dans l'espace occupé par la goutte initiale...

L'entropie de la lumière : la règle d'or

Maintenons à température fixe les parois d'une enceinte fermée. Apparaît alors à l'intérieur une population de photons qui, comme les molécules de l'air calme, se meuvent dans *toutes* les directions. On parle ici d'un *rayonnement thermique.*

En analogie avec la discussion précédente, on peut associer à ce rayonnement une entropie. Comme pour les dés et les pièces de monnaie, cette entropie est proportionnelle au *nombre* de photons présents dans l'enceinte.

Cette règle : « entropie proportionnelle au nombre de particules » est strictement valable non seulement pour les photons mais aussi, en certaines conditions, pour quantité d'autres particules, comme les neutrinos. Elle est *approximativement* valable dans à peu près toutes les conditions qui nous intéressent dans ce livre. Nous en avons fait notre règle d'or.

Pourquoi les photons sont-ils si particulièrement impliqués dans les manifestations d'organisation de la nature ? Il y a plusieurs raisons :

D'abord, parce qu'on peut facilement en *accroître le nombre*. Il vous suffit d'allumer la lumière. La lampe de mon aquarium est une source d'entropie nécessaire à l'épanouissement de mes jolis poissons.

En second lieu, parce que les photons n'ont *pas de masse*. Imaginons un cas précis. A partir d'une quantité fixe d'énergie, on veut engendrer le maximum d'entropie. On connaît la recette : il faut multiplier les particules. Quelle espèce de particules convient-il d'utiliser ?

Prenons, par exemple, des électrons. Les électrons ont une masse. Pour les engendrer, il faudra d'abord consacrer une partie de notre budget-énergie à fabriquer les masses de ces particules ($E = mc^2$ toujours...).

Les photons, sans masse, coûtent beaucoup moins cher à l'unité. On pourra, pour le même prix, en obtenir beaucoup plus ! Le rayonnement thermique est la substance qui peut *stocker la plus grande quantité d'entropie* ; d'où son utilisation généralisée dans les phénomènes de structuration de la matière.

La galette des rois

Nous allons maintenant explorer la structure mathématique qui relie les notions d'entropie et d'information. La croissance de l'entropie correspond toujours à une diminution de l'information.

Revenons à nos jeux avec deux dés. On fait la somme des chiffres marqués sur chacun des dés.

Si on tire le **2,** je sais précisément ce qui est arrivé : on a tiré le **1** et le **1.** Dans la figure de la page 243, on est dans le coin en haut à gauche.

Si on annonce le **7,** je sais seulement qu'on est *quelque part* sur une diagonale. Mais je ne sais pas *où* nous sommes sur cette diagonale.

Le **7**, rappelons-le, est un état de haute entropie (p. 243). A l'opposé, le **2** est un état de basse entropie qui correspond à une information *plus grande* sur la nature de l'événement qui lui a donné naissance. C'est-à-dire, sur la position exacte de cet événement dans le tableau de l'ensemble des résultats possibles de l'expérience de la somme des deux dés.

De même, je peux, au début de l'expérience de dilution aqueuse, situer les molécules d'encre *à l'intérieur* du volume de la goutte initiale. A la fin de l'expérience, j'ai perdu cette information. Les molécules d'encre peuvent être *partout* dans le volume du contenant. L'état de plus haute entropie est celui sur lequel je sais le moins de chose.

Un pâtissier imaginatif prépare une galette des rois un peu spéciale. Il façonne d'abord huit petits gâteaux en forme de cube. Dans l'un d'entre eux, il place la fève traditionnelle. Puis il assemble les gâteaux en une galette de forme cubique, tel qu'illustrée dans le dessin *(fig. A 1).*

Le jeu consiste à localiser la fève par des questions dont les réponses ne peuvent être que OUI ou NON. Quel est le nombre minimal de questions à poser pour trouver la fève ?

Pour faciliter la discussion, nous allons donner à chaque gâteau un numéro compris entre 1 et 8.

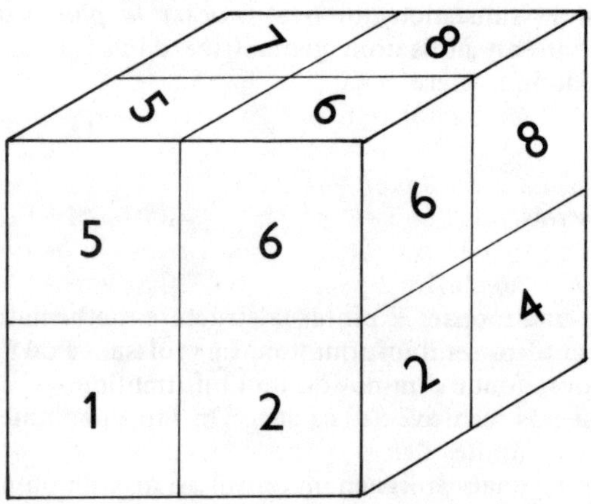

Fig. A 1. La galette des rois.

La première question pourrait être : La fève est-elle au premier étage (case 1, 2, 3, 4) ? Selon la réponse, on saura si elle est au premier étage ou au second. Supposons que la réponse soit : NON. Nous sommes restreints aux cases 5, 6, 7, 8.

La seconde question sera : La fève est-elle dans les gâteaux situés à l'avant ? Si la réponse est OUI, nous savons qu'elle est en 5 ou 6.

La troisième question sera : Est-elle dans les gâteaux de droite ? Si la réponse est NON, nous trouverons la fève dans la case 5.

On voit comment ces questions nous permettent de *diminuer notre ignorance* et en conséquence d'augmenter *l'information* que nous avons sur le système. Supposons, arbitrairement pour l'instant, que chaque question et réponse nous donnent *une unité* d'information. Au début, l'information était nulle (0), puis elle est passée à (1) et à (2). A (3) elle est complète. (Nous savons tout ce que nous pouvons et voulons savoir.)

On peut présenter d'une autre façon la diminution de l'ignorance. Au début, elle se mesure par le fait que tout ce que nous savons, c'est que la fève se trouve dans l'un des *huit* gâteaux. Puis, après la première question, dans un des *quatre* gâteaux restants. Puis dans un des *deux*. Puis, nous avons identifié le bon gâteau.

Rappelons ici ce que nous avons appris auparavant. Le chiffre 8 est obtenu en multipliant $2 \times 2 \times 2$. Cela s'écrit conventionnellement $8 = 2^3$ (on dit : 2 exposant 3). Trois est le nombre de fois (2) dans (8), c'est l'exposant qu'il faut donner à 2 pour faire 8. En termes techniques, on dit que 3 est le logarithme à base 2 de 8.

Huit cases, trois questions, tout est là. Chaque question a réduit par moitié le nombre de cases, donc l'ignorance, en accroissant de la même façon l'information.

Nous allons maintenant retrouver notre notion d'entropie sous un éclairage nouveau. L'entropie peut être vue *comme une mesure de notre ignorance vis-à-vis d'une situation donnée.* Au début, l'entropie est maximum. La fève est dans l'une des *huit* cases et nous sommes à *trois* questions de savoir où elle est. Définissons l'entropie comme l'exposant qu'il faut donner au chiffre 2 pour trouver le nombre de cases possibles ($2 \times 2 \times 2$). La réponse, 3, est la *même* que la réponse à la question : combien faut-il de questions pour localiser la fève ? Posons la première question : il reste quatre cases possibles et deux questions à poser ; or $2 \times 2 = 4$. Dans le tableau de la page suivante la situation est écrite en détail.

En regardant chaque ligne, on note ce résultat remarquable : la somme de l'entropie *plus* l'information est toujours la même (3). Cette règle commode justifie la définition de l'information adoptée auparavant. Ce petit calcul illustre bien la relation entre entropie et information. L'une diminue quand l'autre augmente et vice versa. La somme des deux est constante.

Dans cet exemple, la valeur maximale de l'entropie est de 3. Elle passe de 3 à 0 par le jeu des questions. La septième (dernière) colonne

	Nº de cases possibles	*Entropie*	*Nombre de questions à venir*	*Information*	*Entropie + Information*	*Entropie maximale moins entropie*
Avant la 1re question	8 (2 × 2 × 2)	3	3	0	3	0
Avant la 2e question	4 (2 × 2)	2	2	1	3	1
Avant la 3e question	2	1	1	2	3	2
A la fin	1	0	0	3	3	3

porte le titre « entropie maximale moins entropie » (c'est-à-dire : trois, moins le chiffre indiqué dans la troisième colonne). Les chiffres sont les mêmes que dans la colonne « information ». On retrouve notre définition de l'information comme la différence entre l'entropie maximale et l'entropie réelle ou, en d'autres mots, l'entropie qui peut encore être dégagée.

Cet exemple de la galette des rois montre que la notion d'information peut être établie sur une base quantitative. Par le jeu des questions et réponses, on peut calculer l'information contenue dans un système. J'ai décrit dans le texte comment analyser un tableau. On le subdivise en autant de petits carrés qu'il faut pour que chacun soit d'une seule couleur. Puis on subdivise le spectre des couleurs en une échelle aussi petite que nécessaire pour ne pas trahir la subtilité du peintre.

Pour permettre à une personne située à distance de reconstituer le tout, il faut alors lui communiquer un grand nombre de réponses de type OUI ou NON, d'une façon analogue au petit exercice précédent.

Je voudrais maintenant aborder une objection que, sans doute, le lecteur a vu surgir dans son esprit au sujet de la galette des rois. L'entropie, ici, est reliée au degré d'ignorance dans lequel l'observateur se trouve par rapport à la position de la fève. Mais le pâtissier sait, dès le départ, où elle est située. L'entropie serait-elle purement relative à l'observateur ?

Si les exemples simples utilisés ici présentent des avantages pédagogiques indéniables, ils ont aussi certains inconvénients. Ils illustrent certains aspects de la réalité, mais en déforment d'autres. L'entropie des systèmes physiques peut être définie indépendamment de l'observateur, même si, pour illustrer le rapport mathématique entre entropie et information, j'ai dû faire appel à un exemple ambigu.

Dans l'ordre et dans le désordre, molécules et cristaux

Soit un tiercé où on distribue mille billets numérotés de 1 à 1000. Supposons que le chiffre gagnant soit **134.** La probabilité d'acquérir ce billet est de un millième. Celui qui l'aura choisi aura droit à un prix important.

Il est de tradition d'accorder également des prix, de moindre valeur, à ceux qui auront les mêmes chiffres mais dans un ordre différent. Combien y en a-t-il ? Il y en a 5 dont voici les combinaisons gagnantes :

143 413 431 314 341

En se référant au jeu de dés décrit précédemment, on reconnaîtra ici les notions de configuration simple (dans l'ordre) et composite (dans le désordre). La probabilité (et donc l'entropie) du résultat « dans le désordre » est plus grande que la probabilité du résultat « dans l'ordre ». En conséquence, l'information associée est moindre. En d'autres mots : celui qui connaît non seulement les chiffres mais aussi leur ordre « sait » plus de choses que celui qui connaît les chiffres mais ne connaît pas l'ordre.

On aura compris que les séquences où l'ordre est important contiennent beaucoup plus d'informations que celles où l'ordre n'importe pas.

Supposons que nous voulions former des molécules linéaires (les atomes sont mis à la file comme les wagons d'un train) de quatre atomes avec du carbone et de l'hydrogène. On peut en faire seize espèces. (Voir page suivante.)

Si, maintenant, nous spécifions que, dans la molécule les atomes de C et de H devront alterner, on a plus que deux possibilités HCHC ou CHCH. Donc, il suffira de décrire la chaîne et de donner le nom du premier atome ; le reste suit automatiquement.

Par là, on saisit la différence d'information entre un cristal et une molécule complexe. Un cristal est constitué d'une infinité de motifs toujours répétés. Le sel de table contient des atomes de chlore et de

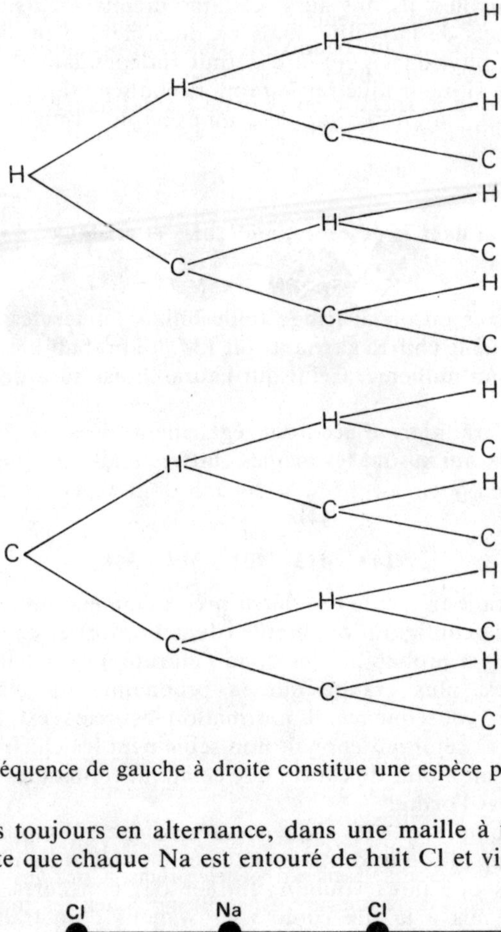

(chaque séquence de gauche à droite constitue une espèce possible).

sodium, mais toujours en alternance, dans une maille à trois dimensions, de sorte que chaque Na est entouré de huit Cl et vice versa.

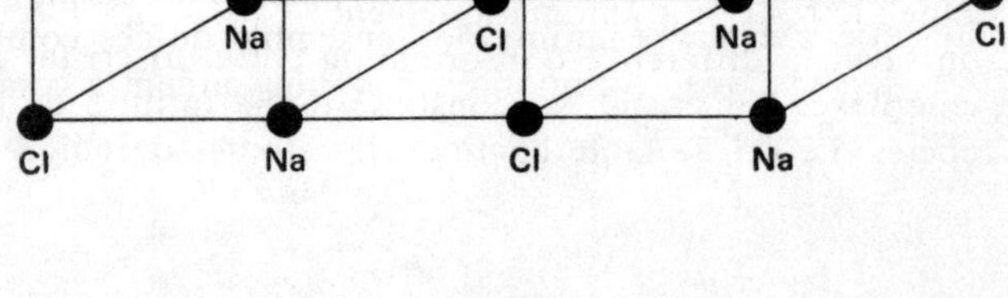

Un grain de sel peut contenir mille milliards d'atomes ; une molécule de sucre en contient 36 seulement (voir schéma : dessin de Nicolas Reeves). Pourtant, il faut beaucoup plus d'informations pour décrire une seule molécule de sucre qu'un grain de sel. De surcroît, pour le sucre, il faut que je spécifie en plus de l'ordonnance des atomes leur disposition dans l'espace, les angles qu'ils font entre eux.

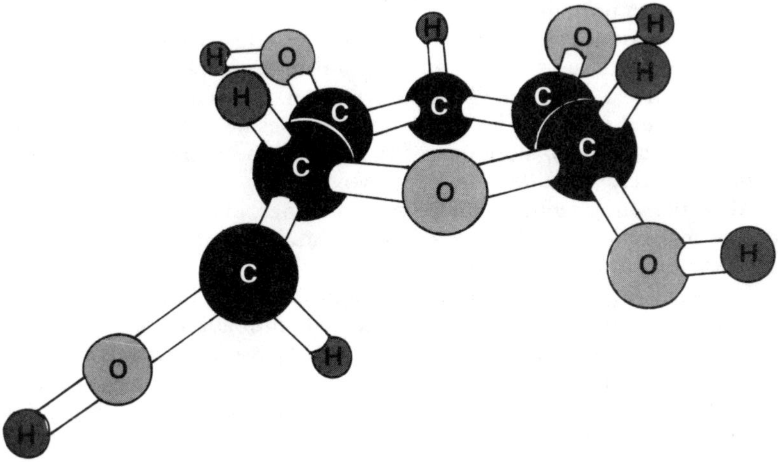

L'entropie de la vie

Les cellules vivantes utilisent un alphabet composé de quatre lettres **A C G T,** matérialisées par quatre molécules nommées adénosine, cytosine, guanine et thymine.

Les gènes sont composés de longues chaînes (dites d'ADN) où ces molécules se succèdent dans un ordre précis. Chez les bactéries, le nombre de chaînons se mesure en millions ; chez les mammifères, il atteint le milliard.

Combien de séquences différentes peut-on obtenir pour une chaîne d'un milliard de chaînons, si chaque chaînon peut prendre une des quatre valeurs A C G T ?

La réponse est $10^{600000000}$ soit un nombre de six cents millions de chiffres...

Les quelque cinq milliards d'hommes de notre population planétaire ne représentent qu'une partie infime de l'ensemble de ces combinaisons possibles. Ces chiffres (astronomiques...) nous aident à comprendre la formidable diversité des vivants.

Sommes-nous en mesure de calculer l'entropie et l'information assignées aux êtres vivants ?

Même si nous connaissons aujourd'hui l'alphabet des cellules nous sommes *encore très loin* de pouvoir décrire correctement tous les processus atomiques de la vie. Cette ignorance a, pour notre discussion, deux effets importants.

1. La croissance de la complexité chez les êtres vivants, de la bactérie, à la méduse, au macaque, aux humains, nous paraît *qualitativement* correspondre à une échelle d'information croissante et d'entropie décroissante. Le fait que les gènes des bactéries ne contiennent que des *millions* de chaînons, alors que ceux des grands organismes en renferment des *milliards* va dans le même sens.

Mais personne aujourd'hui ne peut affirmer, avec calculs à l'appui, que le macaque possède moins d'informations que l'être humain. Ces calculs nous échappent encore et de loin.

2. La seconde incidence porte sur le problème de l'origine de la vie. Plusieurs auteurs prétendent avoir calculé la probabilité de l'apparition de la vie dans l'océan primitif de la Terre. Peut-on les croire ?

Revenons à nos jeux de dés. Pour calculer la probabilité d'un événement choisi (par exemple, le 7 dans le cas des deux dés), il faut connaître à la fois le nombre des événements possibles (ici 36) et le nombre d'événements correspondant au choix primé (ici les six événements de la diagonale haut-droit vers bas-gauche).

De la même façon, pour calculer la probabilité d'apparition de la vie dans l'océan primitif, il faudrait connaître à la fois le nombre de séquences de réactions chimiques qui mènent à la vie (événements primés) et aussi le nombre total de séquences chimiques possibles, indépendamment de leur résultat (espace d'échantillonnage). Ces calculs sont parfaitement au-delà de nos possibilités actuelles.

Ce dernier paragraphe illustre un aspect évident du calcul des probabilités. Il est impossible de calculer la probabilité d'un événement si on ne sait pas *exactement comment il se passe.* Tout comme il est impossible de calculer la probabilité d'obtenir un chiffre gagnant à la roulette du casino si on ne sait pas le nombre de cases où la boule peut tomber.

A 2. Déséquilibres

Le mot « équilibre » s'emploie en physique dans plusieurs circonstances différentes. On s'intéressera ici successivement aux équilibres thermiques et aux équilibres associatifs. Les deux jouent des rôles parallèles, d'une égale importance.

Déséquilibre thermique : les paradoxes de la gravité

Le comportement des étoiles est tout à fait paradoxal. Habituellement, quand un objet chaud émet de la chaleur, il se refroidit et tend à équilibrer sa température avec celle du milieu ambiant. A l'inverse, quand une étoile rayonne, elle se réchauffe. Tout au long de sa vie, elle accroît le déséquilibre thermique entre son centre et le milieu interstellaire.

Abandonnées à elles-mêmes, les substances naturelles, nous le savons, ont tendance à aller vers des états de plus grande entropie.

Pour les objets à notre échelle (choux, cailloux, joujoux, etc.), l'entropie maximale est associée à l'isothermie, c'est-à-dire à la disparition des écarts de température. C'est le raisonnement qui a amené dans la littérature la notion de « mort thermique » (p. 72).

A l'inverse, dans le cas d'une substance suffisamment massive et concentrée pour que la gravité intervienne d'une façon majeure, les états de plus grande entropie *ne sont plus* les états de température uniforme. La matière, spontanément, tend à s'écraser sur elle-même. Les atomes situés au centre réagissent à cet écrasement en se *réchauffant*, engendrant ainsi une *pression thermique* qui s'oppose à cet écrasement.

Mais cette opposition n'est pas durable. Tout corps chaud émet de la lumière. Cette lumière représente pour l'étoile une perte de chaleur et donc une perte de *pression*. D'où un nouvel *écrasement*. D'où un *réchauffement* supplémentaire pour contrer le poids des couches extérieures. D'où un *accroissement de luminosité.* D'où... D'où... Ces phénomènes reliés se passent de façon continue tout au long de la vie des étoiles jusqu'au stade de cadavres stellaires.

Pourquoi ce comportement particulier des étoiles ? Il est dû aux propriétés curieuses de la force de gravité par rapport aux autres forces. Ces propriétés des forces se reflètent dans le comportement des énergies qu'elles engendrent.

L'énergie chimique (de nature électromagnétique) que peut stocker un objet est proportionnelle à la masse de cet objet. Deux litres d'essence contiennent deux fois plus d'énergie qu'un litre d'essence. Ainsi en est-il également de l'énergie nucléaire : deux kilos d'uranium sont équivalents à deux fois un kilo d'uranium.

Mais l'énergie gravitationnelle est proportionnelle au *carré* de la masse. Une étoile de *deux* masses solaires incorpore *quatre* fois plus d'énergie gravitationnelle que *deux* étoiles dont la masse serait égale à la masse solaire (les rayons de ces astres étant égaux). En termes techniques, on dira que l'énergie gravitationnelle n'est pas une *propriété extensive.*

Et pourquoi cette différence de comportement entre ces forces ? C'est qu'il n'y a pas d' « écran » contre la gravité. La force électromagnétique peut être atténuée par le fait qu'il existe deux sortes de charges électriques : positives et négatives. Dans un plasma, ces forces se neutralisent entre elles, sauf à très petites distances. Les forces nucléaires, fortes et faibles, sont de très courte portée.

La force de gravité, à l'inverse, est de longue portée et *toujours attractive.* Aussi son effet peut-il se faire sentir sur des millions d'années-lumière. Toutes les étoiles d'un amas, toutes les particules d'une étoile interagissent ensemble sur *tout le volume du système* et non pas seulement avec les éléments de matière les plus rapprochés. C'est cette interaction à longue distance qui est ultimement responsable du fait que l'énergie gravitationnelle est proportionnelle au carré de la masse.

Ainsi en est-il, et pour la même raison, de l'entropie. L'entropie des gaz dits « parfaits » et des rayonnements est (généralement) proportionnelle au nombre de particules inclus dans ces substances (d'où, par exemple, notre règle d'or, p. 92). Mais dans un objet massif et concentré l'entropie est proportionnelle au *carré* de la masse. C'est ce qui fait des trous noirs les plus grands réservoirs d'entropie de l'univers.

Déséquilibre associatif : le rôle du temps

Dans le monde atomique, à chaque événement possible correspond un événement inverse également possible. A la réaction nucléaire, qui provoque l'*association* de deux particules libres et la formation d'un nouveau noyau, correspond une réaction par laquelle ce noyau peut se *dissocier* et redonner la liberté aux deux particules initiales. On parle alors d'un phénomène *réversible.*

Imaginons de filmer une séquence dans laquelle un proton capture un électron. Un atome d'hydrogène se forme et un photon ultraviolet est émis. Passons maintenant le film à l'envers. Un photon est absorbé par un atome d'hydrogène, qui aussitôt se sépare en un proton et un électron. Un observateur non averti ne pourra pas dire laquelle des deux séquences est la séquence inversée. Les deux phénomènes correspondent à des événements possibles. La séquence est *réversible.*

Quand un gaz d'électrons et de protons (un plasma) est maintenu à température constante, des associations (en atomes d'hydrogène) et des dissociations se produisent en grand nombre.

Après un certain temps, le nombre d'associations par seconde devient *égal* au nombre de dissociations par seconde. Cela s'appelle l'état d'*équilibre associatif.*

Telle est la situation dans la purée cosmique aux premiers temps du monde. Il y règne une activité bourdonnante entre toutes les espèces de particules en équilibre associatif parfait. Bilan net sur le plan de l'organisation : *il ne se passe rien du tout.* Les systèmes formés par ces réactions n'ont aucune pérennité ; c'est ce que nous avons appelé les « limbes thermiques primordiaux ».

La température, bien sûr, n'est pas constante ; elle diminue rapidement. Mais dans un milieu aussi chaud, les réactions de captures et de dissociations sont extrêmement rapides, beaucoup plus rapides que le taux de refroidissement. Pour ces phénomènes, tout se passe comme si la température était constante. On parle alors d'un *quasi-équilibre* où, à toutes fins pratiques, le nombre d'associations et de dissociations est égal partout.

Ici, attention : nous touchons un point crucial de notre discussion. *Dans une substance où les réactions sont en équilibre, les états de stabilité maximum sont toujours atteints.*

Par conséquent, dans un univers qui se refroidirait suffisamment lentement pour respecter, à tout instant, l'équilibre des réactions nucléaires, la matière se transformerait inéluctablement en fer.

Au cours de la diminution de la température, les états d'équilibre ne sont, bien sûr, jamais parfaitement réalisés, mais les quasi-équilibres suffisent à donner le même résultat.

Pour neutraliser les tendances totalitaires des forces naturelles, pour engendrer, au lieu de la monotonie, la diversité des formes et des structures, il est essentiel de créer dans l'univers des situations de violents déséquilibres associatifs (aussi bien que thermiques).

Mais comment s'y prendre ? La discussion, ici, gravite autour de la notion d'échelle de temps. Il y a d'abord le temps caractéristique de *refroidissement de l'univers,* c'est-à-dire le temps requis pour que la température tombe de moitié.

Très court au début, ce temps de refroidissement s'allonge progressivement au cours de l'expansion. Aujourd'hui, il est de quinze milliards d'années ; à peu près l'âge de l'univers à notre horloge cosmique. Ce n'est pas une coïncidence : à tout instant de l'évolution, le temps de refroidissement est approximativement égal à l'heure indiquée à notre horloge.

Et puis, il y a le temps des *captures* et des *dissociations.* Les phénomènes atomiques et nucléaires *ne sont pas instantanés.* Leur accomplissement prend du temps.

Les durées de réactions varient fortement avec la température ambiante. Très courtes au début, elles s'allongent quand la température décroît. De surcroît, les captures sont généralement plus rapides que les dissociations.

Le taux d'expansion décroît avec le carré de la température (T^{-2}), tandis que les taux de réactions sont proportionnels à des puissances plus élevées (généralement T^{-5}). Plus rapides au début, quand la température est très élevée, les taux de réactions deviennent éventuellement plus lents que le taux d'expansion. Le « gel » se produit quand les courbes mathématiques qui représentent ces taux se recoupent : à un milliard de degrés pour la force nucléaire, à trois mille degrés pour la force électromagnétique.

On voit ici comment les notions d'équilibre et de déséquilibre associatifs vont se relier aux échelles de temps. Au début, c'est l'équilibre : les temps de réactions sont courts par rapport aux temps de refroidissement. Puis, un peu plus tard, la situation s'inverse, et les déséquilibres s'instaurent. Cela signifie que le nombre de captures n'est plus égal au nombre de dissociations. Les systèmes nucléaires et atomiques, une fois formés, ont de moins en moins de chances d'être détruits. Ils pourront survivre indéfiniment (plus exactement, aussi longtemps que l'expansion se poursuivra).

Les structures naturelles, soudées par les forces physiques (noyaux, atomes, étoiles), ont des durées de réactions (captures, dissociations) très différentes. Après une phase d'équilibre, où elles ne résistent pas aux assauts de la chaleur, la diminution thermique provoque, à des périodes différentes pour chaque force, la transition vers les déséquilibres et la permanence des systèmes.

A 3. Trous noirs et rayonnements

Que deviendrait le Soleil si on le plongeait dans un rayonnement de haute température comme celui qui existait au début de l'univers ? Au lieu d'émettre de la lumière, il en absorberait continuellement. Il se réchaufferait, se gonflerait, se diluerait et finirait par se résorber entièrement dans le fluide cosmique.

Cette situation est analogue à celle du noyau de fer qui, sous l'effet d'une intense chaleur, se décompose en nucléons même si, en l'absence de rayonnement, le fer représente la plus stable des configurations nucléaires. Ainsi en est-il encore de la glace qui fond quand il fait chaud, même si la glace est plus stable que l'eau liquide.

Mais que se passerait-il si on injectait dans ce rayonnement primordial non pas une étoile ordinaire mais un trou noir ?

Selon la physique d'Einstein, un trou noir est un lieu où la gravité est si formidablement intense que *rien* ne peut s'en échapper, pas même la lumière. Un tel objet devrait aspirer et absorber le rayonnement, augmentant progressivement sa propre masse ($E = Mc^2$ toujours...), accroissant l'entropie de l'univers jusqu'à amener la fin de la surfusion gravitationnelle.

Mais après Einstein, il y a eu Bohr, Heisenberg et la physique quantique ; et rien ne sera plus jamais pareil.

La version einsteinienne du trou noir est équivalente à l'affirmation que la matière située à l'intérieur du trou noir est définitivement « assignée à résidence » dans ce volume d'espace. Un énoncé aussi absolu est contraire à l'esprit quantique. Rien n'est jamais définitivement localisé quelque part. Il y a toujours une probabilité d'en sortir. Si le mur d'enceinte est trop haut, on creusera un tunnel ; si les prisonniers sont patients, ils s'évaderont. Il suffit d'attendre.

En vertu de ce principe, les trous noirs « s'évaporent ». Constamment, de la matière s'échappe sous forme de rayonnement ; les trous noirs « brillent » ! Leur surface se comporte comme celle de n'importe quel corps porté à une certaine température. Plus la masse du trou noir est grande, plus sa température est faible et plus son évaporation est lente. Mais cette évaporation diminue la masse du trou noir. La température s'accroît et la perte de matière s'accélère.

Quand la masse est réduite à environ 50 microgrammes (la masse d'un grain de sable très fin), c'est l'apothéose. L'évaporation se transforme en une explosion d'une violence inouïe. L'éclat est comparable à celle de 10 millions de milliards de galaxies...

Cette masse de 50 microgrammes s'appelle la « masse de Planck ». C'est la masse du plus petit trou noir qui puisse exister dans la nature. La température superficielle est alors de 10^{32} degrés (température de Planck). Il s'évapore en 10^{-43} seconde (temps de Planck).

Le lecteur reconnaîtra ici des nombres rencontrés dans le texte principal. La température de Planck est celle de l'univers au moment où, dans notre exploration du passé, nous avons perdu la trace, où nous avons rencontré le mur de l'ignorance.

Par comparaison, un trou noir de la masse du Soleil aurait une température superficielle extrêmement faible : 1 millionième de degré environ. Son évaporation totale exigerait plus de 10^{64} ans, à condition bien sûr que la température du rayonnement fossile dans lequel il est immergé soit inférieure à la sienne. Ça n'est pas le cas aujourd'hui. Le rayonnement est à 3 degrés. Au rythme de l'expansion et du refroidissement cosmique actuel, il faudrait attendre plus de 10^{20} ans avant le début de l'évaporation d'un tel trou noir.

A 4. Les états des systèmes naturels

Au deuxième chapitre nous avons étudié le mode d'organisation de la matière. La stratégie des alphabets superposés se retrouve à tous les niveaux de la complexité. En assemblant des quarks, on obtient des nucléons ; en assemblant des nucléons, on obtient des noyaux, etc.

Les *mots* ainsi obtenus à partir des *lettres* constituantes sont les systèmes organisés de la nature. Ils peuvent exister dans un grand nombre d'états différents.

En l'absence d'interaction avec le monde extérieur, le système reste dans son *état fondamental,* celui dans lequel son énergie interne est la plus faible. Le passage aux autres états, nommés *états excités,* se fait par l'apport d'énergie provenant d'autres systèmes. Les échanges qui en résultent sont la manifestation de l'activité spécifique de ces systèmes.

Les états nucléoniques

En associant les quarks u et d, on obtient les protons (deux u et un d), et les neutrons (un u et deux d). Mais ce n'est pas tout. L'association de ces quarks peut se faire dans un grand nombre d'états différents. Le proton et le neutron sont les états fondamentaux ; les autres configurations sont les états excités.

Dans le diagramme, on a porté un échantillon de ces états sur une échelle d'énergie (verticalement). L'unité est le milliard d'électrons-volts. Par exemple, pour amener un proton à son premier état excité, il faut lui injecter près de deux cents millions d'électrons-volts. Laissé à lui-même, il réémettra cette énergie dans l'espace et regagnera son état fondamental. Mais si l'interaction avec le monde extérieur se poursuit, il pourra prendre successivement tous les états décrits dans la *figure A 4 a.*

L'échelle horizontale représente d'autres propriétés de ces particules dont, par exemple, le moment angulaire, c'est-à-dire la quantité de rotations de la particule sur elle-même (spin). Le spin se mesure en unités de la constante h de Planck. Les seules valeurs possibles sont de un-demi, trois-demi, etc., de cette unité.

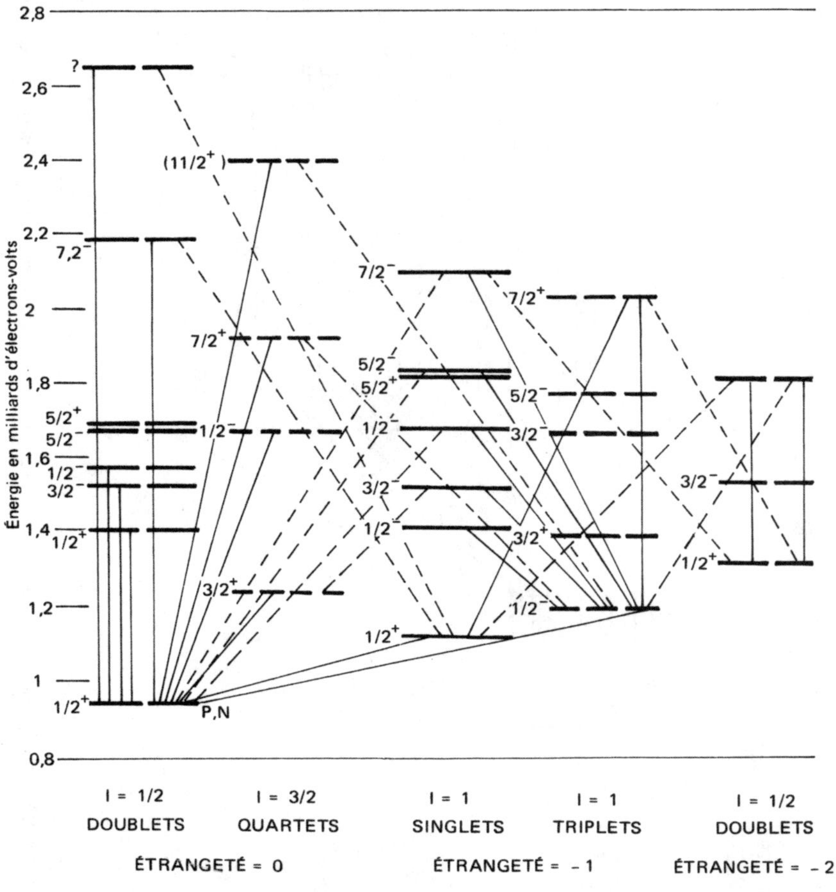

Fig. A 4 a. Variété des états possibles de trois quarks. (D'après V. Weisskopf, *Knowledge and Wonders*, MIT Press.)

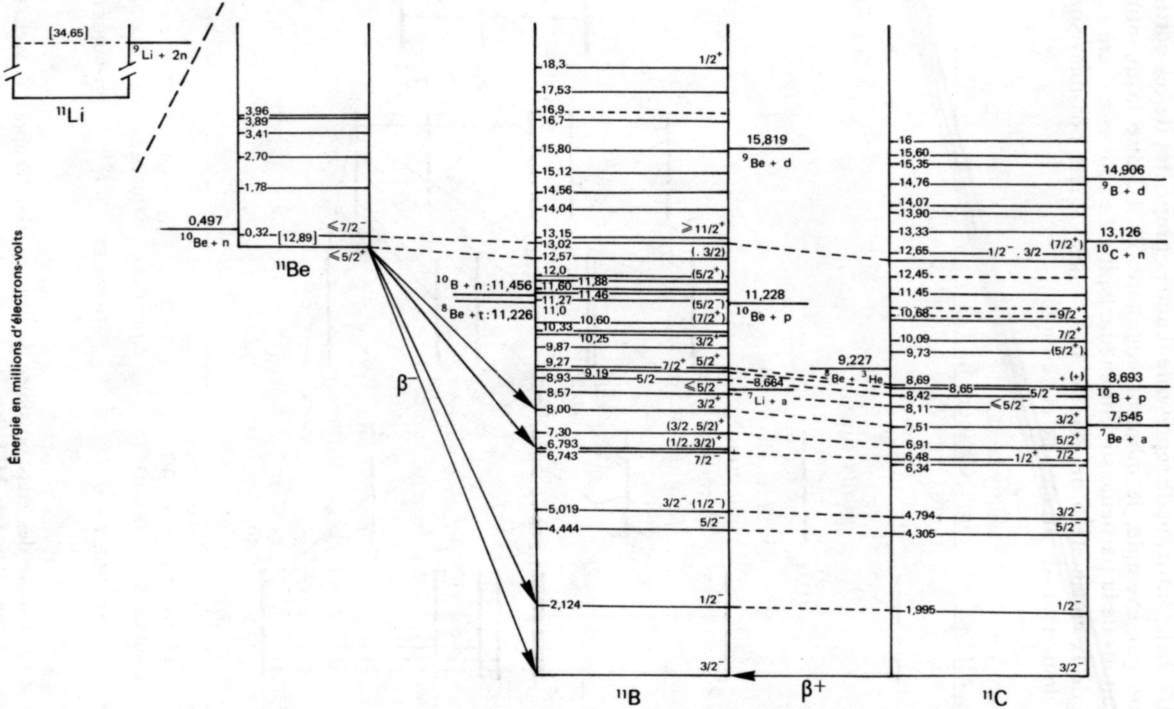

Fig. A 4 B. La variété des états possibles de onze nucléons. (D'après *Energy Energy Levels,* USAEC, 1954.)

Les états nucléaires

La *figure A 4 b* décrit la variété des états possibles de onze nucléons (protons ou neutrons). Chacun des blocs représente un noyau différent. Le noyau de lithium-11 est fait de 3 protons et 8 neutrons. Le béryllium-11 de 4 p et 7 n ; le bore-11 de 5 p et 6 n ; le carbone-11 de 6 p et 5 n.

Les traits horizontaux superposés dans chaque bloc sont les états de ces noyaux. En bas : le fondamental. Au-dessus : les états excités. Les chiffres à gauche sont les énergies à injecter pour aller du fondamental à l'état correspondant, en millions d'électrons-volts. Rappelons que, dans l'échelle des états nucléoniques, les différences d'énergie se mesurent en centaines de millions d'électrons-volts.

Les chiffres à droite des traits spécifient les autres propriétés de ces états.

Les états atomiques

L'atome de lithium est composé de trois électrons en orbite autour d'un noyau constitué lui-même de trois protons et trois ou quatre neutrons.

La *figure A 4 c* montre une petite partie de l'ensemble des différents états dans lesquels cet atome peut se trouver. L'échelle verticale spécifie les énergies de ces états en électrons-volts. Les échelles des figures précédentes étaient en millions et en milliards d'électrons-volts. Ce changement d'échelle illustre bien la différence d'intensité entre la force électromagnétique (responsable de la cohésion des atomes et des molécules) et la force nucléaire (responsable de la cohésion des noyaux et des nucléons).

L'échelle horizontale montre les états de rotation de ces atomes (spin). Les traits inclinés décrivent les événements au cours desquels l'atome de lithium change d'état d'énergie et de rotation en émettant ou en absorbant des photons de fréquence appropriée, indiquée sur les traits.

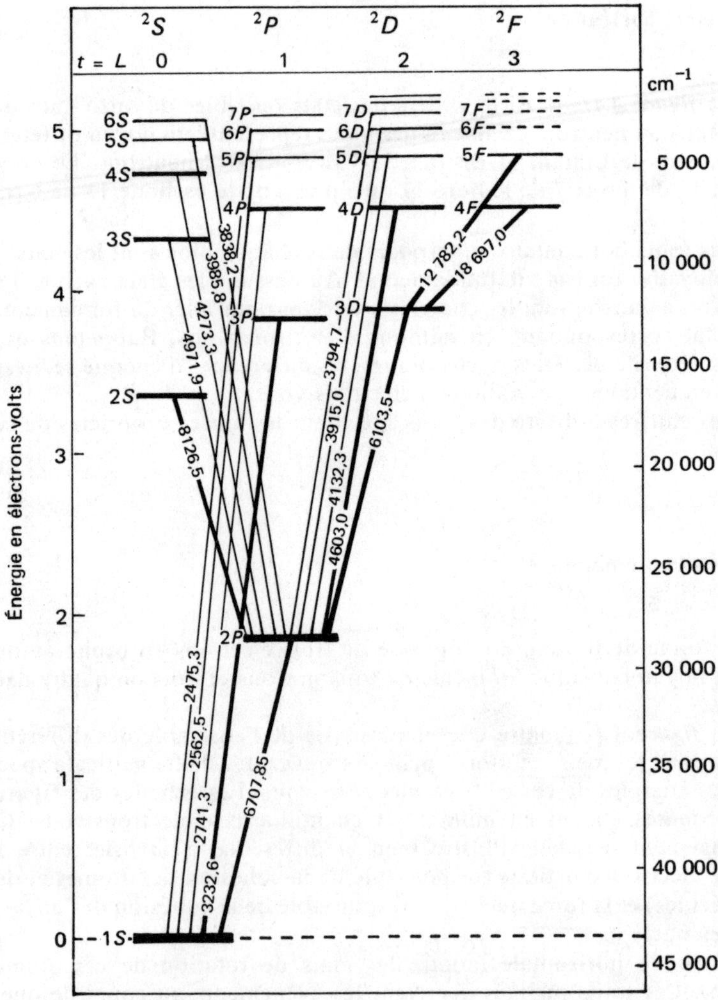

Fig. A 4c. Variété des états atomiques d'un atome de lithium ; trois électrons autour d'un noyau. (D'après Hertzberg, *Atomic Spectra*.)

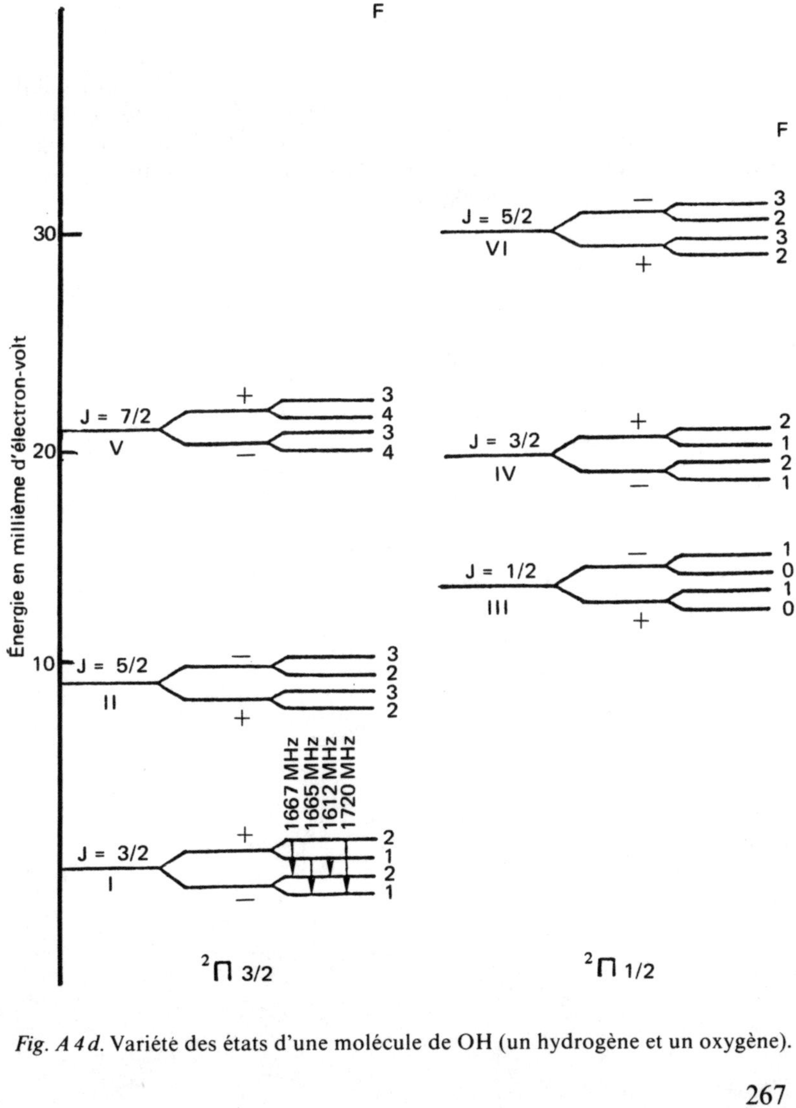

Fig. A 4 d. Variété des états d'une molécule de OH (un hydrogène et un oxygène).

Les états moléculaires

Ici *(fig. A4d)*, il s'agit de la molécule appelée OH, formée d'un atome d'hydrogène et d'un atome d'oxygène. Chaque trait horizontal représente un état d'énergie. Ces états spécifient la quantité de vibration et la quantité de rotation de la molécule. Les différences d'énergie entre les états voisins (les fourchettes à droite des diagrammes) sont inférieures au millionième d'électron-volt.

Notes

N 1 (p. 42). Peter Pringle, James Spigelman, *The Nuclear Barons*, New York, Avon Books ; trad. française : *Les Barons de l'atome*, Paris, Le Seuil, 1982.

N 2 (p. 47). T. C. McLuhan et E. S. Curtis, *Pieds nus sur la terre sacrée*, textes rassemblés, Paris, Denoël, 1971, p. 21.

N 3 (p. 50). Voir Evry Schatzman, *Les Enfants d'Uranie*, Paris, Le Seuil, 1986.

NL 4 (p. 53). A contre-courant de la majorité des penseurs de l'Antiquité, Lucrèce (philosophe romain du Ier siècle avant J.-C.) a, sur cette question, des intuitions géniales : « Tout est nouveau dans ce monde, tout est récent ; c'est depuis peu qu'il a pris naissance. Voilà pourquoi encore aujourd'hui certains arts se perfectionnent et aujourd'hui encore vont en progressant ; c'est ainsi qu'à notre époque, des agrès nouveaux sont venus s'ajouter aux navires ; et que récemment les musiciens ont inventé des mélodies nouvelles » (Lucrèce, *De la nature des choses*, Paris, les Belles Lettres, 1984, vol. V).

N 5 (p. 60). On définit conventionnellement l'électron-volt comme l'énergie cinétique d'un électron accéléré par une différence de potentiel de *un* volt. C'est aussi l'énergie d'un photon de lumière rouge. La masse d'un proton correspond à une énergie de *un milliard* d'électrons-volts.

NL 6 (p. 64). L'imaginaire humain n'est jamais inactif. Autour des lettres elles-mêmes, il compose et associe. Rimbaud nous en fait une superbe démonstration :

A noir, E blanc, I rouge, U vert, O bleu : voyelles,
Je dirai quelque jour vos naissances latentes :
A, noir corset velu des mouches éclatantes
Qui bombinent autour des puanteurs cruelles,

Golfes d'ombres ; E, candeurs des vapeurs et des tentes,
Lances des glaciers fiers, rois blancs, frissons d'ombelles ;
I, pourpres, sang craché, rire des lèvres belles
Dans la colère ou les ivresses pénitentes ;

U, cycles, vibrements divins des mers virides,
Paix des pâtis semés d'animaux, paix des rides
Que l'alchimie imprime aux grands fronts studieux ;

O, suprême Clairon plein des strideurs étranges,
Silences traversés des Mondes et des Anges :
— O l'Oméga, rayon violet de Ses Yeux !

N 7 (p. 67). La définition et la signification de cette horloge cosmique sont discutées aux pages 87 et 146.

N 8 (p. 67). Voir mon livre *Patience dans l'azur*, Paris, Le Seuil, 1981, p. 41.

N 9 (p. 70). Claude Lévi-Strauss, *Tristes Tropiques*, Paris, Plon, 1955.

N 10 (p. 77). Comme nous le verrons au septième chapitre, l'entropie engendrée par les étoiles et par tous les événements de la réalité est très faible par rapport à l'entropie rendue disponible par l'expansion.

N 11 (p. 83). On peut dire, en fait, qu'elle « tombe » sur la Terre, mais qu'à cause de son mouvement initial, elle « rate » continuellement son objectif.

N 12 (p. 85). Une source lumineuse qui s'éloigne de nous paraît plus rouge que la même source au repos. Hubble a observé que les galaxies sont d'autant plus rouges qu'elles sont plus loin. Ce rougissement est interprété comme une indication de leur mouvement (effet Doppler-Fizeau). Cette interprétation est difficilement contestable aujourd'hui ; elle est acceptée par la quasi-totalité des astrophysiciens.

N 13 (p. 86). Voir la nouvelle *Encyclopédie Diderot*, Paris, Fayard, 1986.

N 14 (p. 87). Il y a, en fait, une faible variation de la température du rayonnement fossile. Elle est cyclique : avec une période d'un an exactement, elle varie d'environ un millième de degré. Elle reflète, non pas une variation *réelle* de la lueur fossile, mais le mouvement de la Terre dans l'espace. Notre planète se meut par rapport au rayonnement fossile. Comme si on avait enfin découvert le fameux *éther* des physiciens du siècle dernier. Mais un éther qui n'altère pas la vitesse de la lumière...

N 15 (p. 96). Voir *Patience dans l'azur, op. cit.*

N 16 (p. 98). Du moins dans l'hypothèse d'un univers ouvert que les observations astronomiques présentes semblent confirmer (voir le huitième chapitre).

N 17 (p. 100). Soit R, la distance entre deux galaxies (ou deux points quelconques de l'espace). Cette distance augmente avec le temps. Le volume d'un covolume croît avec le cube de R : (R^3). En conséquence, la densité de particules (nombre de particules par unité de volume) décroît avec l'inverse du cube : (R^{-3}).

Par ailleurs, le nombre de photons dans le rayonnement fossile est proportionnel au cube de la température cosmique : (T^3), et le modèle cosmologique nous montre que cette température décroît inversement avec l'expansion (T proportionnelle à R^{-1}).

Donc, le nombre de photons du rayonnement fossile dans un covolume (produit du nombre de photons par unité de volume par le volume du covolume) reste constant au cours du temps : ($R^3 \times R^{-3} = 1$).

N 18 (p. 105). Voir *Patience dans l'azur, op. cit.*, p. 172.

N 19 (p. 111). Voir mon livre *Poussières d'étoiles*, Paris, Le Seuil, 1984, p. 185.

N 20 (p. 113). Une remarque s'impose ici pour éviter une confusion. En termes d'alphabets, les opérations dont il est question ici associent des lettres pour en faire de nouvelles « lettres », et non pas des mots comme au second chapitre. On reste sur le *même* niveau de la pyramide. On découvre que les lettres d'un alphabet ne sont pas toutes égales. Elles se distinguent par une propriété : la stabilité.

N 21 (p. 123). La valeur précise de ces températures dépend de la densité. J'ai choisi des densités appropriées à notre discussion.

N 22 (p. 123). Deux étapes de cette transmutation sont toujours lentes, quelle que soit la température. D'abord la capture de deux protons pour former un deutérium. Cette réaction implique la transformation simultanée d'un proton en neutron et donc l'intervention de la force nucléaire faible : événement très improbable.

Plus tard, la fusion de l'hélium en noyaux plus lourds est ralentie par l'instabilité du noyau de béryllium-8 (jonction de deux héliums). Il faut que *trois* héliums se trouvent en un même point pour engendrer un noyau de carbone : événement très rare à toute température.

N 23 (p. 123). Si le Soleil, par exemple, était constitué d'atomes de fer, il serait passé directement, sous l'effet de sa propre gravité, de l'état de nébuleuse interstellaire à l'état de naine blanche. Cette transformation aurait pris environ vingt millions d'années. Étant l'état le plus stable de la matière nucléaire, le fer ne peut pas émettre de l'énergie et soutenir une étoile.

N 24 (p. 132). Voir *Patience dans l'azur, op. cit.*, p.183.

N 25 (p. 134). Contrairement à une opinion largement répandue, les réactions nucléaires, loin d'être *responsables* des hautes températures stellaires, jouent plutôt un rôle de *thermostat :* elles maintiennent constante la température interne, jusqu'à l'épuisement du carburant.

NL 26 (p. 142). « Prétendre que c'est pour les hommes que les dieux ont voulu préparer le monde et ses merveilles ; qu'en conséquence, leur admirable ouvrage mérite toutes nos louanges ; qu'il faut le croire éternel et voué à l'immortalité... tous ces propos... ne sont que pure déraison » (Lucrèce, *De la nature des choses, op. cit.*, vol. I).

N 27 (p. 145). On appelle « antimatière » une variété de matière tout à fait semblable à la matière que nous connaissons, sauf que les signes des charges électriques sont inversés : les électrons sont positifs, les protons sont négatifs.

Nos accélérateurs fabriquent (à grands frais) de l'antimatière, mais il ne semble pas en exister dans la nature.

Ce sujet est développé dans mon article de la nouvelle *Encyclopédie Diderot*, Paris, Fayard.

N 28 (p. 148). Voir *Patience dans l'azur, op. cit.*, p. 202.

N 29 (p. 148). La quantité de matière incorporée dans la sphère de causalité, quand l'univers atteint sa première année, est à peu près égale à celle de notre galaxie. Dans un univers stationnaire (sans expansion), la sphère de causalité serait alors exactement de *une* année-lumière. En agrandissant l'espace, l'expansion apporte à la sphère un supplément de volume. Le rayon passe à *deux* années-lumière.

Aucun échange ne pouvait avoir eu lieu, à cette époque, entre la matière destinée à devenir notre galaxie et, par exemple, la future matière de la galaxie d'Andromède.

Chaque année, de nouvelles galaxies deviennent observables qui ne l'étaient pas auparavant. La sphère de causalité (l'horizon cosmologique) s'étend *plus vite* que l'expansion. Aujourd'hui, son rayon atteint quinze milliards d'années-lumière. C'est le sens du terme « rayon de l'univers observable ».

N 30 (p. 149). Voir la nouvelle *Encyclopédie Diderot, op. cit.*

N 31 (p. 156). Plus la densité est faible, plus le passage de l'état de plasma (ionisé) à l'état de gaz (neutre) intervient tard. Le champ de gravité, considérablement affaibli par la dilution, n'arrive plus à précipiter la condensation de la matière en galaxies et en étoiles.

N 32 (p. 158). Un mot sur un autre fait d'observation : l'absence de « turbulences » à l'échelle cosmique.

Dans nos modèles cosmologiques, l'univers est identifié à un vaste fluide (de dimension infinie s'il est ouvert, de dimension limitée s'il est fermé). Les fluides de notre connaissance — l'océan, l'atmosphère — sont généralement agités de mouvements plus ou moins désordonnés : courants, turbulences, remous, tourbillons, cyclones, etc. A l'inverse, l'observation des galaxies nous révèle un fluide-univers en mouvement extrêmement régulier, duquel toute turbulence semble aujourd'hui absente. Mais en a-t-il toujours été ainsi ?

Retournons à nos univers jouets. Donnons-leur, arbitrairement, des mouvements turbulents d'amplitudes variées. Et suivons, avec nos ordinateurs, le cours de leur évolution.

Dans presque tous les cas, les turbulences vont en *s'amplifiant* et rendent impossible la formation des galaxies. Seuls les univers dont la densité est *très voisine* de la densité critique voient leurs turbulences s'amortir pour présenter l'image du fluide extrêmement sage que nous observons aujourd'hui.

N 33 (p. 159). Énoncé qui serait à la physique ce qu'est la topologie à la géométrie.

N 34 (p. 163). La transmutation de trois héliums en un carbone est grandement accélérée par le fait que le carbone possède un niveau d'énergie à 7,656 MeV, avec les propriétés requises pour cette fusion, tout juste au-dessus (à 0,372 MeV) de la masse de trois héliums. J'ai développé cette question dans *Évolution stellaire et Nucléosynthèse,* Paris, Dunod, 1968.

Sans cette coïncidence extraordinaire, le carbone serait pratiquement absent de l'univers.

N 35 (p.178). J.-M. Pelt en cite de nombreux exemples dans *Les Plantes, amours et civilisations végétales,* Paris, Fayard, 1981.

NL 36 (p. 185). « Un système ouvert ne se conserve que moyennant de constants échanges avec le milieu, quant aux besoins de nutrition et de protection contre les prédateurs. Il est sans cesse menacé par ses limitations, et même si le milieu actuel suffit momentanément quant aux besoins immédiats, le développement des conduites les plus élémentaires de précaution et d'anticipation aboutit à son élargissement en tant que milieu connaissable même si non utilisable en échanges physiologiques actuels.

« Constatable dès les explorations des animaux dont l'organisation demeure élémentaire, ce processus est naturellement renforcé dès qu'aux simples précautions s'ajoute la curiosité des vertébrés supérieurs, puis lorsque les actions s'intériorisent en représentations et cela jusqu'à l'extension indéfinie du besoin de connaître, propre à la pensée humaine » (Jean Piaget, *Problèmes de psychologie génétique,* Paris, Denoël/Gonthier, 1972).

N 37 (p. 186). Voir J.-M. Pelt, *op. cit.*

N 38 (p. 187). Lire, par exemple, les péripéties de leurs guerres chimiques dans le livre de J.-M. Pelt, *La Vie sociale des plantes,* Paris, Fayard, 1984.

N 39 (p. 190). J.-M. Pelt, *ibid.*

N 40 (p. 190). Voir, par exemple, *Scientific American,* janvier 1986.

NL 41 (p. 191). « Il y a mille merveilles, et rien n'est plus merveilleux que l'homme. Même par-delà la mer écumante, sous l'orage il s'avance, franchissant les ondulations des vagues rugissantes. S'il s'agit de la plus auguste des déesses, la terre, l'impérissable, l'infatigable, il la tourmente, ses charrues attelées aux mules nées des cavales y menant la ronde pour la retourner d'une saison à l'autre.

« Et le peuple des oiseaux à la tête légère, il les enveloppe dans ses panneaux avec les espèces des bêtes sauvages, sans oublier les habitants de la mer salée qu'il prend aux replis de ses filets, cet homme astucieux. Grâce à ses pièges il se rend maître des quadrupèdes qui fréquentent les cimes ; puis il soumet au collier recourbé le cheval à l'encolure chevelue ; pareillement pour le taureau indompté des montagnes.

« La parole aussi et la pensée aérienne, avec les principes qui président aux cités, il les a inventés, de même qu'il a appris à vivre sans s'exposer aux mortelles gelées, non plus qu'aux traits des averses, lui qui sait pourvoir à tout ; jamais il ne se trouve à court de ressources contre les menaces du lendemain » (*Antigone* de Sophocle ; vers 439 avant J.-C.).

N 42 (p. 194). La traduction est de Jean Voilquin, ainsi que la majuscule au mot « Temps ».

N 43 (p. 214). Voir, par exemple, le livre d'Yves Coppens, *Le Singe, l'Afrique et l'Homme*, Paris, Fayard, 1983.

N 44 (p. 214). Voir Albert Jacquard, *L'Héritage de la liberté*, Paris, Le Seuil, 1986.

N 45 (p. 233). Voir *Les Barons de l'atome, op. cit.*

*

REMERCIEMENTS

Les versions préliminaires de ce texte ont été lues, discutées et corrigées par plusieurs personnes que je tiens à remercier chaleureusement : Michel Cassé, Georges Charpak, Jean-Paul Meyer, Alice Milkin, Isabelle Montpetit, Lyette Plourde, Évelyne et Nicolas Reeves, Camille Scoffier, Marianne Verga. J'ai profité, comme pour mes livres précédents, de l'encouragement et des précieux conseils de Jean-Marc Lévy-Leblond, directeur de la collection.

Bibliographie

Atlan, Henri, *A tort et à raison*, Le Seuil, 1986.

Bateson, Gregory, *La Nature et la Pensée*, Le Seuil, 1984.

Casenave, Michel, *Sciences et Symboles*, Colloque de Tsukuba, 1986.

Cassé, Michel, *La Vie des étoiles*, Nathan, « coll. pour les jeunes », 1986.

Clarke, Robert, *Naissance de l'Homme*, Le Seuil, 1980.

Coppens, Yves, *Le Singe, l'Afrique et l'Homme*, Fayard, 1983.

Dubos, René, *Les Célébrations de la vie*, Stock, 1982.

Dubos, René et Ward, Barbara, *Nous n'avons qu'une terre*, Denoël, 1971, coll. « J'ai lu », 1974.

Gould, Stephen Jay, *Le Pouce du panda*, Grasset, 1982.

Heidmann, Jean, *L'Odyssée cosmique*, Denoël, 1986.

Jacquard, Albert, *Inventer l'homme*, Bruxelles, Éd. Complexe, 1984.

Jacquard, Albert, *Au péril de la science ?*, Le Seuil, 1982.

Jacquard, Albert, *L'Héritage de la liberté*, Le Seuil, 1986.

Jung, Carl Gustav, *Ma vie*, Gallimard, 1982.

Lachièze-Rey, Marc, *L'Histoire de l'univers*, Éd. du Marll, 1986.

Langaney, André, *Le Sexe et l'Innovation*, Le Seuil, 1979.

Lévi-Strauss, Claude, *Tristes Tropiques*, Plon, 1955.

Lévy-Leblond, Jean-Marc et Jaubert, Alain, *(Auto)critique de la science*, Le Seuil, 1975.

L'heure de s'enivrer

Lucrèce, *De la nature des choses,* Société d'édition « les Belles Lettres », 1984.

McLuhan, T.C. et E.S. Curtis, *Pieds nus sur la terre sacrée* (textes assemblés), Denoël, 1971.

Morin, Edgar, *Science avec conscience,* Fayard, 1982.

Nuridsany, Claude et Perennou, Marie, *La Planète des insectes,* Arthaud, 1983.

Pelt, Jean-Marie, *Les Plantes, amours et civilisations végétales,* Fayard, 1981.

Pelt, Jean-Marie, *Les Plantes, leurs amours, leurs problèmes, leurs civilisations,* Marabout, 1985.

Pelt, Jean-Marie, *La Vie sociale des plantes,* Fayard, 1984.

Piaget, Jean, *Problèmes de psychologie génétique,* Denoël/Gonthier, 1972.

Pringle, Peter et Spigelman, James, *Les Barons de l'atome,* Le Seuil, 1982.

Reeves, H., Lachièze-Rey, M., Cassé, M., Montmerle, T., Fayet, P., Schaeffer, R., Casenave, M., Monchicourt, M. O., *Chaos et Cosmos,* Le Mail, 1986.

Rosnay, Joël de, *Les Chemins de la vie,* Le Seuil, 1983.

Ruffié, Jacques, *Le Sexe et la Mort,* Éd. Odile Jacob, 1986.

Sagan Carl, *Cosmos,* Mazarine, 1981.

Schatzman, Evry, *Les Enfants d'Uranie,* Le Seuil, 1986.

Thomas, Lewis, *Le Bal des cellules,* Stock, 1977.

Weinberg, Steven, *Les Trois Premières Minutes de l'univers,* Le Seuil, 1978.

IMPRIMERIE AUBIN À LIGUGÉ (11-86)
DÉPÔT LÉGAL OCTOBRE 1986. Nº 9345-5 (L 22333)

COLLECTION « SCIENCE OUVERTE »
DIRIGÉE PAR JEAN-MARC LÉVY-LEBLOND

BARRY COMMONER
L'Encerclement

JEAN-MARC LÉVY-LEBLOND ET ALAIN JAUBERT
[Auto]critique de la science

GÉRARD LEACH
Les biocrates

SOLOMON H. SNYDER
La Marijuana

STELLA BARUK
Échec et Maths

ALEXANDER ALLAND
La Dimension humaine

PETER T. FURST
La Chair des dieux

PHILIPPE ROQUEPLO
Le Partage du savoir

MARIO BUNGE
Philosophie de la physique

STEVEN ROSE
Le Cerveau conscient

BENJAMIN CORIAT
Science, Technique et Capital

GEORGES MENAHEM
La Science et le Militaire

WILLIAM SKYVINGTON
Machina Sapiens

PIERRE ACHARD, ANTOINETTE CHAUVENET,
ÉLISABETH LAGE, FRANÇOISE LENTIN,
PATRICIA NEVE ET GEORGES VIGNAUX
Discours biologique et Ordre social

HILARY ROSE ET AL.
L'Idéologie de/dans la science

Alain Dupas
La Lutte pour l'espace

Stella Baruk
Fabrice ou l'école des mathématiques

Peters S. Stevens
Les Formes dans la nature

Steven Weinberg
Les Trois Premières Minutes de l'univers

Albert Jacquard
Éloge de la différence

Pierre Huard, Jean Bossy, Guy Mazars
Les Médecines de l'Asie

Eugene Linden
Ces singes qui parlent

G. Ciccotti, M. Cini,
G. Jona-Lasinio, M. de Maria
L'Araignée et le Tisserand

Madeleine Barthélemy-Madaule
Lamarck ou le mythe du précurseur

André Langaney
Le Sexe et l'Innovation

Paul Feyerabend
Contre la méthode

Bertrand Gille
Les Mécaniciens grecs

Agata Mendel
Les Manipulations génétiques

Carl Sagan
Les Dragons de l'Éden

Robert Clarke
Naissance de l'Homme

Basil Booth et Frank Fitch
La Terre en colère

Pierre Thuillier
Le Petit Savant illustré

William C. Dement
Dormir, rêver

Jean Jacques
Les Confessions d'un chimiste ordinaire

Hubert Reeves
Patience dans l'azur

Patrick Lagadec
La Civilisation du risque

Albert Jacquard
Au péril de la science ?

Jacques-Michel Robert
Comprendre notre cerveau

Paul Colinvaux
Les Manèges de la vie

Michel Schiff
L'Intelligence gaspillée

Philippe Roqueplo
Penser la technique

Pierre Thuillier
Les Savoirs ventriloques

Ivar Ekeland
Le Calcul, l'Imprévu

P.-A. Mercier, F. Plassard, V. Sardigli
La Société digitale

Hubert Reeves
Poussières d'étoiles

Stella Baruk
L'Age du capitaine

Henri Broch
Le Paranormal

Martin Gardner
L'Univers ambidextre

Rudy Rucker
La Quatrième Dimension

Evry Schatzman
Les Enfants d'Uranie

Dominique Simonnet
Vivent les bébés !

HENRI ATLAN
A tort et à raison

ALBERT JACQUARD
L'Héritage de la liberté

Collection Points

SÉRIE SCIENCES

dirigée par Jean-Marc Lévy-Leblond

S1. La Recherche en biologie moléculaire, *ouvrage collectif*
S2. Des astres, de la vie et des hommes, *par Robert Jastrow*
S3. Autocritique de la science
par Alain Jaubert et Jean-Marc Lévy-Leblond
S4. Le Dossier électronucléaire
par le syndicat CFDT de l'Énergie atomique
S5. Une révolution dans les sciences de la Terre
par Anthony Hallam
S6. Jeux avec l'infini, *par Rózsa Péter*
S7. La Recherche en astrophysique, *ouvrage collectif*
S8. La Recherche en neurobiologie, *ouvrage collectif*
S9. La Science chinoise et l'Occident, *par Joseph Needham*
S10. Les Origines de la vie, *par Joël de Rosnay*
S11. Échec et Maths, *par Stella Baruk*
S12. L'Oreille et le Langage, *par Alexandre Tomatis*
S13. Les Énergies du Soleil, *par Pierre Audibert*
en collaboration avec Danielle Rouard
S14. Cosmic Connection ou l'appel des étoiles, *par Carl Sagan*
S15. Les Ingénieurs de la Renaissance, *par Bertrand Gille*
S16. La Vie de la cellule à l'homme, *par Max de Ceccatty*
S17. La Recherche en éthologie, *ouvrage collectif*
S18. Le Darwinisme aujourd'hui, *ouvrage collectif*
S19. Einstein, créateur et rebelle, *par Banesh Hoffmann*
S20. Les Trois Premières Minutes de l'Univers
par Steven Weinberg
S21. Les Nombres et leurs Mystères, *par André Warusfel*
S22. La Recherche sur les énergies nouvelles, *ouvrage collectif*
S23. La Nature de la physique, *par Richard Feynman*
S24. La Matière aujourd'hui, *par Émile Noël et al.*
S25. La Recherche sur les grandes maladies, *ouvrage collectif*
S26. L'Étrange Histoire des Quanta
par Banesh Hoffmann, Michel Paty
S27. Éloge de la différence, *par Albert Jacquard*
S28. La Lumière, *par Bernard Maitte*
S29. Penser les mathématiques, *ouvrage collectif*
S30. La Recherche sur le cancer, *ouvrage collectif*
S31. L'Énergie verte, *par Laurent Piermont*
S32. Naissance de l'Homme, *par Robert Clarke*
S33. Recherche et Technologie, *Actes du Colloque national*
S34. La Recherche en physique nucléaire, *ouvrage collectif*
S35. Marie Curie, *par Robert Reid*
S36. L'Espace et le Temps aujourd'hui, *ouvrage collectif*
S37. La Recherche en histoire des sciences, *ouvrage collectif*
S38. Petite Logique des forces, *par Paul Sandori*
S39. L'Esprit de sel, *par Jean-Marc Lévy-Leblond*

S40. Le Dossier de l'énergie
par le Groupe confédéral énergie de la CFDT
S41. Comprendre notre cerveau, *par Jacques-Michel Robert*
S42. La Radioactivité artificielle
par Monique Bordry et Pierre Radvanyi
S43. Darwin et les Grandes Énigmes de la vie
par Stephen Jay Gould
S44. Au péril de la science ?, *par Albert Jacquard*
S45. La Recherche sur la génétique et l'hérédité
ouvrage collectif
S46. Le Monde quantique, *ouvrage collectif*
S47. Une histoire de la physique et de la chimie
par Jean Rosmorduc
S48. Le Fil du temps, *par André Leroi-Gourhan*
S49. Une histoire des mathématiques, *par Amy Dahan-Dalmedico et Jeanne Peiffer*
S50. Les Structures du hasard, *par Jean-Louis Boursin*
S51. Entre le cristal et la fumée, *par Henri Atlan*